阿里巴巴基本动作

管理者必须修炼的24个基本动作

王建和 王中伟
著

中信出版集团 | 北京

图书在版编目（CIP）数据

阿里巴巴基本动作：管理者必须修炼的 24 个基本动作 / 王建和，王中伟著 . -- 北京：中信出版社，2020.11 （2025.2 重印）

ISBN 978-7-5217-2206-2

Ⅰ . ①阿… Ⅱ . ①王… ②王… Ⅲ . ①电子商务—商业企业管理—经验—中国 Ⅳ . ① F724.6

中国版本图书馆 CIP 数据核字（2020）第 169514 号

阿里巴巴基本动作——管理者必须修炼的 24 个基本动作

著　　者：王建和　王中伟
出版发行：中信出版集团股份有限公司
（北京市朝阳区东三环北路 27 号嘉铭中心　邮编　100020）
承 印 者：河北鹏润印刷有限公司

开　　本：880mm × 1230mm　1/32　　印　　张：15.75　　字　　数：288 千字
版　　次：2020 年 11 月第 1 版　　印　　次：2025 年 2 月第 12 次印刷
书　　号：ISBN 978-7-5217-2206-2
定　　价：79.00 元

以终为始，以始为终。在这里，我希望把我这本《阿里巴巴基本动作》送给所有的管理者。让它成为每个管理者的通关锦囊，为你管理中的每个动作、每个场景，做出指导，给到方法，讲明原理，找到原型。让阿里巴巴的成功经验，帮你打造一支所向披靡、战无不胜的铁军团队，打造企业流程标准化、制度体系化、数据科学化、日常管理精细化的核心竞争力！

——本书作者

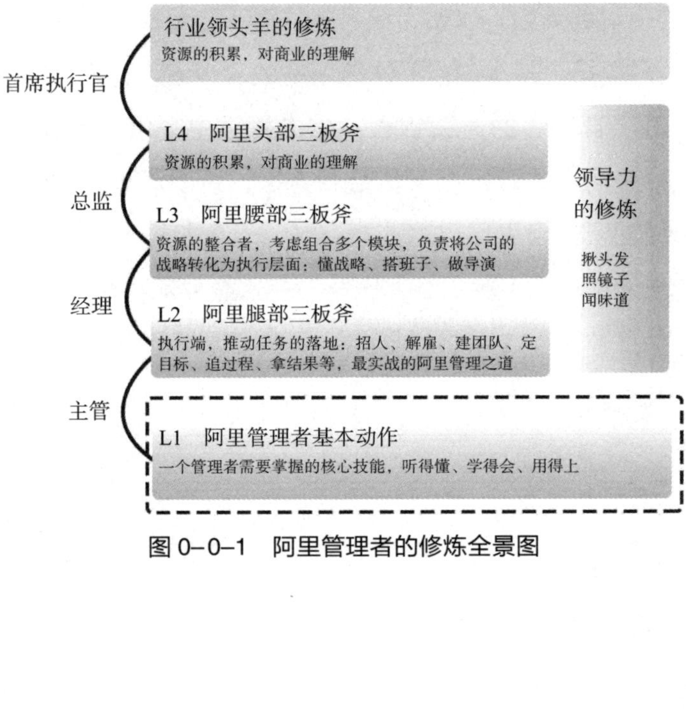

图 0-0-1　阿里管理者的修炼全景图

专家推荐

中国民营企业的成长，通常是边干边学、乱干乱学、死扛硬顶、野蛮生长。在整个过程中，业务、组织与队伍之间相互拉动又相互牵制，成为民营企业管理的主线与核心。阿里巴巴，无疑是中国本土管理实践中最具借鉴意义的企业之一。这本书以阿里巴巴中基层管理者每天都在用的“基本动作”为蓝本，以大量民营企业一线管理者的真实痛点为主线，帮助管理者扎马步、打基础，修炼好一招一式的基本功。

王明夫 和君集团董事长，和君商学院院长

写管理学书籍的一般有两类人：一类是搞管理学的人，一类是搞管理的人。这本书的作者属于后者。

企业在日常管理中缺乏的并不是管理理论，正如德鲁克所讲，管理是一种实践。建和先生长期在阿里一线从事管理和文化布道工作，以百战之身，成今日之果。在这本书中，他将带领读者跟着阿里学管理，定目标，抓过程，拿结果，把企业基础管理的马步扎好。伟大的企业总有其过人之处，相信读者必能受益匪浅。

王晓冰 深农智能董事长

这是一本非常实用的管理者教科书。细读这本书，我们能够找到管理的精髓，做好管理者的每一个基本动作。如果我们践行这本书里的管理方法，我们就能打造一支像阿里铁军这般的铁血团队。

陈道 导氮教育创始人

对于大部分管理者来说，管理之痛根本不是没有掌握管理体系的问题，而是其每天都需要面对的具体的管理执行类工作。建和把他在阿里近10年的管理经验在这本书里倾囊相授，把一个管理者需要掌握的核心技能，拆解成一个个管理基本动作，让管理者可以在每个管理场景中都能应用，这是一本难得一见的管理实战书籍。

李威 爱上学习创始人兼首席执行官

谈到世界知名互联网企业，阿里都是绕不开的一家伟大公司。阿里的成功，与其具备的一套简单实效的管理方法是密不可分的，不少中小企业都想复制它的成功之路，但很少有人真正看懂其中的奥秘。本书凝练了阿里最实战的管理精华，把日常管理中的一招一式详细拆解，是每一个中基层管理者都需要入手一册的必读教材。

张峰 人瑞集团首席运营官兼联合创始人

我与建和认识数年有余，见证了平凡人做非凡事的传奇，也见证了他对阿里管理最深的诠释和研究。这本书是王建和赋能于企业每一位管理者的诚意之作，也是一本简单实用的管理大作。如果你是一位管理者，那么你可以把这本书作为你的管理指南；如果你是一位员工，那么你可以把这本书作为你的成长手册。

王明 阿里巴巴原北方大区副总经理，团车网首席战略官

管理是生产力！高效的管理更是一个组织的灵魂。阿里巴巴在这方面是绝对的翘楚，每个阿里人都经过了这样的淬火，这套管理的基本动作，成就了阿里巴巴这家伟大的公司，也可以成就中国更多的中小企业。

刘言付 原阿里巴巴 11 年陈，青岛海云汇电子商务创始人兼首席执行官

建和破万卷书，行万里路，与万人谈，做一件事，他将阿里数十年的管理经验和 5 年来在全国各行业、各领域的培训辅导的落地经验凝练成一本书。

当今社会，培训科目、培训名师非常之多，但我们往往学不了，因为只有做到了才能写出来。

管理不在于知而在于行，建和“做我所说，说我所做”，毫无私心地把管理者需要掌握的 24 个核心管理动作分享出来，在这些核心动作的背后你会了解到他是如何看到问题，如何分析问题，如何面对困难，如何定下策略，如何落地并执行进而成为现在广受认可的管理赋能者的。

管理教科书贵在“知其然，更要知其所以然”，这本书让你读得懂，学得会，用得上，是一部管理大作！

王金建 原阿里七年陈，青岛优发发制品总经理

目标达成、赋能培养、团队打造，是一个中基层管理者必须掌握的最核心的三项管理能力。而这本书就是从这三大层面来深度剖析管理方法的。相较于市面上的管理书籍，这本书并没有讲解太多高大上的管理理论，而是从管理者每天都在用的管理动作、管理招式入手，即通过做出指导，给到方法，讲明原理，找到原型，帮助管理者修炼 24 个基本动作，可谓是一本实操的管理好书！

初燕 原阿里百万俱乐部成员，青岛名人堂 03 号

身为一名企业管理者，当面对日益复杂的组织环境及商业环境时，提升管理能力无疑是提升自身竞争力的有效方法，而王建和写的这本书就是能有效提升我们管理能力的一本好书。可以说，这本书以阿里基层管理者的管理动作为主线，可以帮助每一位管理者扎好马步。

刘伟 原阿里 9 年陈，苏州凌巨智慧信息技术总经理

阿里巴巴能够有今天的成就，很大程度上取决于阿里卓越的管理体系。“阿里巴巴管理者基本动作”的背后，是其管理理念和管理思维。这本书的 24 个招式，从每天日报、早会、晚会、辅导、激励、

沟通，到每周的周报、培训、复盘，再到每月的月报、述职、团建、梯队等等，这本书全方位地为我们展现了阿里巴巴管理的成功经验，能有效帮助企业管理者实现管理能力突破。

苏晓沨 原阿里巴巴十年陈，现成长引力首席运营官

学习管理的三种方法就是实践、实践、再实践，“阿里巴巴管理者基本动作”虽然看似是基础的实践管理方法，但管理者要运用好这些“动作”，不啻为一项很大的挑战。阿里之所以能有现在的成绩，就是因为阿里把这些基本动作做得很扎实。毫不夸张地说，这本书基本覆盖了一个中基层管理者能遇到的全部管理场景，是中国企业管理者应该人手一本的实用工具书。

王博 原阿里巴巴 9 年陈，客户运营专家，现为字节跳动城市运营负责人

作为图书撰稿人，我在 10 年来写过、看过很多企业管理类书籍，在看完王建和老师的这本书后，我醍醐灌顶。这本书完整解读了阿里巴巴管理者最基本的管理动作，从“三报四会”着手，新视角，全解读，是一本人人都能看得懂的企业管理手册。如今我已经把这套方法运用到我的团队里，着实有效。想要提高管理能力、提高认知，我强烈推荐这本书给大家。

庞金玲 前华为人，畅销书撰稿人，合壹文化创始人

目

录

第二篇　赋能培养

第 3 章　人才赋能

第4章 人才培养

第三篇 团队打造

第5章 团队建设

第 6 章 团队沟通

序言

“我走过山的时候山不说话，我路过海的时候海不说话。”

这是阿里巴巴的纪录片《造梦者》的片头语。《造梦者》讲述了马云从杭州的湖畔花园起家，走到美国纽约证券交易所敲钟的朝乾夕惕的奋斗过程。

白手起家，以信念和梦想铸就阿里的马云，有冲动的创新，也有谋局的智慧，几经磨难起伏，一度毁誉参半，在他身上强大的地方有很多。创业者热爱马云，想要学习他的坚持和他对梦想的执着；企业家敬佩马云，想要学习他的战略和胸怀；管理者信服马云，想要复制他善治善能的管理理念……

如今再来回头看阿里的“少年时光”，也是一段打造铁血团队的“血泪史”。

在阿里巴巴成立之初，高瞻远瞩的马云招揽了来自世界500强的精英高管：蔡崇信、吴炯、关明生、邓康明等，负责财务、技术、交易、运营、管理、组织，他们是阿里巴巴的中流砥柱，这样的人才队伍为阿里铁军装置了马达强劲的“发动机”，为“让天下没有难做的生意”做好了传承和铺垫。

对外，阿里与供应商建立信任，与商家建立信任，与用户建立信任；对内，管理层与员工建立信任，与合伙人建立信任。

马云说过：“因为信任，所以简单。”这句话不仅仅体现在淘宝的成功上，也体现在阿里团队的凝聚力上。有人说阿里的员工是最难挖的，一位阿里员工表示：“阿里巴巴并没有宗教式的崇拜，我们崇拜自己，崇拜自己的事业。”

作为一个阿里老兵，我有幸加入阿里，并且参与和见证了其从0到1、从1到100的整个发展历程。我认为，阿里员工难挖，很重要的一点是因为员工认为在阿里是在为自己做事情，这需要管理者与员工建立一种“共生式”的信任关系，这一点目前很多的管理者还没有做到。

我在阿里刚成为管理者时，完全不懂如何管理员工，也曾陷入“管理怪圈”之中：

> 看过太多“高大上”的管理理论，依然带不好团队；
> 管人管得心累，依然出不了业绩，拿不到结果；
> 兢兢业业，忙忙碌碌，团队始终表现平平；
> 交代任务真费劲，解释清楚了，可能我自己早就干完了。
> ……

陷入“管理怪圈”的我不仅自己身心俱疲，还阻碍了员工的成长。在成为管理者之前，我是阿里的“明星”员工，专业技能和价值观都过硬。在成为管理者以后，我带着员工出去拜访客户，当员工在与客户沟通时，他还没说上几句话，我就急得不行，因为他的沟通完全找不到重点，被客户牵着鼻子走，继续下去将无法顺利签单。

于是我立马接过话，掌握了主动权，员工再也插不上话。在订单拿下来之后，员工还在一旁“火上浇油”：“老大真厉害！”这让我的虚荣心和满足感“暴涨”，我内心沾沾自喜，觉得管理也不过如此。

在多次发生这样的事情之后，我的团队效率极低，感觉离了我什么都办不成。经过思考，我渐渐意识到了自己的问题。

问题就出在团队自身的管理动作没有体系，管理行为前后脱节、没逻辑，完全是凭着感觉走。俗话说“大树底下不长草”，大树把阳光都吸收了，小草自然就恹恹地没有生气了。

好在阿里的学习氛围浓厚，同时也在不断给管理者赋能。经过阿里的管理者培训与培养，我终于明白了阿里管理的精髓并把它运用得炉火纯青。

我在阿里接管第三支团队“大航海”时，它的“新签”和“售后”的排名都是最后。我用了一年半的时间，把这支团队带到了区域第一。通过带团队打仗，我不仅让团队有了蜕变，更重要的是自己也得到了蜕变。我的管理能力、沟通能力、领导能力等都得到了很大的提升，这为我现在做的事业提供了很好的基础。

回忆是刻骨铭心的，我再次回想起这么多年在阿里经历的一切，心中颇有感慨。我认为，阿里不只是一家公司，它推进的是一种文明、一种理想、一种使命，让天下没有难做的生意，让商业社会不再有欺诈、假货，商人也不再是唯利是图、尔虞我诈的代表。这是我们在阿里做的事情。

助力企业，成就人才，成就每一位管理者。这是我现在正在做的事情。2015 年，我在阿里出来后，创立了自己的企业——知行，我的企业在管理中也遇到了很多问题，尤其在跳出阿里体系后，我又接受了一些商学院的系统学习。此后，我开始换个角度看阿里，看阿里的管理。

在为管理者做培训时，我见了太多管理者因为不会管理导致团队分崩离析的情况，在惋惜之余，我开始系统化地总结过去的经验。我深度采访了大量在阿里一线的中基层的主管、经理，我针对每一个主题，甚至每一个关键词、关键句都反复求证与打磨，力求萃取到最原汁原味的、最实用的、最实战的阿里管理者的基本动作、基本招式，披沙拣金、去伪存真，希望用经过阿里 20 年检验的管理实战经验，帮助广大企业的一线管理者，助力企业，成就人才！这就是本书的诞生过程。

这本书以阿里巴巴中基层管理者每天都在用的管理动作为蓝本，以企业一线管理者的真实痛点为主线，力求覆盖一个管理者在日常工作中能遇到的全部管理场景，真正助力管理者扎马步、打基础，修炼好一招一式的基本功。

目标达成、赋能培养、团队打造，是一个中基层管理者必须掌握的最核心的三项管理能力。我在阿里巴巴工作近 10 年，今天之所以有所成长、有所成就，归根结底就是被阿里完善的管理者培养体系成就的，特别是阿里的中基层管理者每天都在用的“老押宝”的东西，也就是我在这本书里所写的“管理者必须修炼的24个基本动作”。

这本书从目标达成、赋能培养、团队打造三大层面深度剖析，共分为6大模块，24个招式，从每天的日报、早会、晚会、辅导、激励、沟通，到每周的周报、培训、复盘，再到每月的月报、述职、团建、梯队等，基本覆盖了一个中基层管理者能遇到的全部管理场景。

这本书视角新颖，目前市场上的书，要么讲高大上的管理理论、管理故事，要么还是把之前最经典的管理大师的作品进行新的解读。几乎没有一本从管理者每天都在用的管理动作、管理招式入手来写，而这些才真正是一个管理者每天都要面对、都要用的东西。特别是对一个中基层的管理者来说，他的日常工作不需要太多高大上的管理理论，其只需要把每天的管理动作做好，就能取得成果，达成目标。

同时，我认为管理动作之间没有“高低贵贱”之分。一个管理者能把四会（早会、晚会、周会、月会）开好，也同样能把一场战略会开好。反之，如果一个管理者四会都开得一塌糊涂，那么他战略会也开不好。管理动作之间都是相通的，管理者只要修炼好一招一式的基本功，就能把管理做好。

到此为止，这本书的内容全部完结。阿里的管理体系虽然实用，但要把这套体系梳理出来，并且能被其他企业的管理者所用，并非易事。在撰写这本书时，我的心是忐忑、激动和感恩的。忐忑的是怕自己写不好，误导读者，或者没有写出阿里的精髓；激动的是随着写作的慢慢推进，我的思路一点点打开，我开始满意自己的创作，并深信这本书一定能帮助管理者做好每一个基本动作；感恩的是阿里对我成长的帮助和砥砺，学员对我课程的认可，我的合伙人龚梓、王中伟及现在“知行”团队成员的支持。

身处在一个“群雄逐鹿”的时代，我们要的是“打胜仗”。“中供铁军”打完了属于自己的一场仗，成就了客户，成就了阿里，成就了团队，成就了自己，成为一支良将如云、弓马殷实的“铁军团队”。路漫漫其修远兮，过去已然过去，我们需要放下一切荣誉重新开始。就像我一样，就像现在的阿里人和前阿里人一样，“此时此刻，舍我其谁”。

以终为始，以始为终。在这里，我希望把我这本《阿里巴巴基本动作》送给所有的管理者。让它成为每个管理者的通关锦囊，为你管理中的每个动作、每个场景，做出指导，给到方法，讲明原理，找到原型。让阿里巴巴的成功经验，帮你打造一支所向披靡、战无不胜的铁军团队，打造企业流程标准化、制度体系化、数据科学化、日常管理精细化的核心竞争力！

第一篇
目标达成

没有目标，是一切管理问题出现的根源。阿里巴巴基本动作的第一大动作要领就是让每个团队成员有明确的目标，并帮助他们达成目标，让团队的每一个成员在这个过程中不断收获成就感和价值感。我总结阿里的经验，提出“三报四会”的目标达成钢七链，助力管理者帮助团队每个员工落实好目标。

第1章 “三报”

落实好“三报”，以修炼一个管理者在目标达成中的管理力、明确阶段性目标的能力以及制定目标的能力。

第 1 招
日报：带好团队，从一份日报开始

故事启迪 ‖ 我在阿里如何带团队写日报

自从进入阿里工作，我就有了写日报的习惯。对于写日报，很多管理者都满腹狐疑：有必要每天都写日报吗，会不会浪费时间？下面，我通过自己在阿里带团队写日报的故事，聊一聊日报是如何体现管理力的。

在阿里，我给团队规定的日报发送时间是 22 点前。有一天，一个员工在 23:15 才把日报发过来。遇到这样的情况，如果你是管理者，你会如何处理？

懒惰是人的本性。如果这一次这个员工迟发日报，你没有给予他反馈，那么你会发现，下次他会在 24 点发送日报；如果这次你还是没有给予他反馈，那么下次他会延迟到第二天早上发；这时如果你仍然没有给予他任何反馈，他就会在心里得出“领导不重视日报”的结论。此后，他就不会再写日报了。就这样，一份日报，写着写着就“写没”了。

相信大多数管理者经常遇到这样的场景。员工的行为底线是什么？员工的行为底线就是管理者的管理底线。当员工在 22 点之前没有按时发送日报时，他是在试探管理者的管理底线，如果管理者没有任何反馈，员工就会继续试探，直到突破管理者的最后一条底线。

所以，当这位员工第一次在 23：15 把日报发给我时，我给了他第一条回复。

> 从今天开始，如无特殊情况，21 点之前写完拜访记录，发完日报！超时，按照团队内日报未发规定处理。

这是我对这个员工迟发日报的反馈，也是在强调管理者在落实员工日报的第一个环节——提交日报中对于时间的重视。写日报的第二个环节就要解决“如何写”的问题。事实上，阿里有 CRM（客户关系管理）系统，很多数据往往只用复制、粘贴，管理者三秒就能完成统计。但为什么阿里还会要求每一个员工写日报呢？

这是因为我们需要员工把一天的拜访记录、跟进客户的情况以及下一次跟进的策略，尤其是重点客户等详细地写出来。所以当我看完这位员工发送给我的日报时，我写下了第二条回复。

新签过程里面只体现每日重点跟进及高质量的客户开发就可以了，不用全部罗列！

我把我的意见反馈给员工，告诉他这份日报不符合要求，同时我还把团队里写得最好的两封日报抄送给他，告诉他规范的写作方式。

在离开阿里，为许多企业做管理培训时，我常常听到管理者抱怨员工的日报内容形式化。究其原因，不是员工写得不好，而是我们没有弄懂日报里的管理逻辑。比如对于这个员工的日报，我的管理逻辑是什么？

阿里是非现场管理，这个员工会在今天的日报里写出明天计划拜访的上门客户。那么当天晚上我不会详细地查看他写出的拜访上门客户的数据，到了第二天晚上，我会认真查看拜访上门客户的数据和情况。如果第一天和第二天的客户拜访量匹配的话，就说明这个员工第二天的工作效率很高。如果他在前一天计划拜访4~5家客户，结果第二天他根本没有达到这个拜访量，那么说明他的工作出现了问题。

在看完他的日报后，我发现他今天写的“计划上门数”和昨天的“计划上门数”是一样的。我给他发送了第三条回复。

第二天上门客户计划不是写给我看的，也不是闭着眼写着玩儿的，要尽量做到计划和拜访的匹配。

这就是我在阿里带团队写日报的一个小的场景故事。写日报看似是一件小事，却能体现管理者的管理力。如果一个管理者连一份日报都管理不好，那么谈何管理目标。日报的核心作用是帮助员工日事日毕、日清日高。

现状分析 ‖ 管理者无法落实日报的三大原因

如今，很多企业都会要求员工写日报，有的甚至抓得很严，和绩效工资挂钩，比如阿里、华为。虽然日报作为一种管理手段，初衷很好，但大多数情况下，写日报对员工来说，是一件“麻烦事”，很多员工要么寥寥数句，敷衍了事；要么拷贝粘贴，千篇一律；要么干脆写着写着就不写了。

为什么写日报这件看似简单的事，执行起来却如此艰难呢？原因无外乎以下三点（如图 1–1–1 所示）。

图 1–1–1 管理者无法落实日报的三大原因

员工不愿写

从管理者的角度出发，日报能够让管理者了解员工的工作情况与状态，从而更好地领导团队达成目标；从员工自身的角度出发，每天写日报能够让员工清楚地知道自己每天做了什么，还有哪些地方需要改进，总结自己的得与失，让自己不断进步。

可让管理者感到困惑的是：写日报这么简单的事，为什么还是有很多员工叫苦不迭？甚至还有人明确表示不愿意到要求写日报的企业就职。

为什么员工不愿写日报呢？让我们一起来听听员工的“呼声”。

“没有什么好写的”

个成熟企业的员工是各司其职的，而且很多时候企业要完成的事情并不是一蹴而就的，因此一个大项目分摊下来，员工每天要做的工作就显得比较琐碎。再加上员工不能保证一天上班的 8 个小时都能全身心投入计划的工作，一天里难免会因为一些琐事分神，因此，这样一天下来员工所能完成的工作其实并不多，也就不值得记录了。

所以，你以为员工在日报里会写“今天完成了 ×× 计划 / 完成了 ×× 目标”，事实上，他只能写“今天思考了 ×× 内容 / 搜集了 ×× 资料 / 浏览了 ×× 篇文献”，而这些微不足道的小事并不能让员工产生成就感，相反在写日报的过程中员工会觉得自己是个“闲人”。

“写起来太麻烦”

对很多员工来说，日常工作任务重，大家都想早点完成手头的工作回家休息，如今还要像上学时“写作业”似的写日报，总结自己的一天，这样难免会让员工觉得麻烦，不愿花时间写。

“感觉自己被监控”

日报归根结底是给管理者看的，管理者通过日报来查看员工的工作完成情况，这种方式会让员工觉得自己的工作状态时时刻刻暴露在管理者面前，自己就像被管理者监控一样，员工也不知道管理者看了日报之后心中会做何感想，这样会让员工缺乏安全感并产生紧张感。

“写日报没有意义”

日报在实行的过程中往往会沦为一种形式主义：许多员工为了应付管理者而写日报，并没有认真反思自己的工作，每天的日报内容都是一些车轱辘话，翻来覆去地写，这样的日报即使每天写 100 遍也不会对员工起到任何促进作用。再加上很多管理者忽视日报，没有花时间和精力去阅读日报，更别说给予员工反馈了，因此员工会认为写日报意义并不大。

在众多因素影响下，日报本身的功能和优势并没有发挥出来，反而在工作中逐渐沦为累赘，因此员工不愿写日报。倘若管理者能够灵活运用日报，重视日报并落实好日报，相信日报能够发挥其真正的作用来促使员工的个人成长与团队的目标达成，届时，员工也会逐渐认同写日报的意义，愿意花时间写日报。

员工不会写

在工作中，不是所有的事情都可以量化，对于一些需要发散思维的工作来说，思考、查资料、找灵感可能花费了一天工作中的大部分时间，而这些内容并不适合记录在日报中。所以，这会导致很多员工不会写日报。

金庸笔下最厉害的小人物是《鹿鼎记》里的韦小宝，皇帝一要他念书，他就谎称头痛。对员工来说，写日报就像韦小宝念书一样，两个字：头痛。

下面，我们来看一个运营人员的日报（如表 1–1–1 所示）。

表 1–1–1 运营人员的日报

时间	日程
7:30~8:00	8 点到公司
8:00~8:30	思考今天的工作
8:30~9:00	做论坛
9:00~9:30	论坛建设，搞定了邮箱验证
9:30~10:00	完善 36KR 的资料
10:00~11:00	范总来访
11:00~11:30	论坛删帖
11:30~12:00	修改 36KR 的日事清项目介绍
12:00~12:30	修改公司合同
12:00~13:30	午饭、休息
13:30~14:00	查看兼职人员简历
……	……

看完这位员工的日报，你有什么感受？是不是感觉这份日报像流水账，根本看不出工作的核心和重点。下面，我归纳了员工不会写日报的几个表现。

记流水账

比如，同样去拜访客户，不会写日报的员工会写。

> 今天拜访了 ×××，继续跟进。

会写日报的员工会写。

> 9:00~11:00 拜访 ××× 市场部陈总，讨论情人节的宣传方案，以网络投放为主，以地铁灯箱广告为辅，方案由我出，今晚必须写完发客户，明天跟进落实。
>
> 11:00~12:00 把与 ××× 的年度合同拿去签字盖公章。

日报是员工用来记录工作的过程和遇到的困难的工具，员工用它来梳理一天的工作脉络，当然越详细越好。有的人在路上拯救了一只流浪狗都可以发朋友圈，长篇大论地抒发自己的情怀，日报却是三言两语打发了事。

把写日报当成打小报告

我在阿里带团队时，发现有的员工把写日报当成打小报告。比如有的人会写“我今天的 ××× 工作没有完成，是因为某某没有把报表交给我，是因为某某没有配合我……”。

这是我最反感的日报内容。发现问题是工作积极主动最好的证明，但切记千万不要把日报当成小报告。在写影响自己工作进度的原因时，你要写出解决方案，比如“请某某在 ××× 时间把报表交给我；请某某协助我一起做好这个项目……”，就像马丁·路德·金说的“我们或许乘坐不同的船而来，但我们现在都在一条船上”。

没有重点

有的员工写日报没有重点，他们会将所有的工作事项都写得很详细，甚至连做电话销售时给客户说了什么，客户回复的内容都一一写上去。

要知道，管理者每天要看很多份日报，计算下来，每份日报在管理者的眼里不会停留超过 7 秒。所以只有把最重要的点先呈现出来，才能把管理者的注意力吸引过来。马克·扎克伯格说：“注意力即金钱，注意力已经被赋予了价值，成为一种社交货币。”

那么什么才是工作重点？按照二八法则，将 80% 的时间花在 20% 的重点工作上。出成绩，时间花得最多的事一般就是工作重点。比如，你今天和客户谈判成功签单，这就是工作重点。你在写日报时，可以把这项工作置顶。

这样做至少有两个好处：一是吸引管理者注意到你今天的成绩；二是如果你的某项工作遇到困难，管理者就可以为你提供帮助，从而更好地完成工作。

以上就是员工不会写日报的三大表现。事实上，员工写好日报并不难，关键在于管理者会不会抓。

管理者不会抓

这是我现在的团队的伙伴发给我的一份日报（如图 1–1–2 所示），在众多“流水账式”的日报中这份日报显得与众不同。

王中伟的工作日报

王中伟

2019-11-25 23:35 日志接收人 >

今天工作要解决的问题，请努力实现才有价值

1. 周会
2. 体系运营会
3. 与博士过课（上午 +晚上）
4. 与李辰过 L2的相关安排
5. 婷婷的述职

明日工作要解决什么问题，今天下班前请想好

1. 三板斧定版 +录课
2. 与李辰过 L2的思考
3. 确定线下课程的几个综合体系
4. 体系运营的相关安排会
5. 与博士过课

今日收获分享

1. 体系化运营：体系化运营，从上到下依次为，以用户增长为核心的运营，以用户转化为核心的营销，以用户体验为核心的服务。三大板块，职责分明，各司其职，分别围绕“关注数”“转化数”“打分表”来考核。

2. 伟大的产品：始终坚信一切来自一款文化的产品，在这个过程中，我们始终坚守客户价值，坚持品质为王。不管怎样，就算产品夭折，品质不过关的产品也是不能交付的。

3. 不断复盘：再小的项目也要复盘，坚决推行复盘文化。方法论的沉淀全部来自我们每一次的复盘，从错误中学习，从失败中学习，从一次次的小小的积累中学习。不重来就是快，可沉淀就是多。

4. 不断述职：这是促进个人与组织成长的有效工具。述职过程中需要参与者透过表面现象，深挖问题本质，达成问题共识，给予行动指导，助其核心提升。同时，我们要能够上一个台阶看问题，相互照镜子与自我审视。

5. 高绩效的环境，不断压担子，快速成长！

图 1–1–2　伙伴的日报

看到这样的日报，你可能会在心里嘀咕：“为什么我的团队的日报总是像在记流水账，你的团队的日报却如此细致？”究其根本，是因为管理者不会抓日报。

对于员工的日报，管理者要从更宽、更广的角度给予指导和反馈，二者相辅相成。我在实践中最大的感受就是要尽可能地在过程中进行把控，努力地创造反馈思考的条件，而日报就是一种非常重要的形式，其对于如今这个数字化时代特别适用。

管理者抓日报，起码有三个核心价值。

日报是“照妖镜”

企业不养闲人，有些员工工作拖延，明明一天就可以完成的事情，偏偏要分成三天来完成，看似一天很忙碌，其实都是在“混日子”。更有甚者把上班时间当作娱乐时间，偷摸打游戏、逛淘宝、看电影，以致“加班”到凌晨也没有业绩。你以为他勤奋，其实他是在蹭免费无线网。

而日报就像“照妖镜”，它可以让管理者清楚地知道哪些人在认真工作，哪些人在偷懒。

员工和管理者的主次往往会存在差异，日报能够及时纠正这种偏差

在企业里，管理者对于重点工作的方向更加清楚和坚定，这也是一个管理者应具备的素养，但是员工并不一定能够像管理者那样做到工作重心不偏移。就比如员工正在做一个基于管理课程的开发，在发现难以寻找资料后，就马上想着放弃原有方案，从头再来。

这种判断往往十分草率，未经管理者同意就随意更换方向，更

换的方向还不一定正确，并且员工在工作中看起来花费了时间去做这件事情，投入了很多精力，但是结果往往不尽人意。

日报能够让员工总结、反思自己的工作，管理者可以根据日报的情况给员工提出建议

随着传统媒体的转型，新的挑战接踵而至，比如新媒体平台的运用，新闻的及时发布，与受众的互动，内容的价值导向，同质媒体竞争，媒介融合的技术引进等，这些新的问题与挑战需要管理者和员工的共同摸索，不能指望管理者一个人的想法与经验来解决，通过日报在工作中建立一种长效的反思总结机制，让新思维、新活力积极涌现，从而促进团队的共同进步。

直到现在，我一直坚持让我的团队每天写日报，而我每天一定会抽时间认真地查看每一位员工的日报，反馈自己的意见和建议。在磨合一段时间后，虽然形式主义还是有，但已经有人愿意去认真地实践，从原来的寥寥几字到现在的有思考、有内涵、有方法，不仅员工迅速得到成长，我们的沟通也比以前顺畅很多，我们之间建立起了一种“有情有义”的连接，而不再是冷冰冰的管理者与员工的关系。更重要的是，我们的目标达成率越来越高。作为管理者，这是一件让人无比自豪的事，不是吗？

方法论 ‖ 落实好日报的“黄金圈法则”

管理者如何落实好员工的日报呢？

根据在阿里写日报以及带团队的经验，我总结提出了管理者落实好员工日报的“黄金圈法则”，助力管理者落实好员工的日报。

什么是“黄金圈法则”？

《从“为什么”开始》的作者西蒙·斯涅克发现了一种思维方式，世界上最简单的法则，苹果公司的成功之道，乔布斯的思考模式——黄金圈法则。

一般的大众思维，都是从做什么开始，然后如何做，最后才问为什么，从外向内思考。乔布斯的思维方式——黄金圈法则，却直指问题核心，从为什么开始，然后是如何做，最后才是做什么，这是内向思考。

把“黄金圈法则”（如图 1–1–3 所示）应用到如何落实好日报这件事情上，可以帮助管理者抓好日报。

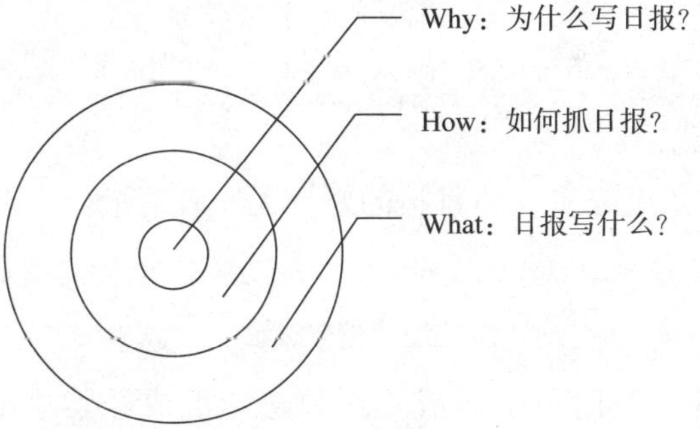

图 1–1–3　管理者落实好日报的“黄金圈法则”

Why：为什么写日报

作为管理者，我们一定要跟员工说清楚为什么写日报。同时，管理者自己也要明白日报的意义所在。周报、月报是事后管理，而日报是事前管理的最好抓手。

关于为什么写日报，可以从两个层面来分析（如图 1–1–4 所示）。

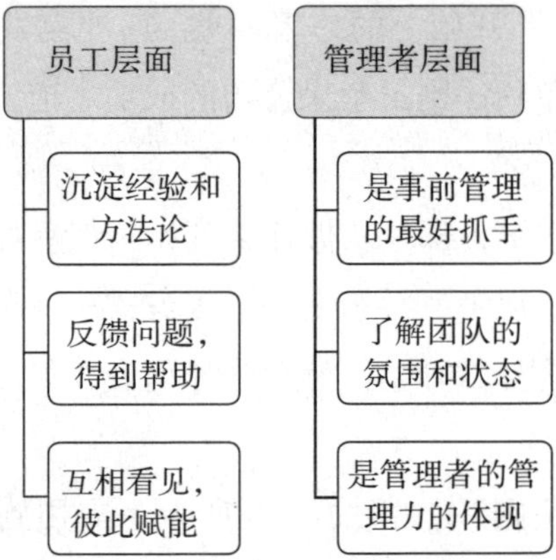

图 1–1–4　员工为什么写日报

员工层面

从员工的角度来看，写日报的好处无非有三个。

沉淀经验和方法论

写日报可以帮助员工形成工作轨迹，汇成经验总结，自我提升。当他想要升职加薪时，日报便是他最好的武器，从日报中自己的价值一目了然。

同时，写日报还可以帮助员工查缺补漏，思考如何把工作做得更好。写日报的过程也是员工学会独立思考的过程，埋头苦干又会思考的员工才是“潜力股”。

反馈问题，得到帮助

当员工把问题呈现在日报时，管理者能够及时看见并提供帮助。不写日报的员工，想到哪做到哪，效率低又找不到方法，还没有管理者的后援，他的困难都装在自己脑子里。管理者看不到，怎么帮？

互相看见，彼此赋能

我在阿里带团队时，喜欢把日报在团队中共享，目的是让团队成员互相看见，彼此赋能。每位员工可以看见别人工作的方式和工作方法，互相学习，互相赋能。

除此之外，在关键时刻日报还是你争取客户资源的事实依据。有一次，我和一个部门的同事同时跟进一个客户，双方各执一词，互不相让。“狭路相逢日报胜”，怎样证明客户是我开拓的呢？唯有日报。幸好我每次见完客户都写了日报，另一个同事一个字没写。当然，管理者就把客户业绩盘给我了。

诚实地说，在刚进入阿里的时候，我被要求每天写日报，刚开始也有些抵触情绪，认为每天工作很忙，做的事大家都能看见，没有什么可写的。但写着写着，我就体会到其中的好处了。每天把自己要做的事情都在日报里列出来，下班前对自己所做的事情做个总结，我就知道自己哪些事情做了，哪些事情没做，哪些事情的最新进度是怎样的。

一年以后，我再回望这一年的成绩，这是充实的一年，没有荒废。而且写日报的过程也是总结自己经验和教训的过程，对我的成长大有裨益。

成长，从一份日报开始，日事日毕，日清日高。从今天开始，每天写好一份日报，坚持365天，你能收获成倍的成长。

现在，没有人要求我每天写日报，但这个工作习惯一直保持到现在。我还认识一位老阿里人，现在已经65岁了，是退休后被公司返聘的专家，写了将近40年的日报。

管理者层面

从管理者的角度来看，写日报也有三大意义。

是事前管理的最好抓手

8小时的工作内容，寥寥数十字就可概括。管理者在其中既能看出员工的工作进度和工作积极性，又能提升管理效率，及时给出指导建议。

了解团队的氛围和状态

管理者通过每个员工的日报，可以了解员工状态的好坏，特别是对于团队的新人，他今天是激情澎湃，还是萎靡不振，都可以通过日报一览无余。

是管理者的管理力的体现

管理者可以通过日报发现员工在工作上出现的问题，及时反馈，提出改进建议。这是管理者的管理力的体现。

除此之外，日报还是一个数据采集点，汇总一个岗位一段时间的数据，管理者就能通过数据及时调整工作计划和企业发展战略，促进企业长期良性发展。

总结一下：一份日报，可以成为员工升职加薪的筹码；一份日报，也可以成为管理者的抓手。所以，员工用心写日报，管理者用心抓日报，才是王道。

What：日报写什么

日报的写作模板

员工的日报到底怎么写才是正确的呢？下面是阿里日报的写作模板（如图 1–1–5 所示），供大家参考。

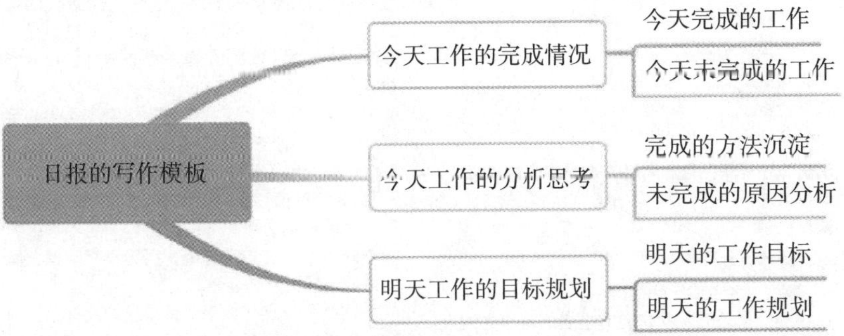

图 1–1–5　阿里日报的写作模板

按照这个模板，日报主要由 6 部分构成，下面，我们详细来看一下这 6 个部分员工该怎么写才算写到位。

今天完成的工作

今天完成的工作主要由两部分组成：第一部分，所有完成的事项及完成的证据；第二部分，完成度和花费的时间。

完成度能够让管理者更直观地感受员工的工作量；花费的时间能够直观展示员工在这份工作上或工作事项上投入了多少时间。有一些岗位的工作内容是碎片化的，比如行政岗，我们很难界定一个工作的完成度是多少。但是通过呈现的时间分配，管理者可以清晰地知道员工的时间分配比例，以及任务的侧重点。

下面是我在 9 月 10 日写的一份日报（如图 1–1–6 所示），内容是按照金字塔原理进行拆分撰写的。

王建和的工作日报

王建和
2019-09-10 23:51

今天工作要解决的问题，请努力实现才有价值
客户洽谈
课程录制
找到合作
栏目共创

明日工作要解决什么问题，今天下班前请想好
课程梳理
课程录制

今日收获分享
一、关于早会的探讨和思考：
1. 在早会发言时，一定要有准备、有思考地发言。一天的规划安排一定要提前思考，凡事不预则废！（在早会开始发言后不准看手机，不准做其他与早会分享无关的事情，关注分享人分享的内容）做任何事情，纪律很重要，无组织、无纪律才会造成没有结果。
2. 环节一定要落实到底，把事情做透，1米宽、100米深、1 000米深、10 000米深，一把钢尺量到底。（例如：周目标，真正说清楚，最好是可量化的目标，确保清晰、一致）标准动作做到位，一拳是一拳，一脚是一脚，打实、打牢！这应该算是工匠精神的一种特质。
3. 早会，负责人一定要清楚早会流程，并且教会每一个人真正把环节落实到底（我做你看，我说你听，你做我看，你说我听）并且在过程中为每一个环节的落实到底负责，犀利、直接地点评。负责人不作为、老好人是最大的毒瘤，一团和气，一团散沙，打不了胜仗，做不成事。我们的组织一定是不姑息养奸、没有特权、公开、透明、开放的。
4. 基本动作的成功，在于负责人对于结果的重视与责任。清楚任何一个动作所能达到的结果，以终为始，优化、迭代流程及方法论。
5. 当事情价值清晰时，一定是因为真正做好了，并且真正掌握才可以取消。一定不是因为做不好而取消。知道价值，因为没有掌握，所以更要坚持，直到会做。
6. 关注结果反馈，如果对结果反馈没有关注的话，那任何事情都将在过程中流于形式。（例：婷婷的笔记记录，开始时认真、详细，现在慢慢地没有记录，在没有评价与反馈中被同化）很好的建议形式，大家轮流点评。
管理者基本动作，知行合一的修炼！

二、项目不是为了做而做，清晰的定位，小步快跑，迭代试错。

三、给客户的建议一定要务实，事物是长成的，需求是在客户摸爬滚打中沉淀的。

价值产品，体系化运营，5 000客户数！

图 1–1–6　王建和在 2019 年 9 月 10 日的日报

今天未完成的工作

“未完成的工作”是员工对于完成的工作的查漏补缺。员工需要先把一天的工作梳理出来，然后将完成的事项划掉，剩下的就是未完成的工作事项。“未完成的工作”相当于一个小的总结和补充，方便员工了解明天需要做哪些事情。

完成的方法沉淀

在完成一项工作的过程中，有什么收获，有什么方法是员工以后可以直接使用的，可以通过日报梳理出来。

未完成的原因分析

“未完成的原因分析”其实就是员工需要列出完成这些“未完成的工作”的解决方案。在列出解决方案前，员工有一个思考的过程，总结一下就是。

分析问题 → 拆解问题 → 发散问题 → 验证问题 → 解决问题

员工需要充分分析他遇到的问题，然后将问题拆解。在拆解的过程中，员工可以发散地去想一些其他的问题，然后在明天真正工作的时候去验证。

员工想得越多，未来可以选择的方向，解决问题的思路就会越多。比如在我的日报中，我不仅仅会写方案，还会加入自己的一些思考。

明天的工作目标和明天的工作规划

在写这一部分内容时，员工需要好好筛选一下，不是每一个工作事项都需要写进去的。明天的工作目标和明天的工作规划应该写出明天需要完成的目标、任务和应达到的要求。任务和要求应该具体明确，有的还要定出数量、质量和时间要求。

团队的日报模板，其实就是管理者的管理思路的体现。日报模板就像摸石头过河，管理者要在过程中不断摸索，不断调整，优化出适合自己团队的日报模板。

情感、思考、观点

在日报里，员工除了要写以上 6 项内容外，还要写上自己的情感、思考、观点。

在工作中，我们不仅要解决工作中做事的问题，还要解决人际交往、与人相处的问题。上面 6 项内容是解决做事的问题，这部分主要是解决做人的问题。

为什么做人的问题要放在日报的最后呢？因为管理者最想看的是做事的问题，而做人的问题是锦上添花，所以我建议大家把这部分放到最后。那么这部分要怎样写呢？

情感就是你在今天工作过程中产生的情感效应，比如在完成某一事项时，一位同事热情地帮助了你，那么你可以在日报里表达对他的感谢。

思考就是你在今天工作过程中产生的思考，比如在完成某一事项后，你发现下次用另一种方法完成效率会更高。

你可以自己根据工作的过程明确观点，然后进行记述。论证要有论据，即摆事实、讲道理。要运用论证方法，例如：比喻论证、举例论证、对比论证、引证法等。

日报的写作要点

掌握好日报的写作结构，我们还需要注意一些写作细节。

讲证据，多表格，可视化

能用表格说明问题的，就不用文字，能用图说明问题的，就不用表格。可视化呈现工作成果的重要性不用多说。

深挖原因，对问题进行多重分析，给出建议

如果你是一个新媒体运营者，今天文章的阅读率是 5%，相比昨天下降了两个百分点。那么数据下降的原因是什么，是不是需要分析一下？

在做原因分析时要往深挖，比如是文章标题取得不好，还是头图不好，等等。你可以把这些原因都列出来，这样你明天才会知道如何做才能把文章的阅读数据提升。

写出来的东西要积极主动

在写日报时，内容要是积极主动的。我给大家的建议是：只写“可以做，应该做”，不写“不可以做，做不到”。

如果你在日报里写出不可以做什么，做不到什么，那么这样不但会打击你自己的信心，也会让管理者认为你的能力不行。

管理者希望看到的是“可以做，应该做”，然后在他把事情交给你做的时候，你可以做好。

即使有的事情你做不到，也不要直接说明，你可以采用委婉的方式表达出来——先认同再但是，这是一个很好的表达格式。

比如，最近我团队里有一位员工在帮我做课，我给他规定了交付日期，他总是拖延，无法按期交付。那么在日报中，我要怎样把这件事委婉地说出来呢？

首先，我列出这位员工的所有优点，肯定他态度很好，做出的课干货很多。然后，我指出他非常忙，课程总是要多花一些时间去磨合。

我很委婉地把他拖延的问题表达出来，并在日报上反馈给他，他立刻意识到了自己的问题。

所以在写日报时，我们需要想一想到底该怎么表达才能给别人（包括管理者、同事）的观感会更好。

以上就是管理者落实好日报的“黄金圈法则”。史蒂芬·霍金曾说过：“每人每天能够专注地、富有成效地工作的时间是有上限的。”所以，讲了这么多，不管是员工写日报，还是管理者抓日报，目的就是记录每天的点滴工作数据，进行数据分析，优化我们的工作时间分配、工作方法、工作效率等，让我们富有成效地工作，从而更快、更好地完成目标。

管理者抓日报的四大保障

管理者要将日报落实到位，除了方法论指导之外，还需要四大保障（如图 1–1–7 所示）来助力。

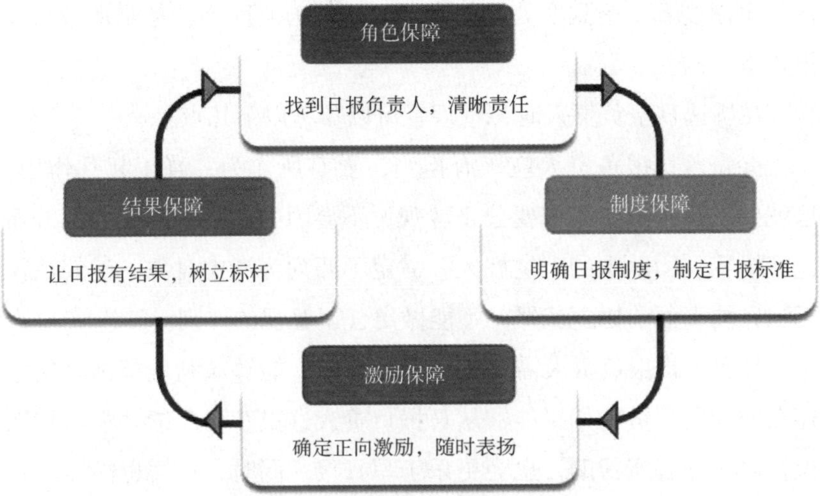

图 1-1-7 管理者抓日报的四大保障

角色保障

“角色保障”就是为日报找到一个负责人，把责任落实下去。管理者不应该事无巨细，每件事情都亲自去做，有些权力下放，会让团队更有效率。当管理者精力有限、无法承担日报的审查工作时，应当适时地将这件事情交托出去。

比如，我在阿里带团队时，会指定一个人，由他专门负责三报（日报、周报、月报）的检查，整体数据的汇总、更新和迭代。

需要提醒管理者的是，挑选负责人也是有讲究的，并不是胡乱拉一个人上岗应付形式。三报负责人犹如“纪律委员”，如果过于严厉，就很有可能引起其他员工的不满，甚至被孤立；如果过于松散，那么这个职位会失去存在的意义。如何平衡两者之间的关系，让日报制度真正落到实处，而又不引起员工的反感，是非常考验日报负责人的。

在挑选日报负责人时，管理者可以参考以下几点：

首先，日报负责人应该有担当，要有所作为，真正起到作用。这就要求日报负责人需要公正客观，不会因为和某些同事关系好而包庇纵容。团队中的“老好人”一定不要列为考虑对象，他们往往无法在同事面前树立威严，不能做出公正客观的评判。

其次，日报负责人需要有一定的高度，能够犀利地指出日报中存在的问题。员工如果能够从日报负责人这里获得反馈，学习到知识，对工作有所帮助，也会更乐于写日报。同时，这样也能减轻管理者的工作负担。

最后，日报负责人应该具备较强的抗压能力。日报负责人在确定之后，将负责监督、检查员工的三报情况。如果一个团队里的大多数员工的日报落实得不够好，日报负责人应该进行反思，并承担责任。心理承受能力弱的员工，显然不适合这份工作。

制度保障

依靠员工的积极性和自主性去写日报，很难长期具有成效。制定相应的日报标准和日报奖惩措施，是必不可少的。

日报的书写标准没有硬性规定，可以依据自己团队的要求而异。但大体上，员工的日报应当全面、翔实，并且重点突出。在内容上，参考上文中提到的完整日报应该具备的基本要素。

日报制度也就是奖惩制度。奖勤罚懒，对于认真写日报，并且日报质量达到或者超出预期标准的员工，管理者需要给予奖赏，让他们继续保持积极性；那些把日报视为负担，敷衍了事的员工，管理者要对其进行处罚。

比如，我在阿里带团队时，规定销售员一天不发日报，罚款100元。

激励保障

事实上，奖惩制度中的奖励，也属于激励形式中的一种，激励保障强调的是对于员工进行的非物质性的正向激励。这种激励包括言语和行为上的鼓励。作为管理者，一定不要吝惜对于员工的激励，时常给员工一句表扬的话语、一个赞许的眼神，这些往往会带来意想不到的效果。

对于这一点，我深有体会。我在阿里曾经带过一个新人，第一次在我给他布置日报任务后，他交上来的日报虽然略显青涩，不太成熟，但看得出来非常用心，是经过深思熟虑做出来的。对于他的努力，我给予了充分肯定，他非常开心，并表示接下来会做得更好。果不其然，他不仅日报写得更加完善，在其他工作上的表现也越来越好。

结果保障

无论是奖励、惩罚或者追责，其最终目的，并不是让员工把日报写得多么完美。而是在写日报的基础上，实现团队目标、达成最终结果。简而言之，就是运用日报，在工作上收获结果、达成目标。

日报只是一种手段，让员工通过日报看到自己在总结、思考、沉淀的过程中有所收获才是最重要的。企业有效管理的表现是实现企业目标。要想达成结果，获得收益，管理者需要向员工传达结果思维。结果思维注重三个定律：

结果大于过程；
有交付价值的结果大于无交付价值的结果；
能复制的结果大于不能复制的结果。

首先，管理者需要培养员工的结果思维，让员工通过写日报，发现和分析工作中存在的问题，并通过培养其强烈的责任心和敬业精神，使其将工作加以完善或改进。其次，管理者需要树立一个标杆，让员工能够了解达成结果的标准，最后复制结果。

管理力修炼 ‖ 1 米宽，100 米深，一把钢尺量到底

管理者落实好日报的核心是修炼自己的管理力。管理者一定要明白，团队的执行力，就是管理者的执行力。如果团队执行力不好，那么一定是管理者的执行力不好；如果团队目标感不强，那么一定是管理者的目标感不强。

除此之外，我在上面还提到员工的行为底线就是管理者的管理底线。如果我们的管理底线一再后撤，那么你会发现员工会一而再，再而三地违反制度。所以管理者要做到 1 米宽，100 米深，一把钢尺量到底。

1 米宽，100 米深

把“1 米宽，100 米深”运用到落实日报里，这一方法非常形象而简单。管理者落实团队日报，要像打井一样，只需打 1 米宽的井口。如果你坚持向地下打，打到 100 米深、1 000 米深甚至 10 000 米深的话，就会得到很多水；如果你打很宽的井口，却不坚持打深，那么无论多宽都不可能得到水。

所谓“1 米宽，100 米深”，指的是管理者要聚焦和专一，要把团队日报做好、做扎实、做到有深度，这样才会产生巨大的价值，团队自然也会得到意想不到的结果。

一把钢尺量到底

“一把钢尺量到底”的意思是说管理者要做到一视同仁，做到公开、公平、公正，该奖就要奖得心动，该罚就要罚得心痛。

在管理学中，有一个著名的“情境领导理论”，说的是管理者应该随情境和个体的变换改变管理方式和管理风格。也就是做到管理方式与所处的环境、针对的对象相匹配，这样的管理才是最有效的。但这并不意味着，我们能够用这个理论去佐证个体因为各种原因而违反公司制度是正确的。

“情境领导理论”对于员工管理的意义，就是管理者按照员工的成熟度和工作意愿，分配员工的工作内容。乍一看上去，这似乎有失偏颇，好像并没有做到“一视同仁”。实际上我们讲的一视同仁，并不是一碗水端平，不偏不倚地让每个员工得到同样分量的工作内容。这并不是真正的公平，真正的公平是从员工的感受出发，即让他们感觉你是公平的，那才是真正的公平，真正的一视同仁。

简而言之，真正的一视同仁，是情境领导理论和公平理论的综合运用：从员工的感受出发，而不从管理者的主观意愿出发。

那么，管理者要如何从员工的感受出发做到一视同仁呢？要做到这一点，管理者就要公平对待所有的员工，哪怕是业绩好的员工，当他挑战管理者的管理底线时，管理者一定要按制度行事。

我在为企业做管理培训时，常常看到这样一种现象：管理者尤其偏爱业绩好的员工，面对这类员工时，他们往往没有底线。比如，当一个业绩好的顶尖销售员以各种理由逃避写日报或迟交日报时，管理者常常因为他业绩好而“睁一只眼，闭一只眼”。

长此以往，这样的员工就会因为管理者的“偏爱”越来越“放肆”，对团队制度熟视无睹。他会从各个方面，不断挑战管理者的管理底线。这样一来，管理工作就会更加困难。其他员工当看到管理者对这些员工的优待时，自然会心生不满，认为管理者不够公正、客观。

这就是典型的没有做到“一把钢尺量到底”。要做到从员工的感受出发的一视同仁，我们不妨把时间轴拉长一些，你会发现所有的东西都是有因果的。

当以短期时间段比如一个月、一年为时间轴来评判一个员工不写日报造成的后果时，我们可能什么都看不出来。如果以一个长期的时间，比如10年为时间轴时，我们再来看看那些连日报都不愿意写或者不好好写的员工，他们通常一事无成。

仔细思考一下：一个连日报都不认真写，一个对待自己成长都马马虎虎的人，他会有什么成就？所以，当你把时间轴拉到10年，就不难发现，那些长年坚持将一件事情做好的员工，那些踏踏实实、兢兢业业将日报写好的员工，一定比当初那个连日报都不愿写的员工更容易获得成功。

很多时候，我们所谓的成长，并不是在一朝一夕突然实现的，而是在点点滴滴的积累中完成的质变。所以，作为管理者，一旦发现有员工在挑战你的管理底线，一定要做到“1 米宽，100 米深，一把钢尺量到底”。

对一个管理者来说，目标管理最困难的不是“定目标”，而是“盯目标”。那么，盯目标的逻辑是什么？

盯目标的逻辑是没有日哪有周，没有周哪有月。如果今天的基础工作不能完成，就会影响一周的工作，继而影响一个月的工作，甚至这一年都会变成一个拼命追赶、不断修复的状态。这也是我如此强调管理者要落实好员工日报的原因。

日报，是日事日毕的开始。管理者落实好员工的日报，也是盯目标的开始。日事日毕，日清日高。只有完成好每一件像日报这样的小事，才能为建立高楼大厦夯实地基。

第 2 招
周报：验证员工成长，验证管理方法

故事启迪 ‖ 喜家德为何如此成功

提起喜家德，北方人可能非常熟悉，这是一个连锁水饺品牌，创立于 2002 年。创立至今，喜家德已经在全国 50 多个城市开了 500 多家店铺，员工超过 8 000 人。作为该行业的领军者，喜家德被称为“水饺界的华为”。

在水饺店遍地都是的北方，为什么喜家德能够脱颖而出呢？喜家德的创始人高德福在总结喜家德的成功经验时说：“企业的成功往往是阶段论的成功，狠抓主要矛盾，最重要的事只有一件。”

诚如斯言，喜家德的成功来自阶段论的成功，阶段性目标达成，狠抓主要矛盾。那么，喜家德具体是如何做的呢？

首先，找到自身优势，准确地进行自我定位。企业的优势是企业赖以生存的重中之重，代表了企业的核心竞争力。它同时为企业的发展指明了方向和道路，企业只有在准确无误地认识到自身优势的情况下，才能在发展的道路上不偏离轨道。

其次，找到事物的核心，解决核心问题。在事物发展的过程中，矛盾是普遍存在的。其中，主要矛盾在事物发展过程中处于支配地位，起决定性作用。一个企业往往会面临多重问题，其必须找到核心问题，并将其优先解决，才能把握企业发展的命脉，推动企业健康良好的发展。

然后，设定阶段性目标，完成阶段性成功。目标是企业发展过程中必须要制定的，对企业发展具有前瞻性意义。在每日目标达成后，我们要开始考虑完成阶段性的目标，也就是一段时间内需要达成的任务。

最后，不断累加阶段性成功。在完成一个阶段内的目标之后，企业要做的就是不断地累加这种阶段性成功。将一个大的目标分成几个阶段去完成，累加的阶段性成功越多，这件事取得的成就也就越大，创造的价值就越大。

透过喜家德的案例，我们可以发现设置阶段性目标的重要性。在阶段性目标达成之后，企业就能取得阶段性成功。在阿里巴巴基本动作第一招中我强调“日事日毕，日清日高”，用日报落实员工每天工作的完成情况。在每日工作完成之后，管理者需要设定一个阶段性的目标。而设立阶段性目标的周期，以一周时间为宜。以“周目标”为阶段性目标来完成“月目标”，会易于实现任务。如果每个阶段的时间太长，员工就会因为看不清目标而变得迷茫，从而丧失前进的动力。一周的时间不长不短，如果出现问题，那么员工也能够及时进行调整。

作为管理者，我们一定要具备把握阶段性目标的能力。这种能力不是与生俱来的，而是在工作实践中逐渐培养和锻炼出来的。那么，管理者把握阶段性目标最好的工具是什么呢？

在阿里，周报能够协助管理者和员工更好地完成周目标。作为阶段性的回顾和计划，周报是验证员工成长、管理方法与组织策略的最佳方式。

验证，从一份周报开始！

现状分析 ‖ 团队周报落实不好的核心原因

与日报相比，周报的使用频率要高很多。根据我这么多年在对企业做管理培训时的观察，60% 的企业都在使用周报。虽然周报的使用频率很高，但这并不代表管理者和员工能够恰当使用周报这一工具。

在现实中，有的员工认为周报就是日报的机械叠加，所以他在写周报时就把日报里的内容整合到一起；有的员工则认为已经有月报去总结规律了，周报就可以敷衍塞责，草草了事。

为什么会出现这些情况呢？根本原因在于管理者没有落实好周报。通过在阿里多年来的管理实践，我发现管理者落实不好团队周报主要有四大核心原因。

不知道周报的意义

为什么要写周报？很多管理者没有认真思考过这个问题，大多是随性而为，简单沟通几句，于是员工常常把周报理解成抒发工作感悟。结果就是员工要么不知道周报写什么，要么写出来的都是“口水话”，没有任何价值。所以，不知道周报的意义，就是管理者落实不好周报的第一个原因。

事实上，写周报对管理者和员工来说，有双层价值（如图 1–2–1 所示）。

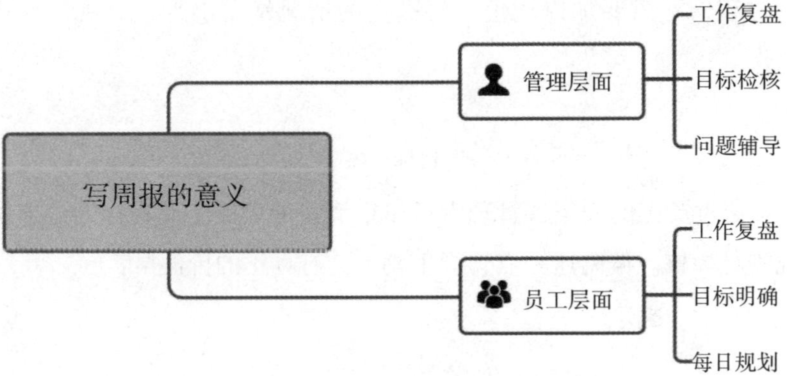

图 1–2–1 写周报的意义

管理层面

我在对管理者进行培训时，很多管理者会问我这样一个问题：“王老师，我手底下的员工那么多，每个人的周报我都要去看，那样岂不是太耗费时间和精力了？”

管理者看员工的周报，不是浪费时间，而是最基本的管理动作。员工的很多问题以及管理者在管理上存在的问题，都能够通过周报反映出来。在管理工作中，管理者切勿用身体的忙碌去掩盖思维的懒惰。归纳一下，管理者落实好周报具有三重价值。

工作复盘

“工作复盘”就是对上周的工作进行总结和提炼。在这个过程中，管理者要做的不仅是对自己上周的工作进行复盘，还需要组织员工对上周的工作进行复盘。“工作复盘”是一个客观追根溯源的过程，不需要加以润色，将真实的情况暴露出来，有利于改进工作。

目标检核

通过员工的周报，管理者可以很清晰地对员工周目标的达成情况进行检核。偏离这一点，周报就不会有真正的价值可言。

问题辅导

通过员工的周报，管理者可以对员工出现的问题进行辅导。

总之，作为管理者，如果你不想每天被琐事缠身，想进一步改善和优化你的管理工作的话，那么我建议你认真落实好员工的周报，这对管理工作和团队目标达成情况会有很大的促进作用。

员工层面

写周报对员工来说，也具有三层价值。

工作复盘

员工写周报的过程就是对于本周工作的复盘。大体上与管理者工作复盘的标准一致，但对员工来说，写周报时进行的工作复盘，其收获比管理者来得更加直接和有效。

比如，员工在写周报时会对问题的关键点进行持续性的反思。在反思的过程中，员工需要总结出哪些问题是偶然出现的，哪些经验是可以复制的。这就是复盘最大的好处。

目标明确

通过写周报，员工可以明确自己的目标，有了目标才知道自己前进的方向。

每日规划

网上流传着一个戳中很多人痛点的段子：我在 2019 年的新年目标，就是完成 2018 年那些本该在 2017 年完成的我在 2016 年就信誓旦旦要完成的 2015 年制定的目标。

事实证明，很多人在制定了长远目标后，没有建立为了实现这个长远目标而在近几年内要实现的中期目标，结果随着岁月的流逝，他们看到实现目标的希望越来越渺小，越来越觉得自己离目标渐行渐远，于是轻易地放弃了自己的目标，最终一事无成。

周报可以帮助员工将长期目标分解成周目标、日目标。这样员工就清晰地知道自己每天要做什么，达到什么。

最后，总结一下：周报是一个总结、提炼、反省的过程，是促进员工成长、达成目标的工具。管理者通过落实好周报，既能了解到员工的工作状态和目标达成情况，又可以及时给予员工帮助和反馈。这种对双方都有益的工具，管理者和员工又有何理由不去应用呢？

做不好周复盘

管理者落实不好团队周报的第二个原因是做不好周复盘。“做不好周复盘”的表现为“上周强调过的重点，这周又出现了类似错误”，“这周复盘会开了和没开一样”等现象。导致团队出现“反复交学费”“效率低下”等问题。

比如，一位商场销售人员在周报中这样写道：

> 本周我总共卖出去两件羽绒服，5 件呢子大衣，10 件羊毛衫，11 条打底裤，总计 28 件衣服，总销售额 11 380 元。在下一周，我需要更加努力，希望天气冷一点儿，我能卖出更多的羽绒服。

这份周报暴露了周复盘不到位的典型情况。这位员工只是简单陈述了本周的工作成果，完全看不到他发现的问题和分析的过程。所以他的“周复盘”只是回顾了本周的业绩，而如何将衣服卖出去的，为什么有很多顾客流失了，应该怎样挽留顾客，提高成交率等等这些周复盘最核心的内容在他的周报里没有反映出来。

正确的“周复盘”是：请告诉我，你做成了什么，有没有更好的方法，而不是你在努力做什么。

周目标不明确

管理者落实不好团队周报的第三个原因是周目标不明确。这分为两种情况：一种是月目标不明确，导致周目标更加模糊；另一种是月目标的分解没有做好，员工不清晰本周的目标。这也就印证了上面我提到过的定目标的逻辑：没有月哪有周、没有周哪有日。

前几天，我和一个朋友一起走路回家。这个朋友是非常淡定的人，平常无论做事还是走路都是不疾不徐，慢慢悠悠的，今天他却走得非常快。我好奇地问道：“你今天走路怎么这么快？”朋友笑笑说：“今天家里的小朋友过生日，我得快点回去陪他。想到这件事，我就不自觉地加快了脚步。”

确实如此，回家陪孩子于他而言就是一个目标，当这个目标出现时，他就不自觉地走快了。在工作上同样如此，当我们有一个明确的周目标时，我们就会为了达成这个目标，不自觉地加快工作速度。

在阿里，当我初次走上管理岗位时，我并没有意识到把明确的工作周目标告知给员工的重要性。在一周工作开始后，我发现员工毫无头绪，工作完全没有条理性，看到什么就去做什么。结果导致整个团队一周的工作进度滞后，效率低下。

后来我进行了调整，在宣布了每个月的月目标之后，我会让员工在周报中，将本周的个人工作目标从月目标中分解出来，并按照这个目标，逐条填写了工作计划。通过这一举动，员工了解到自己在什么时候该做什么事情，便有了清晰的前进方向。

周策略不清晰

美国曾经有这样一位建筑师，他踌躇满志，目标明确，梦想是建造出一座最别致的建筑。然后他开始行动，不停地设计、构图，结果穷尽一生，他梦想的建筑都没有开始建造，留下的只有大量的图纸。

这位建筑师看起来有点儿可笑，实际上，这是因为他在目标确立之后，没有给自己制定正确的实施策略，导致他将所有的时间都耗费在画图纸上了，最终没能将梦想实现。

在工作中也有非常多类似的案例。我曾经带过一个团队，大家目标一致，非常明确，都奔着一个地方使劲儿。但这个时候令很多员工最头疼的事情，就是没有清晰的目标达成策略。当一个目标被罗列出来，如果没有支撑它实现的策略，这个目标就等于没有。这就犹如告诉你前面的山顶上有一箱金子，你却没有能够到达山顶的方法。

这也提示我们，员工的周报一定要根据下周的工作计划和工作目标，写出清晰的达成策略。

以上就是管理者落实不好团队周报的四大核心原因。总的来说，记住，通过周报坚定目标，然后把目标细化到每天的行动并坚持下来，你就会看到属于自己的奇迹。最后，分享给大家一句我最喜欢的话，与大家共勉：有些事情坚持下去就不是事儿，有些事儿坚持不下去就永远是事儿。

方法论 ‖ 落实好团队周报的“承上启下”法

管理者在知道了落实不好团队周报的原因后，应该如何对症下药呢？

在落实团队周报上，我依据自己多年来的管理经验，结合阿里同事的经验，总结出“承上启下”法，来帮助管理者将团队周报切实落地。

在讲解方法论之前，我们首先要理清周报的结构。下图是阿里完整的周报模板（如图 1–2–2 所示），结合这个模板，我们来深入了解一下周报的结构。

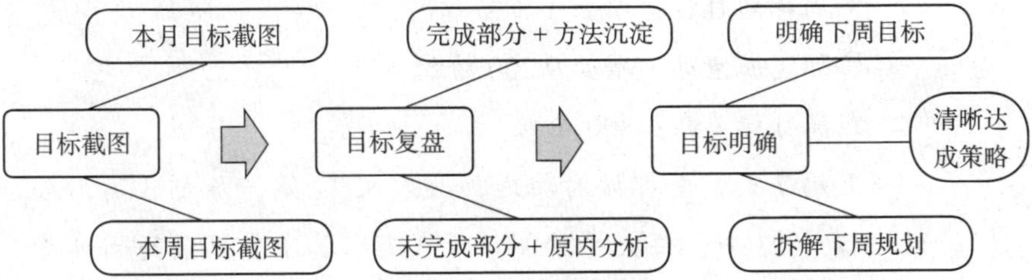

图 1–2–2　阿里完整的周报模板

并不是说管理者都要按照这样的模板要求员工写周报，管理者要做到的是理清周报的框架，理解背后的管理理念，然后根据自己团队的实际情况，设计出适合自己团队的“周报模板”。

在明确周报模板之后，接下来我们来看看具体的方法论。

承上：做好复盘

落实好周报的第一步：做好周复盘，即“承上”。做好复盘包括两部分。

回顾总结上周完成的工作

在周复盘中，我们首先要对上周完成的部分进行清晰的回顾和总结。对应目标截图中的相关事项，一项一项地确认自己是否达成了目标。在确认目标是否达成的过程中，我们要充分回顾上周所做的工作，进行深入的思考。

举个例子，如果你的员工是一个新媒体运营，那么他可以这样汇报工作进展：

上周计划目标：增长 1 万粉丝

实际完成情况：增长 9 200 粉丝

距离目标差距：800 粉丝

上周 7 天，全部按时推送，共发文 12 篇，原创 3 篇，累计阅读量 21 万，每天平均阅读量 3 万。其中单篇最高阅读量为 9 万，来自文章《任正非的艰难时刻》。

再举个例子，如果你的员工是一个销售员，那么他可以这样汇报工作进展：

上周计划目标：5 万元销售额

实际完成情况：6 万元销售额

距离目标差距：超额完成 1 万元。

上周出勤 5 天，有效沟通新客户 230 家，重点客户 67 家，有效回访老客户 120 家，重点客户 49 家。最终成交 12 家，销售额 6 万元，平均单价 5 000 元。

或许会有管理者提出疑问：有的员工的工作目标没有这么明确

怎么办？

严格来说，每个员工在每周都应该有清晰的工作目标，这是管理者的基本职责。比如一个运营岗的员工，他的周目标应该是增长多少用户，公众号有多少阅读量，等等；一个销售岗的员工，他的周目标应该是完成多少销售额，拓展多少合作客户，等等。

即便你管理的不是业务部门，比如行政部，也要直接与员工沟通清楚工作目标。明确工作目标不仅是有效工作的前提，也是写好工作周报的前提。

分析与反思未完成的工作

做好周复盘的第二点就是对上周未完成的工作进行分析与反思。一般来说，主要有两种原因。

第一种，没完成目标，这是最重要的问题。员工既要分析差距，更要给出对策。

举个例子，我现在的团队里有一个员工是用户运营负责人，2019 年 11 月的第一周计划完成 5 000 名用户的增长，实际只完成 3 000 名。下面是他在周报里自己分析的问题和提出的对策。

上周我完成了 60% 的工作目标，在认真分析后，我发现三点严重问题：

1. 工作节奏把握不合理，前三天进展缓慢，但没有及时分析数据，也没有及时汇报问题，存在严重的侥幸心理，指望周四、周五冲刺。虽然周四、周五效果有所好转，但前三天挖坑太深，为时已晚。

2. 整个过程流量不低，但转化率非常低，工作过程中没有及时优化。

3. 运营获客方式单一，用户审美疲劳，没有主动尝试新的运营方法。

针对三点问题，我有以下三点对策。

1. 每天中午和下班前，分别跟踪一次增长数据，严格监督转化效果，一旦发现问题，就马上调整或者汇报。

2. 在继续提升流量的同时，逐一优化转化环节，把转化率提升 30%。

3. 尝试两种新的获客方式。

上述对策，望领导可以给予点评。

管理者在引导员工分析原因时，可以建议员工采用“原因分析鱼骨图”（如图 1–2–3 所示）进行分析。按照鱼骨架的方式把所有的原因都排列出来。大的原因对应大的鱼骨，在这些大的原因中又延伸出小的原因，组成小鱼骨。

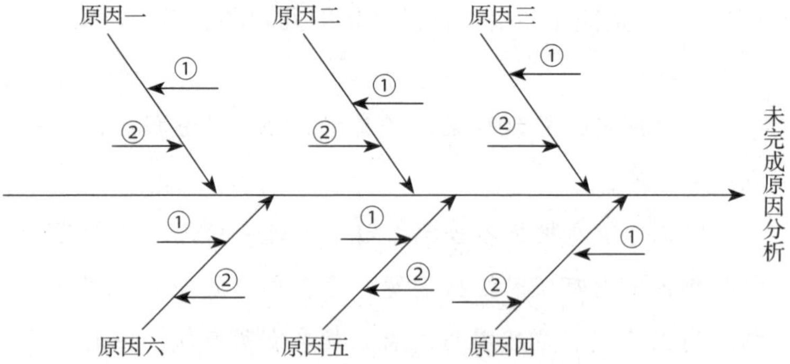

图 1–2–3 原因分析鱼骨图

第二种，工作中临时发现的问题。比如团队协作的问题，个人对工作目标的理解问题等。这部分内容，在周报中不需要长篇大论，100字以内最佳，把问题阐述清楚即可。

高手是善于从错误中学习的人。不同人面对过错表现出来的态度和采取的举措大相径庭，有人正视不讳、勇于改正，也有人绕道而行、闭口不谈，甚至有的人在过错面前会有意回避、推诿了事，以致错误不仅没有得到及时纠正，还带来更为严重的后果。

所以，管理者要引导员工从错误中学习，恩格斯曾说，无论从哪方面学习都不如从自己所犯错误的后果中学习来得快。善于从错误中学习，善于从失败中学习，主动摆脱陈旧经验和思维定式的束缚，才能避免犯更大错误。我们每一个人，都是在这样不断犯错、不断学习的过程中成长起来的。

启下：明确周目标

落实好周报的第二步：明确周目标，即“启下”。明确周目标包括三部分。

明确下周的目标

一般来说，每周的工作目标会在上个周末就布置好。但由于每个人的实际完成情况不一样，执行过程也会进行相应调整。确认下周的工作目标，主要是为了让员工把精力花在最重要的事情上，这样才不会偏离团队目标。比如，“在本周内提升2%的销售额”，会比“在本周内增加销售”更容易达成，因为“提升2%”是一个具体的目标，它对员工有着指引和激励的作用。

另外，不切实际的周目标对员工来说也是一场灾难。我在阿里带团队时，有的员工为了让目标的激励作用更加明显，会在周报里写“在一周内签下 20 家客户”。这个周目标很清晰，但是不是正确的呢？当然不是。这是员工头脑一热写出来的周目标，这样的“周目标”绝大多数是员工完不成的。当员工完不成周目标时，他们的内心就会产生挫败感，进而影响员工的工作状态。

所以，管理者在帮助员工明确周目标时，要让员工通过周目标感受到，这个目标通过努力可以达到，既要充满信心，又不能掉以轻心。只有这样的目标，才会产生较大的激励作用。

明确达成策略

在明确周目标后，管理者还要帮助员工做出清晰的达成周目标的方法和策略，以保证目标达成的有效性和高效性。

当然，目标达成策略并不是员工凭空想象出来的，它需要管理者基于现实情况，按照过往经验来指引员工找出使目标达成的方法和策略。管理者在帮助员工梳理目标达成策略时，有几个要点需要体现。

一切为了目标而努力；
列出达成目标要做的事情；
找出达成目标最重要的关键因素；
找出达成目标最重要的障碍；
定出达成目标的具体期限；
列出达成目标要做的事情的轻重缓急的顺序；
监督执行进度。

举例来说，下面是我在阿里带团队时，一个员工写的周报。

> 结合本月目标：本周达到 10 万元销售额
>
> 保证措施：有效沟通新客户 250 家，回访重点客户 200 家，最终成单 30 家。
>
> 为了更好地完成下周工作目标，我将在前三天全力冲刺一个小高潮，重点突破意向明确但决策缓慢的客户。（已经明确了沟通策略，您可以查阅附件）

在周目标正确的情况下，精准的达成策略和严格的执行能够让一个员工迅速成长；反之，当目标的达成策略设定失误，目标制定得越好，执行越有效，其最终的结果可能会越糟糕。员工不但无法达成所期望的目标，而且会为团队带来重大的负面影响，更严重者则会“全军覆没”。

拆解下周的规划

员工根据周目标，拆解每天的工作，明确每天的要事、挑战、突破。

在拆解下周的规划时，员工一定要划分优先级，明白关键问题所在。我们通常都会有这样的思考：每天忙忙碌碌、勤勤恳恳地工作为什么看不到成果？事情众多我该如何下手？这些疑惑都是因为我们在工作中没有对任务进行优先级划分。任何事情都有轻重缓急之分，如果每项工作都按照顺序逐步展开，我们很容易就会陷入无用的忙碌中。

在开展工作之前，我们可以将每项工作进行定性，分别划分为非常紧急、紧急、正常、可以延后这 4 个等级。这对实现阶段性的工作具有非常重要的意义。比如本周内的工作，如果没有轻重缓急划分，而是按照层次进行规划，那么紧急工作很有可能不能迅速得到解决，从而整个工作的进度都会被延误。

除了以上两点关键内容，周报的结尾还可以附加一些内容。

> 上周工作的相关感悟；
> 个人工作上的思考；
> 对领导或者同事的感谢；
> 对某些情况的疑问等。

当然，如果没有问题要反馈，那么这部分内容完全可以不用写。

最后，管理者在落实员工周报的过程中，同样要做好四大保障（如图 1–2–4 所示），只有四大保障做到位，员工的周报才能确保落地。

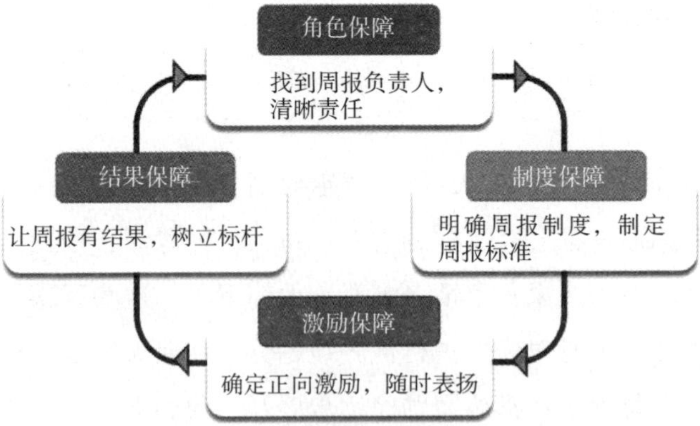

图 1–2–4　管理者落实周报的四大保障

管理力修炼 ‖“阶段性目标”达成能力的修炼

对管理者来说，周报到底在修炼什么？

事实上，周报的存在，就是为了帮助管理者达成团队内的“阶段性目标”。找到阶段性优势，发现阶段性问题，解决阶段性问题，累加阶段性成功，这些便是周报带给管理者的修炼。

阶段性目标的达成是团队乃至企业实现长期目标的基础，管理者一定要有阶段性目标的理念和意识。阶段性目标是管理者带领团队取得阶段性胜利的风帆。确立好阶段性目标，就相当于做好根据地，然后安营扎寨，逐步走向中国市场，走向世界市场，最终走向伟大。

在日报、周报、月报中，周报的作用极其重要，它是桥梁和纽带，起着承上启下的作用。首先，周报是对月报的拆解，它将月目标分解成周目标；其次，它是对每日工作的引领，周目标拆解下来，就是每日的工作目标。

所以，管理者一定要具备达成阶段性目标的能力，善于将大目标拆分成小目标，然后抓好细节，去实现阶段性的小目标。

管理者在修炼阶段性目标达成的能力过程中应当切记：企业的成功往往是阶段性的成功，狠抓主要矛盾，最重要的事情只有一件。在一个领域里专注三年，你可以达到专业；在一个领域里坚持5年，你可以成为专家；在一个领域里钻研10年，你可以成为领袖。

最后总结一下，阿里巴巴基本动作的第2招周报的内容，主要是围绕阶段性目标落实展开的，管理者如果能尽力做好每一个小阶段的工作，落实好员工的每一份周报，修炼自己的管理力，那么带出一支像阿里这样的铁军也是指日可待的。

第3招
月报：帮助员工突破目标，实现自我超越

故事启迪 ‖ 我的团队破百万的故事

在阿里，每年的3月、6月、9月、12月是中供铁军的“大战月”。在“大战月”里，我们每个人都像打了“鸡血”一样，充满激情，目标感十足。所以，在这几个月里，阿里会塑造出无数的标杆和榜样。比如阿里全国销售冠军贺学友、李立恒等，都是在经过大战之后，成长起来的标杆和榜样。当然，毋庸置疑的是，这几个月的业绩也会是其他几个月的两倍，甚至更多。

关于阿里，我的回忆是热血沸腾的。我至今还记得，在每年的“百团大战”开始之前，我们都会采取各种“提状态”的仪式，有

的团队拉旗宣誓，有的团队激情歌唱，有的团队喝“鸡血酒”（这个仪式是因为当时阿里的销售铁军大多是“粗犷”的男性，一般团队不建议采取这样的仪式）。不管什么样的仪式，最后都会落在“报目标”的结果上。誓宣完，酒干了，“战斗”的气氛也就上来了。

大家可以想象一下，一个团队带着这样的士气去“打仗”，会是什么样的结果？

如果阿里没有这样的“战争文化”，就没有中供铁军的魂，没有中供铁军就没有今日的阿里。成功不是说出来的，也不是做出来的，而是拼出来的；是一群人，放下所有杂念，奋不顾身，用汗水和血水闯出来的。

带着对阿里“大战”的满腔热血，我给大家讲讲在我的团队里，一个员工在“大战月”里业绩突破百万元的故事。

在我的团队里，有一个员工，他以前最高的业绩目标是 36 万元。2008 年 3 月，在开完“大战启动会”后，我问他：“下个月的目标是多少？”他回复我说：“50 万元。”

看到他的回复，我和他进行了一次促膝长谈，对他做了一次“启内心”。我告诉他，我盘点过他的客户，也看过他的服务情况，他的客户端服务做得非常好，完全有机会利用 3 月大战的氛围去突破自己的百万目标。

在给他做完“启动”之后，他坚定地告诉我，他决定在 3 月全力突破 100 万元。之后，为了给团队“提状态”，我在团队里也做了一次启动。我写了一封标题为《我是我的神》的邮件，在邮件里我写道。

青春，

人生中最美的年华，可歌可泣，历历如昨。

阿里销售，

是我们青春战场上最棒的经历，荡气回肠，策马由缰。

你可以一辈子都不登山，但你心中一定要有座山，它让你往高处爬；

它使你总有个奋斗的方向；

它使你在任何一刻抬起头，都能看到自己的希望。

中供百万，

阿里直销史上，让我们敬仰的高度；

它让我们每个人向往，让我们每个人顶礼膜拜；

它就在那里，它用它的伟岸和艰辛考验我们的智慧和勇气，自信和坚定！

激情三月，大北辰兄弟与你一起并肩前行，视荣誉为生命，视战友为手足；

激情三月，你必将用百万战绩记录自己销售生涯的荣耀；

打造一段属于自己的辉煌。

没有故事不成人生，

一个人内心真正的强大，一定是因为成功加成功，

大北辰与你一同迎接百万的砥砺。

百万征程，

大北辰，在一起。

我把这封邮件群发给我的团队（大北辰），团队的每一个伙伴

在看到这封邮件后，热情高涨，士气达到了顶峰。

这位员工在 3 月全力以赴，不眠不休，为了百万目标冲刺，而团队的其他成员也在不断地帮他强化目标，给他各种各样的支持。最后这位员工在 3 月成功签单 106 万元，实现了自己破百万的目标。

经过这件事之后，在以后的“大战”中，团队所有的成员在报目标时都是以百万目标为起点，不再局限于自己以往的目标。

你瞧，这就是目标的力量，目标真的可以让一个人超越自我，突破自我。一个员工或者团队无法达到目标的核心原因就是目标不清晰、不坚定。尤其是管理者，如果没有清晰和坚定的目标，那么团队将无法产生任何结果。

哈佛大学有一个著名的关于目标对人生的影响的跟踪调查（如图 1–3–1 所示）。对象是一群智力、学历、环境等条件差不多的年轻人，调查结果显示：

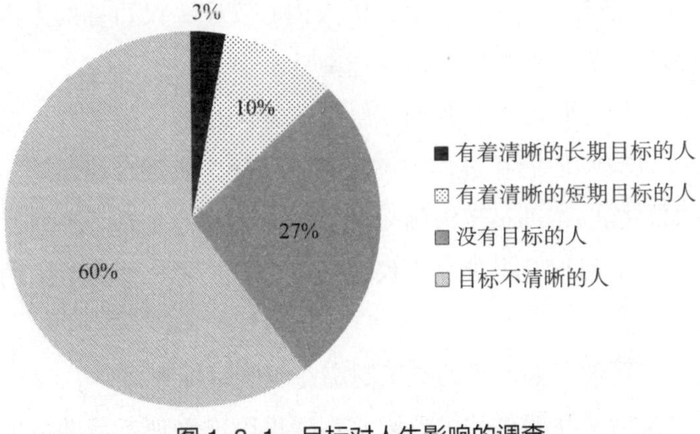

图 1–3–1　目标对人生影响的调查

3% 的人有着清晰的长期目标，他们朝着目标不懈努力，最终成为社会各界的顶尖人士；

10% 的人有着清晰的短期目标，他们大多生活在社会的中上层，不断达成短期目标，生活状态稳步上升；

27% 的人没有目标，他们大多生活在社会的最底层，生活过得不如意，常常失业，靠社会救济，并常常抱怨他人和社会；

60% 的人目标不清晰，他们大多生活在社会的中下层，能够安稳地生活与工作，但似乎都没什么特别的成就。

由此可见，目标对人生有着巨大的导向性作用。在一开始，成功仅是一个选择。你选择什么样的目标，就会有什么样的成就，进而拥有什么样的人生。

有目标的人在奔跑，没有目标的人在流浪，因为他们不知道要去哪里；有目标的人在感恩，没有目标的人在抱怨，因为他们觉得大家都亏欠了自己；有目标的人睡不着，没目标的人睡不醒，因为他们不知道起来干什么；有目标的人内心安宁，没目标的人内心茫然，因为他们在大海里航行没有指南针。

所以，作为管理者，我们要给员工强调目标的重要性，形成目的性，并且鼓励他们在过程中不断突破目标，实现自我超越。一个管理者如果能够帮助员工清晰短期目标，确立一个月、一年，甚至三年、五年的目标，那他就不仅仅是一个管理者，而是员工的人生导师。

那么，管理者如何帮助员工制定并明确目标呢？

这就是后文我要讲的主要内容：阿里巴巴管理者帮助员工明确目标的工具——月报。

现状分析 ‖ 管理者落实不好月报的四大核心原因

对一个管理者来说，日报是对于其目标达成中管理能力的修炼，周报能够锻炼其把握阶段性目标的能力，月报则能够考验管理者制定目标并不断超越自我的能力，这些是落实好月报的底层能力。

在目标的制定上，管理者遵循的逻辑是：没有月，哪有周；没有周，哪有日。在超越自我方面，员工有时会以自己的新高或者标杆的新高来定目标，有时会直接拍脑门决定“今年我要实现两倍增长、三倍增长”。阿里有句土话对目标进行了最恰当的诠释：今天的最好表现是明天的最低要求。

我在阿里曾经带过一位员工，在 2019 年 5 月的时候，他发微信给我，说特别感谢我在阿里盯着他写月报。他说是月报让他有了强烈的目标感，以及突破自我的勇气和智慧。如今他已经是一个公司的创始人了，他仍然在坚持写“三报”，并把“三报”贯彻到自己的公司里，取得了很好的效果。

作为一个管理者，最开心的事情不是把每个员工都管理得“俯首称臣”，而是让每一个员工都能有所成长，自我突破。想要达到这样的目标，就要落实好团队的“三报”。

正所谓“没有因，哪有果”，管理者要想落实好团队的月报，首先要找到落实不好月报的原因所在。总结归纳一下，管理者落实不好团队月报主要有四大核心原因（如图 1–3–2 所示）。

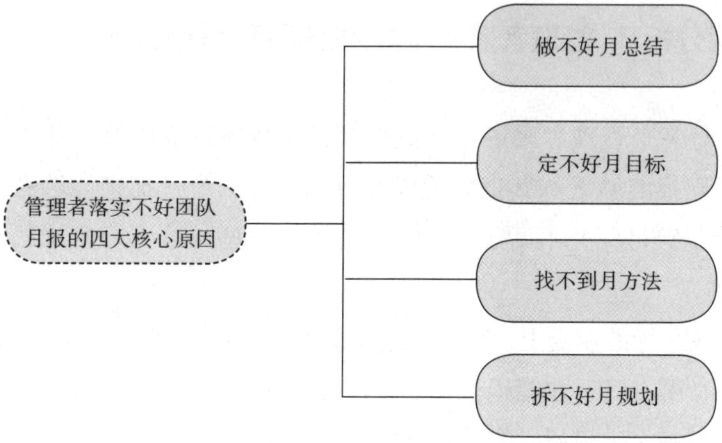

图 1-3-2　管理者落实不好团队月报的四大核心原因

做不好月总结

很多员工在面对月总结时不知从何下手，但是管理者又制定了考核指标来管理员工的月总结，这就会让员工感到为难——想做好月总结却不知道怎么做，最后只能以车轱辘话来应付管理者的检查，因此，很多时候员工上交的月总结总是语句堆砌，内容上言之无物、废话过多。

我根据在阿里带团队和现在带团队的经验，总结出以下几种存在问题的月总结。

流水账型

对员工来说，在写月总结时倘若没有深度的思考与分析，只是将自己什么时候做了什么事情一一记录下来，那么写出来的月总结往往是一篇流水账似的文章，这样的月总结写出来也没有任何意义。

真正的月总结应该是对自己过去一个月的反思和分析，古人曾说过：“吾日三省吾身。”每个人都要常常反省自己的得与失，这样不仅能够让自身得到进步，也能让管理者看到你的成绩与努力。

主次不分型

一篇好的月总结除了内容要足够深入，其逻辑性也极为重要。一个月做的工作想必不会很少，如果真要全部罗列出来，那么恐怕也会长篇累牍、冗词赘句。所以一个好的月总结一定是主次分明的，不能胡子眉毛一把抓。员工要将重要的内容写在前面，次要的可顺带一提，也可以省略掉，管理者如果一眼就能看到员工这一个月做的最核心的工作是什么，那么这说明这个员工的月报是合格的。

报喜不报忧型

我在阿里带团队时，发现有的员工在写月总结时总是“报喜不报忧”，我在他的月报里只能看到成绩和功劳，完全看不到问题和不足。对于这样的月报，我通常会提出批评。

月总结不是歌功颂德，而是要实事求是，反映全面，功劳要表，不足也要说。

员工的月总结要以成绩为主，问题为辅，员工要对自己提出的问题提出改进的计划或方案，让管理者看见你在为解决这一问题而努力。

弄虚作假型

有的员工在写月报时为了向管理者示好，夸大自己所做之事，甚至无中生有。这样的行为一旦被管理者发现，就会引发管理者的信任危机。

比如，我在阿里带团队时，有一个员工在月报里写道："我在5月一共拜访了300家客户。"而事实上，他5月只拜访了200家客户。这就是典型的弄虚作假型。所以，员工的月总结要以事实为依据，切不可弄虚作假。

以上就是存在问题的月总结的4种类型。月总结相对于年终总结的全面性、深刻性、整体性来说，会显得轻松不少。月总结更多的是起到总结一个月的得失，指导下个月的努力方向的作用。

定不好月目标

管理者落实不好团队月报的第二大核心原因是定不好月目标。

去年，我在给一家企业做管理培训时，一位管理者在课间休息时找到我，非常苦恼地对我说：不知道如何安排团队的工作，并将他所在部门（M部门）的月报通过微信发给我，让我帮忙指导一下。在他团队的月报中，每个人都把自己所要做的事情罗列出来，把5月堆得满满当当，猛地一看，一条条、一层层，内容极具条理性，是非常好的月目标。

但仔细看下来，我的感受就是：这是"拍脑门"的月目标。也就是他的团队没有定好月目标，或者是不知道如何定月目标。总结一下，没有定好月目标的表现有以下几种。

高度、标准不明确

一个团队的月目标应该有一个大的方向牵引，并且这个大方向要紧紧围绕企业的战略目标展开，统筹协作，各司其职。而 M 部门的月目标比较分散，缺少统筹，目标的高度不够、标准不明确，这样会导致团队工作分散，没有一个共同的前进方向。

因此，M 部门应该基于企业的战略目标理清团队的月目标，从而制定团队月目标的高度和标准。

分解思路不明显

在月目标列出来以后，团队接下来要做的就是对月目标进行分解。如何分解呢？我的建议是团队在分解月目标之前，先思考一下，要有自己的思路，尽量选择自己熟悉的领域来分解，并且记录分解的思路，与更有经验的人探讨，这样在后面的目标制定中能够及时调整分解策略，节省试错成本。

缺少任务时间预估

员工完成一项任务需要多长时间，这个时间不能随心所欲，特别是对一些时间敏感度较低的普通员工来说，分解任务后每位员工要根据任务具体的难度和复杂程度来预估需要的时间，如果没有具体的时间预估，那么除了员工完成任务的效率会降低，任务的失败率也会大大增加。

需要注意的是，预估的时间里要给员工留出多余的部分。

一是当员工对于本月的工作量清晰明了的时候，他们可以提前调整和安排自己的工作和生活，做到有计划、有协调，防患于未然；二是如果预估的时间不足，他们可以及时地向管理者寻求帮助，比如精简任务，或者调整期待；三是一次次的时间预估对员工来说也是在不断累积经验的过程，以后如果碰到类似的事情员工就能吸取教训，更精准地预估出所需时间，从而提高完成目标的效率。

没有任务负责人

要想保证月目标的顺利完成，管理者必须将目标分配到人，责任到人，而不是像踢皮球一样将目标踢来踢去，这样才能算是真正意义上的目标落实。在目标落实到个人之后，工作中哪个环节出现问题都可以追究到个人，这样能够监督员工完成任务，确保整个目标得到高效而明确的执行。

找不到月方法

一个好的月目标，当然需要一个好的月方法来促进执行。很多管理者在带团队时总会遇到这样的困境：制定好的月目标到了月底的时候总是完不成。难道是团队的业务能力不够或者团队的执行力不够？但是有些团队并不存在这样的缺陷，所以问题到底出在哪里？这些问题让很多管理者感到不解与困惑，不知道该如何去解决。

究其原因，是因为团队没有目标的达成方法论。

当我在阿里带团队时，小陈是团队里的一个普通的销售员。他的工作主要是负责联系出口业务的客户，与他们洽谈合作。

在2007年8月和9月，小陈的工作目标是销售额达到200万元，毛利润不低于30万元。很可惜，小陈都只差一点儿完成。12月是阿里的“大战月”，年底冲业绩，小陈的目标被调高到50万元。小陈心里很慌，感觉这一次很难完成了。

那么，当面对这么高的业绩目标时小陈应该怎么办呢？难道要延长完成目标的时间吗？为了剖析背后的问题，我对小陈做了一次深入的“启动会”，然后得出了三点信息。

❶ 小陈是一个十分敬业的人，对于工作不敢有懈怠，而且他的业务能力也不错，公司的同事以及合作的客户对他的评价也很高，所以，小陈的问题不出在主观层面上。

❷ 关于工作方法小陈掌握得很熟练，比如，向客户推销产品时，他能够很好地引导客户了解产品的优势，并且能快速地为客户办理，这说明小陈具有合格的销售员的岗位专业度。

❸ 小陈以周为单位，分解了月度目标，这说明小陈的目标分解没有问题。

那么，为什么小陈在上述方面都做得不错的情况下，连续两个月都只差一点儿完成月目标呢？根据月目标方法论，我找到了背后隐藏的原因：小陈缺少月目标的保证措施。

何谓目标的保证措施呢？

我们以200万元销售额，毛利润不低于30万元为目标，倒推小陈该做哪些工作。按照销售方式的谈判难度，我把小陈的月度目标分解成了两种。

第一种，固定广告类，接受度高、毛利低，能够完成150万元销售额，20万元毛利润的目标；

第二种，合作分成类，接受度低、毛利高，能够完成50万元销售额，10万元毛利润的目标。

接下来我们进一步细化完成措施。

如果一次合作平均能够带来 1 万元销售额，3 000 元毛利润，小陈至少要完成 50 个客户的谈判，平均每谈判 15 次，能成功 1 次，那么小陈至少要完成 750 家目标客户的谈判。这样推算下来小陈每天至少要与 30 个客户进行谈判。

由此可知，如果小陈想完成 200 万元销售额、毛利润不低于 30 万元的月度目标，那么他每天至少要与 40 家客户进行谈判，并且保证成功签单 4 家。

这些内容，就是目标达成方法论的体现。

管理者在落实好团队的月报时，不仅要讲清楚目标，同时还要讲清楚目标达成的方法，并且要把这个目标保证措施细化到每个员工身上。

拆不好月规划

管理者落实不好团队月报的第四个核心原因是拆不好月规划，也就是做不好月目标的分解。

目标管理的核心是让团队目标变成每个人的具体目标，同时，每个人又能把实现目标的措施具体化和细分化，这样才能自下而上地保证目标达成。

日本长跑运动员山本田一曾连续获得两届国际马拉松邀请赛的冠军，当记者采访他的成功之道时，他这样说：“我是凭智慧取胜的。”为什么他会这样说呢？答案在他 10 年后的自传中揭晓。

原来他在跑步的过程中，起初只是把目标定在终点的那面旗帜上，当他跑到几公里时，想到还有几十公里，就感到疲惫和信心不足。后来，在每次比赛前，他总是先察看路线，把途中醒目的标志——大树、公寓之类画下来。这样一来，他的目标不再是终点，而是画下来的“若干”个醒目的标志。在比赛时，他努力冲向第一个目标，然后又鼓足了劲儿冲向第二个目标、第三个目标……40 多公里就这样跑完了，山本田一就是这样把他的目标分解成一个个小目标然后获得最终的胜利的。

山本田一的故事告诉我们，当面对较大困难的目标时，我们不应该轻易退缩，不要只看终点，要学会大而化之，善于将复杂的目标分解成一个个小目标，把注意力集中到下一步，这样就可以把复杂的问题简单化，提高做事的效率。

举个例子，如果你的薪水有 5 000 元，但你的目标是想买一套 200 万元的房子，所以细算下来一年 6 万元，10 年 60 万元，20 年 120 万元，35 年 210 万元，这就意味着你要在 35 年里不吃不喝才能实现自己的目标。

这种目标让人看不到前进的希望，也没有办法去具体实行达到目标的措施。但是如果将这个大目标分解成小目标，看似不可完成的任务好像就变得容易了很多。

我们还是拿上面这个例子来具体分析如何分解目标。

你可以将 30 年的时间拆分为几个档期，如 5 年一档，10 年一档，同时在不同的档期内要不断提升自己的能力，争取让薪水每隔 5 年就能上一个台阶，于是 200 万元的目标就可以分解成下面这些小目标：

5 年：成为优秀员工，年薪 6 万元，5 年 30 万元；

10 年：成为部门主管，年薪 10 万元，10 年 100 万元；

15 年：成为企业高管，年薪 14 万元，15 年 210 万元。

从上面的拆分我们可以看出，200 万元的目标虽然看似遥不可及，但是分解之后目标的完成时间比预期整整缩短了 20 年。在现实生活中，大部分优秀人才做到升职加薪并不需要 5 年的时间，有的一两年就可以涨薪，所以达到目标也就变得更容易了。

以上就是管理者落实不好团队月报的四大核心原因。请管理者针对这四大原因进行自查，找到自己落实不好团队月报的具体症结所在。

方法论 ‖ 落实好团队月报的“1234”法

我根据上一节总结出的管理者落实不好团队月报的四大核心原因，提出“1234”法（如图 1–3–3 所示），帮助管理者落实好团队的月报。

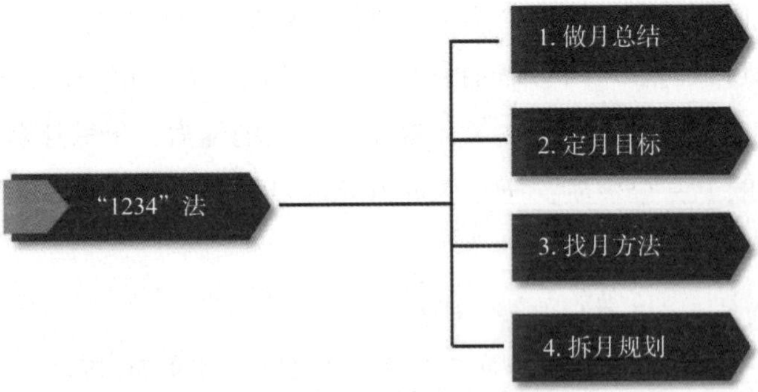

图 1–3–3 落实好团队月报的“1234”法

在具体讲解这个方法之前，我们先来看看在阿里一个合格的月报是什么样的（如图 1–3–4 所示）。

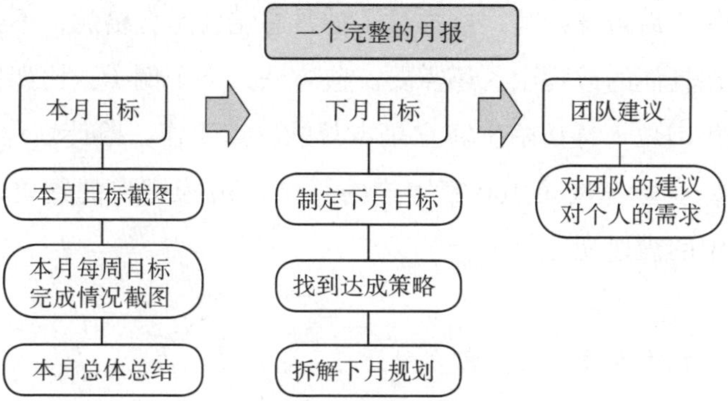

图 1–3–4 阿里合格月报的模板

做月总结

月报的第一部分是对本月目标进行总结。总结的方法是通过对本月目标和每周目标完成情况的清晰展示，对本月目标和达成情况总体总结。月报不需要对每一个事项进行总结，只需要对月度的整体完成情况进行总结。

月总结有两个核心内容：结果总结和过程总结。通常员工在开始写月报前需要对这两项内容进行梳理。

本月工作的回顾总结（结果总结）：员工本月做了哪些事情？计划内的事项都完成了吗？每项工作是怎么做的？

本月工作事项的分析复盘（过程总结）：每项工作的预期目标达成了吗？如果达成了，在工作过程中自己采用的方法有什么经验可以总结，又有哪些提升空间？如果没达成，原因是什么？在后续的工作过程中如何改善？

员工在写月报时，可以先抛开月报的模板，把这两个核心内容梳理清楚之后再开始写，这样员工的月总结就是合格的，不会言之无物。在具体的过程中，还需要一些方法，举个例子：比如你从事的是销售岗位，拜访陌生客户是本月的重点工作，原计划拜访150家客户，实际完成了100家客户的拜访，30家客户的签单，那么在月报中的表述就是。

> 工作事项：陌生客户拜访。
>
> 预期目标：完成150家客户的拜访。
>
> 完成情况：拜访100家，签单30家。
>
> 结果分析：一是拜访量未达成原因分析，在这部分需要说明为什么没有完成预期的拜访量。二是拜访客户分类，拜访的这100家客户，可以分成哪几类。比如，A类客户有继续跟进价值，C类客户无跟进价值，可停止跟进等，同时说明这样分类的依据。三是拜访过程分析，在拜访客户的前、中、后期你分别采取了什么方式方法去推进这件事情，有哪些经验和方法可以进行总结分享。

围绕这些工作事项，在做结果分析时员工除了上面提到的三个维度，还可以从不同的维度进行分析。比如A、B、C类客户的跟进方法分析、与客户谈判的策略分析，等等。管理者在看员工的月报时，一定要认真地阅读这些分析，对结果的分析是员工月报总结中最为重要的部分，也是最有价值的部分，通过不断的分析总结，员工才能发现自己在工作过程中的不足，进而进行针对性的学习和改进。

月报总结需要用数据说话。数据比文字更容易阅读和理解，也更有说服力。我在阿里带团队时，特别关注团队月报的三大数据：上门计划、客户拜访量、月度目标。这几个数据能够清晰地反映团队成员的工作成效。

当然，“用数据说话”并不是意味着员工要在月报里写上满满的数据，这是“数据轰炸”，不是用数据说话。比如下面这位员工的数据（如表 1–3–1 所示）。

如果你是管理者，看到这样的数据，是不是开始发蒙，这么多数据，我到底要看哪一个。事实上，管理者不需要知道每周详细的参训人数和课时。我们仔细分析一下，这里面最核心的数据无非就三个。

完成新人培训人次、完成课时、培训完成率。

表 1–3–1 5 月月报数据

<table>
<tr><th colspan="3">周别</th><th>第 1 周</th><th>第 2 周</th><th>第 3 周</th><th>第 4 周</th></tr>
<tr><td rowspan="4">新人入职培训</td><td colspan="2">参训人数</td><td>1 720</td><td>245</td><td>323</td><td>94</td></tr>
<tr><td rowspan="2">课时</td><td>计划</td><td>10 318</td><td>1 470</td><td>1 938</td><td>564</td></tr>
<tr><td>实际</td><td>10 318</td><td>1 470</td><td>1 938</td><td>564</td></tr>
<tr><td colspan="2">完成率</td><td>100%</td><td>100%</td><td>100%</td><td>100%</td></tr>
<tr><td></td><td colspan="2"></td><td></td><td></td><td></td><td></td></tr>
<tr><td></td><td colspan="2"></td><td></td><td></td><td></td><td></td></tr>
<tr><td></td><td colspan="2"></td><td></td><td></td><td></td><td></td></tr>
</table>

所以，员工只需要在月报里呈现以上三个数据即可，这样才能让管理者一目了然地看清员工的能力和业绩。

定月目标

月报的第二部分是制定本月目标。在前面我说过目标的逻辑是：没有月，哪有周；没有周，哪有日。意思是说，只有制定了月目标，才能分解到周目标和日目标。由此可见月目标的重要性。那么，什么才是一个有效的目标？

梦想与目标的差别在于：梦想可以形象地概括，目标则必须具体和量化，是量化后的梦想。不可量化的目标，充其量不过是一个想法。

理性制定月目标原则：SMART 原则

在阿里，除去“大战月”，在平常的月份里，我们在设定月目标时会采用理性定目标的原则：SMART 原则。

“SMART 原则”是管理大师德鲁克在《管理实践》中提出的目标管理方法，按照这个原则制定出的目标能保证可实施、可跟进、可考核，也更容易实现。下面我们来具体了解一下 SMART 原则。

S（Specific）：具体的。用具体的语言清楚地说明要达成的行为标准。明确的目标几乎是成功团队的一致特点。很多团队不成功的重要原因之一就是目标定得模棱两可，或没有将目标有效地传达给相关人员。

比如，我们看一个例子：

无效的目标：我要提高陌生客户拜访量（陌拜）。

具体的表达：在6月，我要完成陌拜150家。

M（Measurable）：可衡量的。可衡量是指目标应该是明确的，而不是模糊的。应该有一组明确的数据，作为衡量是否达成目标的依据。如果制定的目标没有办法衡量，员工就无法判断这个目标是否实现。

比如前面的例子可以进一步细化，让目标可衡量。

目标：在6月，我要完成陌拜150家，每周至少完成38家。

A（Attainable）：可达成的。可达成是指目标可以通过努力实现、达到。目标应该高于现状，但又是跳一下能够得着的。曾经，我的团队里有一个新人，在进阿里的第一个月定下了“我要在一个月内完成20万元的业绩”的目标。这就是一个无法达成的目标。可达成的目标应该是：“我要在三个月内掌握销售的方法和策略，成为一名合格的销售员。”

R（Relevant）：相关的。相关性是指达成的目标与其他目标的关联情况。如果达成了这个目标，但它与其他的目标完全不相关，或者相关度很低，那么这个目标即使达成了，意义也不是很大。

比如上面的那位员工中期目标是“在三个月内掌握销售的方法和策略，成为一名合格的销售员”，那么他第一个月的目标应该是“熟悉阿里的业务”，因为这一目标和中期目标具有很强的相关性，是实现中期目标的第一步。

T（Time-bound）：一定时限的。目标的时限性是指目标是有时间限制的。比如上文所说“在 6 月，我要完成陌拜 150 家”，这里的“6 月”就是确定的时间限制。

现在请管理者仔细看看员工月报上的目标，是不是具体的、可衡量的、可达成的、相关的和一定时限的。如果不是，那么这份月报上的目标就不能算是真正意义上的目标。

超越目标设定法：以自己的新高或标杆的新高来定目标

在每年的“大战月”里，阿里采用的定目标的方法是：以自己的新高或标杆的新高来定目标，拍脑门定“二倍增长、三倍增长”。

“自己的新高”是说员工盘点自己在前一年中每个月的目标，找到自己在 12 个月中完成最多任务的一个月，那个月的任务量就是他的新高目标。比如，一个员工在 2018 年的 12 个月里，9 月完成的任务最多，达到 100 万元的业绩，那么他在制定 2019 年 1 月的目标时，他的目标就可以定为 100 万元。

“标杆的新高”是说以区域的标杆的新高来设定目标。管理者要树立一个标杆，在定目标时，员工要参考这个“标杆”的最高目标。要知道，榜样的力量是无穷的。

什么是“拍脑门定‘两倍增长、三倍增长’”？

“拍脑门定目标”听起来似乎违背了目标制定的原则，但这是阿里人的特色。就像淘宝“双 11”一样，第一年定的目标是 5 000 万元，第二年定的目标是 9 亿元，第三年定的目标是 51 亿元……这一路下来，目标呈两倍、三倍的增长，这些目标就是“拍脑门”定下来的。

在采取这样的方式定下目标后，再以终为始，盘点如何达成三倍增长的结果。只有这样员工才能超越自己，工作才会有创新和颠覆。

这里管理者需要注意的是，阿里采用这样定目标的方式有一个特定的场景：在“大战月”里。

阿里定目标的方式看起来颇有些“壮士一去不复还”的味道，这也符合阿里人的调性。在阿里人的眼里，目标是用来突破、超越的，只有在定目标、超越目标的过程中，才能实现自我的超越。阿里对目标最恰当的诠释：今天的最好表现是明天的最低要求。

找月方法

月报的第三部分是找月方法，也就是找到目标达成的策略、方法、路径，即你用什么方法保证月目标的达成。

在员工的月报里，我们要能看到员工为月目标达成而找到的方法路径。目标没有方法支撑等于没有目标。那么，管理者要如何帮助员工找到月方法呢？

在阿里，我有三个小策略。

每天开早会

阿里的早会是为了让管理者了解团队昨天做了什么，今天要做什么，明天准备做什么，同时也是给员工向管理者提出帮助的机会。每天 10~20 分钟的早会，对一天来说是非常重要的。如果把它汇到一个月，就是员工每一天的一个行动目标变成每一个月的组织行动目标。

确定过程

在员工定完月目标以后，管理者是否每天都在查看员工完成的情况，是否知道员工第一周完成了多少陌拜。确定过程，便于管理者在过程当中调整策略，调配兵力，让团队完成目标。

奖优罚劣

通过奖优罚劣，激励员工找到完成目标的方法和策略，从而顺利完成目标。只有通过奖优罚劣，才能让员工知道谁拿到结果，谁就应该被表扬；谁没有结果，谁就需要更努力。这就自然地变成了一个组织的行动，变成了一个组织的习惯。

如果把一个企业最小的细胞单元比作员工，那么我希望能够激活每一个细胞，团队的每一位成员都知道自己的目标，这些小目标汇总起来就是一个公司的大方向、大策略，最终形成一个组织的协同作战，这是一个最完美的过程。

拆月规划

月报的第四部分是拆月规划，也就是月目标分解。月目标分解的结果是：千斤重担人人挑，人人肩上有指标。

阿里分解月目标的方法是：剥洋葱法。所谓“剥洋葱法”，就是像剥洋葱一样，将月目标分解成若干个小目标，再将每一个小目标分解成若干个更小的目标，一直分解下去，直到现在该去干点儿什么。

实现目标的过程，是由现在到将来，由低级到高级，由小目标到大目标，一步步前进。而设定目标最高效的方法与实现它的过程相反。运用剥洋葱法，由将来到现在，由高级到低级，由大目标到小目标，层层分解。

我举例说一下具体如何分解。

比如团队的月目标是 100 万元，一笔签单的业绩是 5 万元，也就是我的团队要在一个月里成功签单 20 个客户。那么团队员工每周需要上门拜访几家，每天需要拜访几家实现 20 个客户成功签单。再往下分解，具体到员工早上几点出门，上午和下午各要拜访几家。这就是目标分解。

在员工的月报里，一定要有月目标的分解。月目标一定要分解到周，周目标要分解到日，形成闭环。

以上就是阿里管理者落实好团队月报的“1234”法。著名作家萧伯纳说：“人生的真正欢乐是致力于一个自己认为是伟大的目标。”管理者可以借鉴以上的方法落实好团队的月报，让你的工作富有成效，让员工超越目标，实现自我突破。

与日报、周报一样，管理者在落实员工月报的过程中，同样要做好四大保障，只有四大保障做到位，才能确保员工的月报落地（如图 1–3–5 所示）。

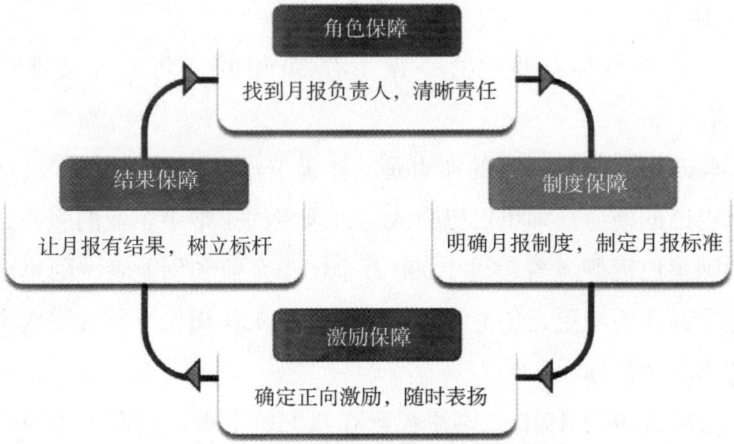

图 1–3–5 管理者落实月报的四大保障

管理力修炼 ‖ “目标感动力”的修炼

管理者要想落实好团队月报，除了用好上面讲的方法论之外，其核心是修炼自己的目标感动力。

什么是“目标感动力”？目标感动力的核心，不是“目标”，而是“感”，直白地说，感动力就是经常能感受到自己真正想要的东西，并能以此为行动指引。拥有目标感动力的管理者，能够带着团队朝着既定的目标，意志坚定地往前走。

我们先来看看，真正具有目标感动力的人是怎么样的。1999年，马云刚在杭州的湖畔花园创立阿里巴巴时，他在摄像机前对着创始团队说要创办一家B2B（企业对企业）电子商务公司，并给自己定下了三个目标。

第一个目标：要建设一家为中国中小企业服务的公司；

第二个目标：要建成世界上最大的电子商务公司，进入全球网站前10名；

第三个目标：要建立一家生存80年的公司（后又延长至102年）。

马云创立阿里巴巴的初衷是“让天下没有难做的生意”，这是阿里巴巴的使命。阿里巴巴自成立以来专注于中小企业的服务，如今的阿里巴巴服务着超过1 000万个中小企业和创业者，阿里巴巴的整个商业系统更是创造了数以千万计的工作岗位。马云完成了自己的第一个目标。

2014年9月19日，阿里巴巴在纽交所上市，创造了美国有史以来规模最大的IPO（首次公开募股）。2016年4月6日，阿里巴巴成为全球最大的零售交易平台。仅 2016 年一年就创造了 3 万亿元的交易额。如今的阿里巴巴不论是体量、规模，还是市值，都已经是全球顶级的 10 家互联网公司之一。马云完成了自己的第二个目标。

阿里巴巴自成立至 2020 年，已经走过了 21 年的辉煌之路。从实际情况看，马云没有完成第三个目标。但马云在 2019 年 9 月 10 日，对“要建立一家生存 102 年的公司”做出了解释：“‘要生存 102 年’不是代表阿里巴巴要赚 102 年的钱，而是要担当 102 年的责任。”如今的阿里巴巴从 2017 年起，鼓励阿里人用公益的心态、商业的手法关注社会热点，推动社会问题解决，阿里巴巴每年在内部评选“橙点公益榜”，评选年度十佳公益项目。截至 2020 年，阿里巴巴内部诞生了超万个公益项目，包括蚂蚁森林、团圆系统、一路护航、疫苗快查、智能人居等多个引起社会关注的公益项目，它们多由阿里巴巴员工在业余时间发起，获得了广泛的社会关注。马云表示：“无论是 17 年前我们的经历，还是现在我们正在面对的挑战，都再一次验证了一个道理：公益的心态、商业的手法，就是最好的为社会创造价值的办法。公益是阿里巴巴的内在基因，是阿里以及阿里人与众不同之处，公益的灵魂和阿里巴巴从来就不能分割。”

所以，无论是从阿里巴巴为社会创造的价值，还是从阿里巴巴所承担的责任来看，作为曾经的阿里人，我有理由相信，阿里巴巴能够生存 102 年，甚至更久。

马云就是一个目标感很强的人，他对目标有着近乎偏执的渴求，一旦锁定自己的目标，他就像西伯利亚寒冬冰原上的群狼一样，死死盯住眼前的猎物，拼命追逐、厮杀，直至猎物成为盘中餐。

目标感强的人，本质上不是有目标，而是永远处在三个状态：定目标，想办法，马上干。没有目标感的人永远停留在“只想不做”的状态，这才是最大的区别。

那么问题来了，管理者要如何做才能修炼自己的目标感动力呢？

管理在成就员工的过程中，有三个东西：事、目标、价值。管理者要让一个员工有做好要事的能力，能把事情做好。但如果管理者不能帮助员工明晰他的目标，那么管理者会发现琐事会慢慢磨灭员工对工作的热情，这时管理者需要帮助员工明晰月目标、周目标和日目标。在目标不断达成的过程中，管理者还需要让员工不断理解目标背后的价值，让员工从喜欢工作到能够体会工作的价值。

这就是一个管理者在完成目标过程中，需要完成的“目标感动力”的修炼——从做事情到明晰目标，最终感知价值。

第2章 “四会”

“四会”（早会、晚会、周会和月会）是在目标落地过程中，管理者真正需要落实好的管理动作。目标制定得再好、阶段性目标再明确、管理者个人的管理力再强，如果不能保证目标在每天落地的过程中一步一个脚印地坐实，最后的目标也很难达成。

第 4 招
早会：激发团队活力，修炼激情最好的“道场”

故事启迪 ‖ 早会要有活力、有激情

阿里的管理思想大多来自通用电气，所以杰克·韦尔奇的管理理念被阿里的管理者奉为圭臬。

在杰克·韦尔奇的诸多管理理念里，有一个“4E1P”标准（如图 2–4–1 所示）。

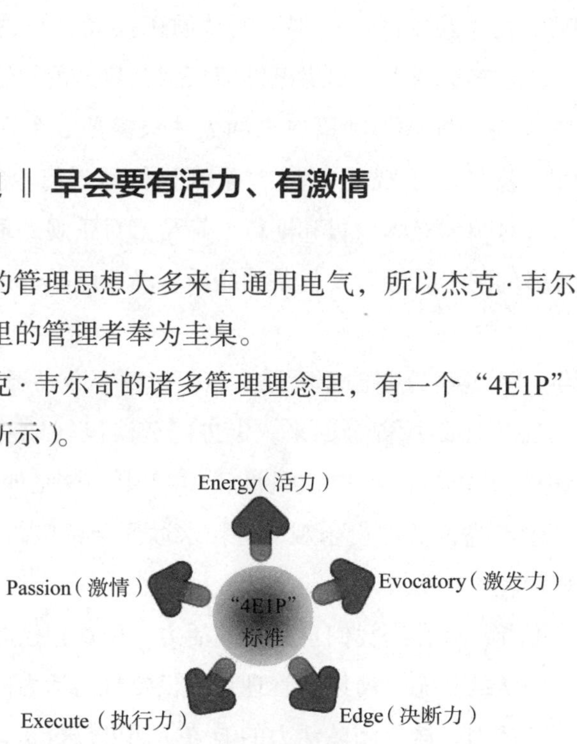

图 2–4–1　杰克·韦尔奇提出的“4E1P”标准

“4E1P”标准是通用公司在挑选管理者时参考的标准。在这里，我重点跟大家聊聊“活力”和“激情”。因为在阿里，“活力”和“激情”是一个管理者必不可少的特质。

正如杰克·韦尔奇所说，“活力”就是要具备坚信自己将有所作为的精神，渴望行动，喜欢变革。阿里非常喜欢有活力的管理者，因为有这一特质的管理者，性格通常是外向、乐观的，他们善于与人交流，乐于结交朋友，会将饱满的热情投入工作，也会以饱满的热情结束一天的辛劳。充满活力的管理者很少抱怨，热爱工作，也喜欢从工作中获得享受。

这与阿里人才观中的“乐观”的特质不谋而合，越是乐观的人，越积极，越充满活力。阿里巴巴资深副总裁彭蕾曾经公开表达过阿里的人才观。她认为阿里追求的人才只需要 8 个字就可以概括，即聪明、皮实、乐观、自省。“乐观积极地看待今天和明天，对昨天感恩，对明天充满敬畏和期待”是马云对乐观的理解，乐观也是一个合格的阿里管理者要具备的品质。马云就是一个非常乐观的人。

1999 年，阿里还处在创业阶段，为了找到资金马云煞费苦心。有一次，马云从外面找资金回来，走进门云淡风轻地对他的团队说：“我又拒绝了硅谷的第 37 次风投。”事实上，这是他们第 37 次被投资人拒绝。马云的这份乐观，这颗永远怀着希望的赤诚之心，是每一个管理者毕生都要学习的。

作为管理者，只有当我们自己充满活力、乐观积极时，我们才会激发整个团队的状态。所以，管理者不仅要自己活力四射，还要具备激发员工活力、激发团队活力的能力。如果仅仅是管理者自己活力四射，干劲十足，而整个团队的员工状态低迷，这样的团队犹如一潭死水，即使管理者日夜不休，也无法让团队完成目标。

除了活力，管理者还应该充满激情。所谓激情，就是对工作有一种强烈的兴奋感。充满激情的管理者大多有这样一个特质：非常在乎他人，他们会发自内心地在乎员工能否取得成功。当员工能够和他一样热爱学习、追求进步时，他就会非常兴奋。

作为管理者，无论我们带领 5 个人、10 个人还是 10 000 个人，都应该用自己的活力和激情去影响员工、点燃员工。每个员工的心中都有一团火，如果管理者能够用活力和激情为这团火提供燃料，他就能够迸发出强烈的热情，感召身边的每一个人。

所以，活力和激情就是管理者需要修炼的特质。而早会就是让管理者激发团队活力，修炼激情的最好道场。

现状分析 ‖ 管理者开早会的两大现状

一日之计在于晨，早晨是人身体最清醒、最活跃的时候，开早会并且开好一个早会，可以给员工一天的工作带来很大的能量。

直到现在，我还清晰地记得我在阿里带团队时，每天早上，我和我的团队迎着早上的第一缕阳光在公司里开早会的情景。我们一群人充满激情地喊着口号，那阵势，如果你见到了，肯定会被吓一跳。开完早会，我们带着激情和满满的活力，以最好的精神面貌去面对客户。

令我感到遗憾的是，在我离开阿里，为诸多企业做管理培训的过程中，我发现很多企业在面对“早会”时，会出现两种状况：一个是从不开早会，认为开早会是销售型团队的事；另一个是开不好早会，没有流程，员工不愿意参加，情绪不高，整个早会死气沉沉，一盘散沙，只得匆匆结束，不了了之。

从不开早会

据我不完全统计，目前只有不到 30% 的企业保持开早会的习惯，而这些企业的早会，大多也只停留在一种单向的沟通，或者只是管理者简单地安排一下工作，有些早会的形式非常随意，有的早会直接演变成“点名会”。

在我问及管理者为何从不开早会时，大多数管理者认为只有销售型团队需要每日开早会，给员工“打鸡血”。在他们眼中，非销售型团队每天的工作模式是固定的，工作内容也千篇一律，所以不必为了每日的业绩强行激发员工的状态。

更有甚者，有的管理者认为早会就是商家或者老板为了让销售员工卖出更多的商品，刻意打造的“洗脑”大会。他们认为很多老板让销售员工在店铺前跳舞、喊口号，是一种变相的宣传方式，而这种“唯利是图”的理念，与自己企业“高大上”的、关乎理想的工作格格不入，他们对此嗤之以鼻。

在这些观念的影响下，管理者不但没有召开早会的想法，还非常抵触召开早会。究其根本，还是因为他们并没有意识到召开早会的重大意义。

早会，是保障目标落地的第一步，是激发团队员工状态的实际行动，它主要有以下四大意义（如图 2–4–2 所示）。

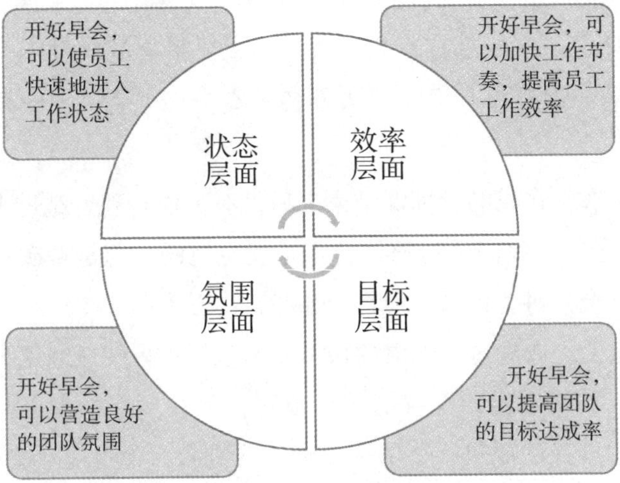

图 2-4-2 管理者开好早会的四大意义

说到这里，如果你仍然不能理解开早会的意义，那么请你想想：为何古代将军在征战之前都会击鼓呐喊，鼓舞士气？为什么战士在冲锋之前都要吹响号角？

早会，就是每天团队开始运转前最重要的激励仪式。

开不好早会

或许有的管理者会提出反驳：我们每天都开早会，但员工还是一样没有状态，也不喜欢开早会。这就是典型的开不好早会。通常我们遇到的“问题”早会主要有以下三种类型。

没有流程

但凡举行一个会议，都需要制定流程。早会虽然比较简短，但同样需要相应的流程。有的管理者开早会大多是心血来潮，想到什么就说什么，完全没有章法。这样一来，早会的质量不仅大打折扣，而且管理者极有可能因为准备不充分而卡壳，导致早会效率降低。

有一次，在我的管理课结束之后，有一位管理者跑过来向我诉苦："王老师，我们公司的早会都是我主持的，但是每次我问老板第二天早会该讲些什么，他都会让我自己看着办。"

事实上，造成这种现象的根本原因是管理者缺乏制定早会流程的意识。如果制定出完善的早会流程，他在主持早会之前就会按照流程中涉及的项目，一项一项地进行准备，他可能会去问老板："老板，今天致辞的环节您准备好了吗？"而不再是对早会的内容感到毫无头绪。

当管理者没有将早会提到战略高度，没有制定早会管理制度，甚至对早会的形式、内容都没有要求时，早会的质量就无法衡量，进而出现全凭感觉走的局面。

工欲善其事，必先利其器。早会的流程顺畅，早会的效率才会提高。标准的早会流程，是开好早会最基本的要求。

形式化

有些公司的早会，就是管理者进行长篇累牍的关于工作计划、任务和工作问题的反馈汇报，甚至有时候还会成为批斗大会，员工的热情被大篇幅的文字、数据与口水淹没，时间久了，员工会觉得这样的早会形式单调枯燥，乏善可陈，进而一听到开会就头疼。

唱独角戏

员工对早会叫苦不迭的另外一个原因，就是管理者错误地在早会上唱起了“独角戏”。

下面是某企业某部门的早会流程。

第一项：全体集合

第二项：整队

第三项：问好

第四项：昨日工作总结（员工逐个发言）

第五项：部门经理评价昨日的工作情况

第六项：部门经理安排今日的工作内容

第七项：部门经理讲述哲理小故事

第八项：散会

乍一看这个早会流程比较简单，但内容还算丰富，实际上细究起来，我们就会发现这个早会主要是围绕部门经理展开的。管理者在上面讲得不亦乐乎，员工在下面昏昏欲睡。当管理者讲到兴起时，员工还得强打起精神，为管理者鼓掌叫好。在这样的早会里员工毫无参与感，自然也无法提升状态，更别谈激发活力和激情了。

所以，对于早会怎么开、开什么、时间控制多久等问题，管理者应该亲自参与、设计与监督。管理者要开早会，要开员工喜欢的早会，要开员工愿意参与的早会，要开能让员工充满激情地投入工作的早会，更重要的是，要让早会成为公司业绩增长，员工工作效率提高的催化剂。

活力早会法

如何开好一场激发团队活力的早会，并且在这个道场中修炼管理者自身的活力与激情呢？我根据多年在阿里组织早会的经验，提出“动一动，聊一聊”的活力早会法，帮助管理者开好一场激发团队活力的早会（如图 2–4–3 所示）。

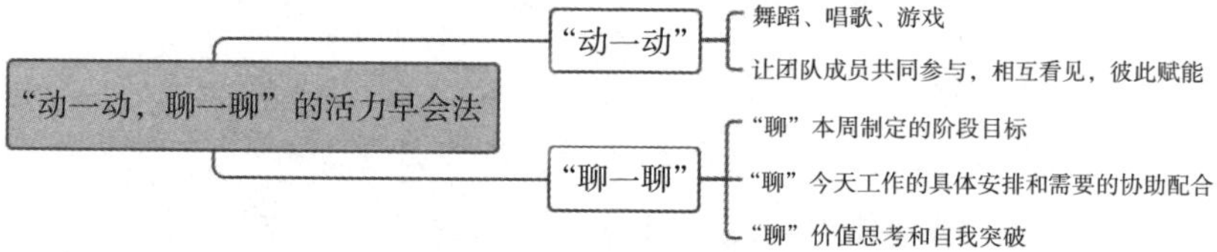

图 2–4–3 “动一动，聊一聊”的活力早会法

“动一动”

牵牛要牵鼻子，做事要抓重点。管理者开好早会的方法有很多，但其中最重要、最关键的一点，就是“动一动”。

在为一个企业做管理培训时，我曾经做过这样一个测试：我让这个企业的 30 多名管理者进行早会分享。在分享结束之后，我问大家：你们想通过早会达到什么样的目的？ 30 多名管理者无一例外地都提到了一点，这也是早会的核心目的——激发员工的状态，让员工迅速调整状态、摆脱疲劳，进而快速地投入工作。

而在早会上激发员工状态最好的方式就是“动一动”。说到“动一动”，大多数人可能会想到在很多传统公司中，“动一动”的两种形式：第一种是“喊口号”，比如“加油”“我们是最棒的”等；第二种是“做早操”，比如，一些美容美发店和地产公司，每天早晨都会组织员工在店门口活动身体、舒展筋骨。

如果单纯从提升员工工作状态的角度来说，这些“动一动”的形式确实具有一定效果，但在我看来，提升状态只是早会最基本的作用。在阿里，员工到达公司后第一时间进行的“动一动”，不管是唱歌、跳舞，还是做游戏、喊口号，目的是让员工共同参与，共同完成一件有意思的事。让团队伙伴成员在做这件事的过程中，彼此共情、融入，相互看见，彼此赋能，这就是阿里铁军式的早会。

比如，我在阿里带团队时，团队每个月都会选择一支激情四射、活力十足的舞蹈，在每天早会时，整个团队一起学习这个舞蹈。学会舞蹈不是目的，大家一起体会学习的过程才是目的。在学会一支舞蹈后，我们会拍一个小视频，或者是在公司内部进行表演，寓教于乐，这对激发员工的状态和唤醒员工的活力非常有用。

员工带着这个状态进入工作，能够始终处于相对亢奋的情绪中，这种情绪会给销售工作带来很大帮助，亢奋的情绪不仅能让员工变得积极，员工也会将这一情绪传递给客户，从而提升签单的概率。

表2-4-1是我整理的我在阿里带团队开早会做的游戏名称和适合开早会的舞蹈，供管理者参考。

表2-4-1 适合“动一动”的活动内容

适合早会的游戏	适合早会的舞蹈
游戏标准：简单有趣，团队比拼最佳，无论输赢，都要开心	舞蹈标准：简单为主，无论跳得如何，都要有阶段性成果输出
简单：“猜数字”“猜成语” 中等：“你画我猜”“贴膏药” 较难：“比手速”“两人三足”	简单：《向快乐出发》《海草舞》 中等：《梦想之城》《卡路里》 较难：《咋了爸爸》《策马奔腾》

早会里的舞蹈或游戏，其目的不在于这支舞跳得有多优美，大家做多么复杂的游戏，而是要通过这些形式让团队的成员共同参与，相互看见，彼此赋能。在这个过程中，管理者要做的就是激发每一个员工的活力和激情，引导员工打破壁垒，融入团队，提升状态。

当然，我建议管理者用"动一动"的形式去激发团队的活力和激情，并不是让每个管理者都像阿里一样在开早会时唱歌、跳舞、做游戏等。不变的是目的，可以改变的是方法。不同的人有不同的刺激情绪的方法，或许有的人从安静的阅读过程中更容易获得力量。所以，如何在早会上激发团队的活力和激情，让团队成员相互看见，彼此赋能，要根据管理者对团队成员的了解以及团队的实际情况来决定。

"聊一聊"

在通过"动一动"让大家进入工作状态之后，早会也应该正式切入主题——"聊一聊"。如果把"早会"比喻成一顿米其林大餐，那么"动一动"就是前菜，"聊一聊"才是主菜。既然"聊一聊"如此重要，那么聊什么呢?

如果只是简简单单地聊一聊昨天干了什么，今天还要干什么，诸如此类简单的事实陈述，那么是达不到早会效果的。这也是我们上文提到的，早会流于形式，内容空洞，关注事情表象，无法引起员工深度思考。

所以，能够激发员工激情与活力的早会，一定要聊到以下三个方面。

聊本周制定的阶段目标

在早会上要聊的第一点是本周制定的阶段目标。

对员工来说，“聊”本周制定的阶段目标有两大意义。一是这样可以让员工把周目标分解到日规划，明确自己一天的工作目标和安排。二是员工“聊”本周制定阶段目标的过程，这也是让其他团队成员“照镜子”的过程。要知道，在一个团队中，一定会有一些人能够将一天的目标和行程安排得井井有条，有的人则差距明显。两相对比，可以彼此赋能，这对于安排妥当的员工是一种无形的赞赏，同时对那些存在差距的员工也是一种正向激励，让他们能够找到自己的不足之处，有针对性地调整自己。

对管理者来说，“聊”本周制定的阶段目标可以帮助其清楚地掌握整个团队的目标达成情况。所以员工在“聊”的过程中，管理者要对员工的过程加以管控，帮助他们完善过程，拿到想要的结果。尤其是当团队成员的目标不明确或者不合理时，管理者要及时帮助他们进行修正。

比如，在早会中，当一个员工“聊”到他本周的阶段目标是将公众号用户提升到6 000个，却没有目标达成策略时，你就需要深究该员工目标中的细节问题，帮助他制订更加细致、明确的计划，比如，提升用户的方法是什么，每天要提升多少等。

聊今天工作的具体安排和需要的协助配合

在早会上要“聊”的第二点就是今天工作的具体安排和需要的协助配合。比如，我今天要拜访几家客户，他们是谁，我在什么时间、什么地点和客户会面，有什么需要团队配合……

员工在“聊”今天工作的具体安排时，管理者需要注意的是，有的员工（特别是老员工）安于现状，你会发现他每天的工作安排都是同样的内容，比如每天拜访的都是老客户。遇到这样的情况，管理者要提醒他增加工作计划的内容，督促他走出“舒适区”，持续成长。同时，当员工“聊”到在工作中遇到的困难和需要的协助配合时，管理者通过个人经验分享或集体讨论的形式，帮助员工找到解决问题的方法，或选择相对有经验的同事帮助他。

聊价值思考和自我突破

在早会上要“聊”的第三点是价值思考和自我突破。关于这一点，我用一个例子来展开。

在我现在的团队里，新员工小 A 被安排到一个游学项目中。在这个项目中，他需要促成一个“总裁班”到阿里游学。这项工作具有一定的难度。首先，要组建一个“总裁班”本身就是一项难事；其次，让“总裁班”的学员都能够走进阿里参与游学，无疑是难上加难。这对一个新员工来说，是一个很大的挑战。

所以我要求小 A 在每天的早会上，围绕今日工作结果、价值意义、自我突破和今后的工作安排展开分享。

工作结果就是他每天做了哪些事情，这些事情对于达成周目标、月目标有哪些价值和意义；在完成这些事情的过程中，他有了哪些突破；在今后的工作中，他做了何种优化等。这一系列问题都是他在早会上需要与我们一起“聊一聊”的。

要想把这些事“聊”清楚，他需要在早会前将这些问题罗列出来，思考清楚。起初，他只是简单地聊聊这些问题，甚至“聊”得毫无逻辑。比如，在展开这个项目之前，他做了哪些市场调研，是否了解了“游学”的前景、体系等。

我之所以这么做，是为了让他自省和反思。在对事情结果有了充分了解之后，员工还需要对完成的过程进行深度回顾。完成一项重大工作，一般都不会一帆风顺。所以这个回顾和思考的过程是非常重要的。这个步骤一定不能省略，只有频繁地进行思考，才能达到日事日毕、日清日高的效果。

如果管理者不重视早会中的思考，员工就不会思考，即便思考了也是在早会前临时想出来的一点内容，并不深刻透彻。这种早会很难产生效果，也很难延续下去，这也是很多企业的早会制度逐渐被取消的原因所在。

说到这里，很多管理者会认为让员工在早会上“聊”这几点的想法很好，但是员工的能力有限，他们能否真的思考清楚这些问题，能否不让这些工作流于形式，是很多管理者都在担忧的事情。

如果你问我，我的员工是否能够马上“聊”得清晰明了，我会告诉你，起初肯定是不行的。管理者要想马上通过早会聊天的方式，立竿见影地看到员工的变化，是非常困难的。这个道理就好像吃药一样，西药见效快，吃完几个小时就能有所缓解；中药往往需要喝好几个疗程才能见效。西药治标不治本，中药却能从根源处直击病灶，将病症连根拔起。

所以我们的目标并不是通过这种方式让员工学会开早会，而是在长期的坚持中，让员工学会思考，改变员工的思维方式。尽管小A在第一天、第二天甚至第10天的时候，都不能完美地将所有的逻辑理顺，将工作做好，但是没有关系，这是一个持续不断的推进过程，在从结果、价值和突破层面展开的思考中，小 A 慢慢地发生改变。在这个过程中，我与他沟通，教会他做事的方法，并引导他进行深层次的思考。

最终，在第 30 天的时候，我欣喜地发现小 A 可以在早会中清晰地将所有的事情表述清楚，而且他的工作效率、工作技能也得到了很大的提升，真正做到了日事日毕、日清日高。

在日复一日的坚持中，员工的思维方式、工作方法、工作效率都有所改善。他们不再只是简单地思考工作结果，而是从各个方面去想问题，这也正是早会里“聊一聊”真正的价值所在。

与“三报”一样，管理者在落实员工早会的过程中同样要做好四大保障，只有四大保障做到位，才能确保员工的早会持续进行（如图 2–4–4 所示）。

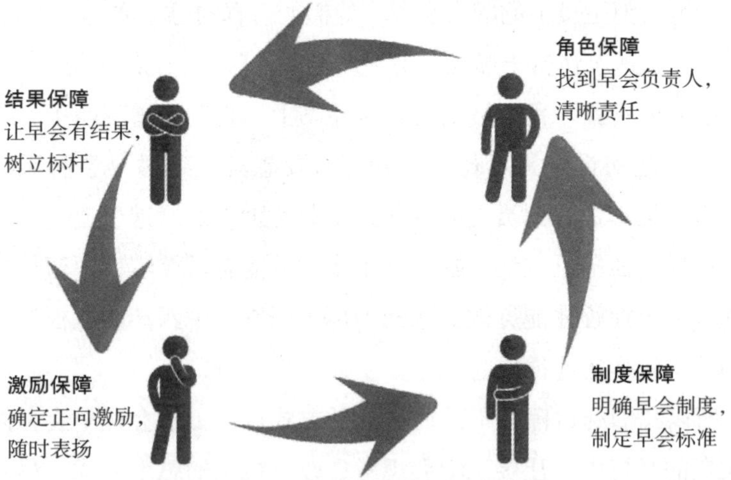

图 2–4–4　管理者开好早会的四大保障

管理力修炼 ‖ 人在一起，心在一起

在上文中，我讲了很多关于如何开好一场早会的方法，那么什么样的早会才能称得上是一场好的早会呢？在我看来，最好的早会就是人在一起，心在一起。

不管是唱歌、跳舞、做游戏，只要大家在一起达成目标，一起完成项目，并在这个过程中，产生凝聚力，让团队的心融合在一起，这就是最好的早会。

早年的农村里，家家户户靠井吃水。每天在井旁，都是担着水桶出来打水的乡邻。在水井旁，大家张家长李家短地唠嗑、闲聊，邻里关系十分融洽，联系也相当紧密。后来在自来水通入千家万户后，人们不需要去排队打水了，在没有联系的情况下，乡邻之间的关系开始变得淡漠，以致后来村里修路，大家都想尽办法逃避义务劳动。

俗话说“见面三分情”，即使关系再生疏，只要双方多接触几次，多沟通一些，多走近一些，也一样可以减少彼此间的距离，使双方的关系得到改善。反之亦然。在团队中，如果大家都互不往来，整个团队的关系就会变得冷漠，各自为战。为什么说战友之情弥足珍贵呢？就是因为他们每天在一起训练，有着过命的交情，是能够完全放心地在战场上将后背交付给彼此的人。

阿里有句土话叫“见面才是亲，有心才有爱”。亲的繁体字“親”，就是“亲”和“见”的组合。在华为的企业文化中，有一句话是对这种关系的高度概括，即“胜则举杯相庆，败则生死相救”。这是一种相互包容，彼此共情的关系，高于友情，恰似亲情。

人心齐，泰山移。古人的智慧已经告诉我们，人在一起，心在一起，才能同心协力，共克艰难。

所以，作为管理者，我们需要简单、开放、坦诚，同时还要释放活力，燃烧激情。通过一场早会，让团队的成员聚在一起，彼此看见，彼此融合，彼此共情，这就是最好的早会。

第 5 招
晚会：搭台子，用价值成就赋能员工

故事启示 ‖ 马云谈阿里的“996 工作制”

2019 年，关于“996 工作制”（早上 9 点上班，晚上 9 点下班，一周工作 6 天）的话题引来热议。马云老师也发表了自己关于“996 工作制”的看法：“只有付出巨大的代价，有一天才有可能有回报。”他还表示，“人生本来就不公平，关键是看你要什么，你有什么，你能付出什么。找到喜欢的事，不存在‘996’的问题。如果不喜欢、不热爱，上班的每分钟都是折磨……”

作为一个前阿里人，我非常认同马云老师的观点。

记得我刚进入阿里巴巴的第一年，最开始的需求是为了得到一份能够养活自己的工作。当时一个月的工资是 1 500 元，这在 2006 年的天津属于很有竞争力的工资。但作为销售员，我为了能够多拜访客户，时常要包车（很多客户在偏远的郊区，如果不包车，我就不能完成销售目标），一次包车的费用是 150 元。一个月 1 500 元的工资可能不到 10 天就用完了，再加上我们还要面对客户各式各样的拒绝。那时对于刚进阿里的我来说，工作状态就是“被工作煎熬着”。

2006 年，在阿里巴巴的年会上，马云老师跟我们所有人说：“在场的所有人，5 年之后你们都会成为百万富翁。”当时的我听到这番话，认为马云老师是在骗我们。按照当时我的月收入 1 500 元的标准来说，100 万元对于我来说是一个遥不可及的数字。

阿里巴巴有着非常完善的赋能机制，对于新员工，阿里巴巴会进行大量的培训，从入职时的“百年”系列课程，到专业岗位培训，比如运营大学、产品大学、技术大学、“罗汉堂”等。

阿里巴巴体系化的培训机制对于新员工的成长非常有效。以我个人为例，在进入阿里巴巴的第二年，我的工资涨了十几倍，解决了最基本的生存需求。最重要的是，在这个过程中，我对工作的心态也发生了改变，从那时起我对工作开始变得喜欢与热爱。

对于什么是“喜欢与热爱”，在阿里巴巴的管理者会议中，我们经常会分享这样一个故事。

一位记者去采访一位马拉松运动员，记者问马拉松运动员：“你是如何坚持跑完 40 多公里的？”运动员跟记者说：“你为什么要用‘坚持’这个词？跑步是我的热情，是我的热爱。”

作为管理者，我们一定要先让员工挣到钱，解决生存的需求，然后在挣到钱的过程中，让员工找到喜欢与热爱，这是赋能员工的关键所在。

晚会就是赋能员工最好的工具之一。管理者要学会搭台子、建机制，让团队成员有一个高质量的晚会，确保每一个人在晚会的过程中收获满满，高效地完成工作，日事日毕。

现状分析 ‖ 管理者开晚会的两大现状

我从阿里出来以后，在为企业做管理培训时，时常有管理者向我抱怨说自己的团队像一盘散沙，员工相互推诿扯皮，整天混日子又满腹牢骚，无法有效贯彻指令，目标达成更无从谈起。

事实上，管理并非一蹴而就，而是日积月累的结果。如果管理者能够做好每一个基本动作，比如开好每一场晚会，就能让上述问题得到有效解决。

欧阳修说：“善治病者，必医其受病之处；善救弊者，必塞其弊之源。”这是中医思维中医人治本的思路，扩展到管理者基本动作也是如此。

晚会和晚效率

要开好一场高效的晚会，首先我们要知道什么是晚会，它与晚效率有什么区别。

晚会

晚会是每天晚上团队成员聚在一起开的一个小型会议，用来检查一天的工作是否完成。阿里晚会的时间一般在 10~20 分钟。晚会的核心在于确保日事日毕、日清日高。

晚效率

晚效率是阿里人惯用的一个词，它包括但不限于晚会。晚效率的精髓在于：发现问题是基础，解决问题是关键。晚效率的核心在于员工的成长。晚效率的时间要长于晚会，有时可能会达到 1~2 个小时。

阿里的晚效率有四大内容：晚分享、角色演练、过程复盘、分类辅导。

晚分享：就是让今天拿到结果、拿到订单的员工分享经验，比如在阿里的销售团队是“谁签单，谁分享”。

角色演练：在阿里叫“replay”（重演），把员工一天工作中遇到的真实问题在团队里进行模拟演练，梳理其中的问题，找到解决方法。

过程复盘：团队对一天中存在的共性问题，共同探讨、集体辅导，让大家掌握解决问题的思路和技能。

分类辅导：对一天中存在的个性问题，采取分类辅导、分类诊断、及时解决，不要让问题过夜。

阿里的晚效率如今已经形成机制和体系，持续不断地给员工赋能。阿里晚效率最厉害的地方在于，把一些“高大上”的东西拆成碎片，然后每天晚上通过晚效率进行分享和演练，第二天去实际工作中验证。

表 2–5–1 晚会和晚效率的区别

晚会	晚效率
在员工的吐槽中，检查一天的工作是否完成	不只是开晚会，还包括晚分享、角色演练、过程复盘、分类辅导等环节
核心在于：日事日毕，日清日高	精髓：发现问题是基础，解决问题是关键
时间一般在 10~20 分钟	时间一般在 1~2 小时

外界常常把阿里的晚会和晚效率弄混，大家可以查看表 2–5–1，客观地感受一下阿里的晚会和晚效率的区别。

晚会与晚效率虽然有所区别，但在阿里，一般这两种形式是穿插使用的。比如周一、周二的晚上开晚会，周三团队里有一名员工成功拿下了一个大单，那么当天晚上我们可能会开晚效率，让这位员工做一下晚分享。总体来说，开晚会的概率会大于晚效率。所以我会把重点放在晚会上，告诉管理者如何开一场高效率的晚会。

与早会相比，晚会往往更容易被管理者忽视。在我培训过的 100 多家企业中 60% 的企业会设置早会，但在下班之前开一个晚会的企业只占 15%，而这 15% 里，销售团队占 12%。

绝大多数的管理者认为晚会只适用于销售团队。其实不然，晚会适用于所有企业。管理者之所以不重视晚会，是因为他们还没有意识到晚会的价值以及不知道如何开一场高效的晚会。这也是管理者开晚会的两大现状（如图 2–5–1 所示）。

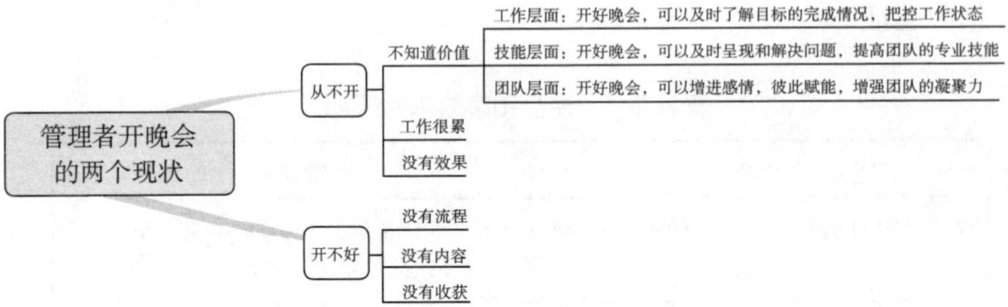

图 2–5–1　管理者开晚会的两大现状

从不开

很多管理者认为有早会、周会和月会就可以了，开晚会没有必要，一天工作下来，大家累得够呛，不需要浪费时间开晚会了，即使勉强开了晚会，也会流于形式，没有任何效果。

这样的想法是错误的。晚会，是管理者把握目标的有效手段，是管理者赋能员工、企业文化打造的实际行动，它的意义在于以下三个层面。

工作层面

从工作层面来说，企业的战略目标只有从内容上层层分解到个人，从时间上细化到年、月、日，再一件件落实，才能逐步实现，而晚会正好可以通过检查员工每天的工作进度来落实目标的完成情况。管理者通过晚会可以及时了解目标完成情况，把控员工的工作状态。

比如，我在阿里带团队时，在一次的晚会上，我发现员工小夏的状态不对劲儿。通过交流，他说自己那天拜访了 4 家客户，不但没有成功签单，还被一个客户奚落了一番，心里很是沮丧。在这样的情况下，我如果当作没看见，或者不做任何处理，那么这样的情绪可能会影响他接下来的工作，最后让整个团队的目标无法达成。于是我坐下来，帮助他疏导、排解情绪，帮助他练就强大的内心。

在晚会结束后，我还给他买了两张电影票，让他和女朋友一起去看一场电影，放松一下。第二天开早会当我再见到他时，他的状态很好，充满激情与活力。

技能层面

从技能层面来说，开好晚会可以及时呈现和解决问题，让每天的工作有安排、有检查、有追踪、有落实，让员工意识到工作必须落地，养成以目标为导向、工作无借口的习惯。

同时，团队成员对工作中的经验教训进行分享，可以让其他成员借鉴和应用他们分享的内容，提高自身的专业技能。

团队层面

从团队层面来说，开好晚会可以增进团队成员的感情，彼此赋能。晚会重在沟通，而且是双向沟通。管理者要引导、鼓励团队的所有成员发言，提高大家的参与感，同时也要创造适度宽松的环境，消除员工的紧张感及压迫感，让员工自然地表达想法，让员工愿意发言。晚会要让团队成员都发言，彼此赋能，增强团队凝聚力。

同时，开晚会还可以提升团队士气。管理者在晚会中要尽可能地将员工的热情、氛围调动起来，管理者要对员工在晚会上提出的问题，特别是对于基层员工提出的问题给予解决。确保会议有助于提升员工士气，不要让影响士气的事情发生。

总之，管理者开好晚会，可以有效提升一个团队的凝聚力、执行力和战斗力，为迅速实现团队目标奠定坚实的基础。

开不好

晚会是辅助管理者培训员工、凝聚员工，从而达成目标的一个实用的工具。这个工具的作用不可小视，因为它影响了管理的规范性和稳定性。晚会这么重要，我们看到的现实却是有的员工平时激情高涨，一到管理者通知要开晚会的时候，员工就好像刚跑完马拉松一样浑身无力，提不起精神。

还有的员工在开晚会的时候，看似聚精会神，该喊口号的时候喊口号，该配合鼓掌的时候巴掌拍得比谁都响，其实“身在曹营，心在汉”。

请管理者扪心自问一下：你是否会因为员工开晚会时不在状态，对待开会消极怠工感到愤怒？你是否对晚会上的相互扯皮、推诿、指责而迟迟得不到决议感到无奈？你是否因为晚会效率低下，问题无法及时得到解决而感到困惑？

诸多问题究其原因只有一个——管理者开不好晚会。具体表现在以下三个方面。

没有流程

俗话说：“没有规矩不成方圆。”对任何一个团队来说，执行任何任务都需要有一定的流程制度，晚会也是如此。

我曾在一次课上向管理者提问：“你们的公司有没有设置晚会？”有的管理者回答说有。我接着问：“你们的公司的晚会都是怎么做的？”

管理者回答说：“想到哪儿说到哪儿，各自汇报一下一天的工作情况。”

这时我问其他管理者：“这是晚会吗？”

大多数人说：“是晚会，有总比没有强。”

这是晚会吗？我认为不是。没有流程的晚会都是官僚主义，流于形式，并没有起到晚会的作用。所以，管理者如果要开一场有意义的晚会，一定要在设置晚会时，把晚会的流程和制度制定出来，告诉大家，参加晚会首先应该做什么，其次应该做什么，最后应该做什么，这些都要有明确的说法。如果有可能，我建议管理者最好把晚会的流程和制度印发下去，或者直接将其作为公司规章制度的一部分让员工学习。

在我的团队里，为了让大家明白晚会的流程和制度，我会要求一个员工站在前面把晚会流程和制度一条一条地宣读出来，声音要坚定有力，掷地有声，显示我的关注和维护晚会制度的决心。

没有内容

管理者开不好晚会的第二大表现就是没有内容。没有内容的表现是把晚会开成了“传声筒”和“留声机”，对公司的精神和要求囫囵吞枣、照转照抄，对员工实际工作中的问题虚晃一枪。这种只管“开了”，不管“开好”的晚会是自欺欺人。

严谨的晚会内容是保证晚会正常进行并达到效果的必要条件。管理者在开晚会时，要话不离题，始终围绕晚会内容发言和讨论。那么如何才能让员工围绕晚会内容进行讨论呢？

阿里的管理者大多会把晚会的议题写在白板的显著位置，如果没有白板或者能写字的地方，那么管理者可以把晚会议题写在一张A4纸上，放在显著的位置，这样，团队所有的成员只要一抬头就能看见晚会的议题，以随时提醒自己不要跑题。晚会要开有内容的短会，就是开简洁高效、意到即止、干净利落的会。

没有收获

对于晚会，很多管理者会有这样一个误区：晚会的氛围要强烈，每个员工都要像打了鸡血一样，激情发言。但事实上，很多热闹的晚会是没有任何收获的，就像绽放在天空灿烂的烟火，转瞬即逝。

中国古代文献《韩非子》中有一个“买椟还珠”的故事，这个故事讽刺了那些做事情不讲求重点，只重视外表而忽视本质，舍本逐末的人。我们在组织晚会的时候，也应该注意避免“买椟还珠”的倾向。

很多管理者为了使晚会产生良好的效果，常常采用很多其他的手段来辅助晚会的进行，比如设置生动有趣的问答环节。虽然管理者的本意是为了让晚会更加有趣，改变大家参加晚会的状态。但需要注意的是，晚会要从始至终紧靠目的，切不可因形式多样而跑题，为了隆重而隆重，为了盛大而盛大，设置很多与主题无关的流程和内容。否则，我们宁愿选择沉闷、无趣的晚会，也不愿在热热闹闹、脱离重点的晚会里浪费时间，毕竟10~20分钟的晚会也需要花费精力。

总结一下，上面几种晚会没有任何效率和价值，这样的晚会就算开100次，也达不到管理者期望的效果，大家也只能在乏味无聊中各自散去。任何一个晚会，只要超过30分钟就会让人忍无可忍。大多数员工都讨厌为开会而开会、为形式而开会，讨厌没有目的性的会，讨厌突如其来的会，讨厌管理者缺乏会场控制和引导能力，讨厌会议内容重复，讨厌汇报工作的人员不得要领……这些情况都会极大地影响员工的心情，也是造成员工不喜欢开晚会的症结所在。

由此可见，开晚会是个技术活，管理者需要认真学习，认真对待，提高开会效率，避免浪费团队成员的时间和耐心。只有管理者掌握了开晚会的技巧，团队的目标才能快速达成。

方法论 ‖ 高效晚会法

诚实地说，在中供铁军的发展初期，阿里的晚会开得并不好，而且并没有达到晚会的目的。销售员在外奔波了一天，晚上回到公司大多身心俱疲，管理者体谅员工的辛劳，大多数的晚会只是走了一个形式。当然这只是中供铁军初期的情况，后来经过多年的沉淀，阿里总结出一套行之有效的开一场高效晚会的方法论——“吐吐槽，总总结”（如图2–5–2所示）。

图 2–5–2　高效晚会的方法论

“吐吐槽”

什么是“吐吐槽”呢?

晚会不同于早会，早会是一日之计在于晨，当开早会时，大多数员工的状态都是不错的。而当开晚会时，大家忙碌了一天，身体是疲惫的。特别是对阿里的销售员来说，在这一天的工作里，他们不仅要东奔西走地拜访客户，还要遭受无数次的拒绝。这时，员工心中不免产生郁闷、沮丧的情绪，如果这些情绪不能及时清理，就会占据员工的内心，这对个人和整个团队都会产生非常不良的影响。

对员工个人来说，如果这些情绪不能一吐为快的话，他们会在第二天的工作中提不起精神，对工作产生怀疑，无法感知工作的价值，从而无法完成目标。

对团队中的其他员工来说，负能量和坏情绪是会传染的，团队里一个员工有坏情绪，就会影响团队其他成员的情绪，时间长了，这种坏情绪便会形成“瘟疫”，影响团队状态。

说到这里，相信大家已经知道何为“吐吐槽”了。“吐吐槽”就是让团队里的每一位成员轮流“吐槽”，让他们发泄白天的委屈和郁闷，把一天工作中的负能量释放出去，快乐工作，认真生活。

我曾经带过一个新人，他在第一个月和第二个月里都没有成功签单，按照阿里当时的制度，如果第三个月还是没有签单的话，他将被淘汰。在第三个月的一个晚会上，我询问他为何这么久还没签单。

没承想，他当着团队成员的面大吐苦水，说自己刚大学毕业，没有任何客户积累，再加上性格内敛，谈判技巧运用得不好，每天从早忙到晚，一个客户也没谈成。

在听他吐完苦水之后，我带着团队帮他梳理了客户，帮他对客户进行分类，其他成员有的给他分享了一些谈判技巧，有的安慰他说“自己刚来的时候也是如此，只要坚持下去一定会有收获的”……

那一天开完晚会，他看起来一副信心十足的样子。我问他：“你有没有信心明天成功签单？”他大声地回答说：“我有信心。”第二天，他带着轻松的心情上了“战场”，并成功签下了自己的第一单。

员工在“吐吐槽”的过程中，会逐渐拥有更加强大的心理抗压能力，并能继续保持工作的动力和积极性。

与此同时，团队中所有的人坐在一起，互相倾吐心中的不快，表达各种抱怨，这样能够让团队成员形成共鸣，这样一方面能够帮助他们分担压力，另一方面也能增强团队的凝聚力和向心力。

作为管理者，要知人心、懂人性。我们不能在晚会上全部聊工作，而是要把团队变成一个“道场”，激励每个成员成长，我们还要把团队变成一个“情场”，让大家彼此共情，你能走入我的内心，我能走入你的内心。

“总总结”

团队成员吐完槽之后做什么呢？自然是“总总结”。这一环节又可以分为三个内容：总结过程、总结结果、总结状态。

总结过程

总结过程就是日事日毕、日清日高，员工要总结今天一天的工作目标是如何完成的，有什么样的经验跟大家分享。比如，我在阿里带的团队成员会在晚会上向大家分享自己在开发、跟进、促单、签单各个环节的经验。

让那些在过程中做得好的员工分享自己的经验和方法，这样可以帮助其他渴望学习、渴望达到目标的员工不断进步。阿里铁军就是用这种战略，让先进带动后进，将一个个曾经落后的员工培养成骁勇善战的“战士”。

总结结果

总结结果就是员工要总结一天的工作目标是否达成，为什么没有达成，是否需要帮助等。

当员工遇到比较棘手的问题，团队的其他成员都无法提供好的建议时，管理者要想办法为他配置资源或调整目标方向，为他们排忧解难，让员工的工作问题及时得到解决。

总结状态

总结状态就是让员工分析自己在一天的工作中，情绪、心理、身体等是否遇到问题，一旦发现员工的状态出现问题，管理者就要及时疏导。如果是个性问题，那么管理者可以采用一个方法：短会议，长沟通。

“短会议”就是让管理者了解情况，“长沟通”就是让管理者针对个性化问题，深度解决。

开一场高效的晚会并不难，无非就是“吐吐槽，总总结”。晚会的核心是确保日事日毕、日清日高，解决大家共性的、棘手的问题。

当然，晚会的形式可以多样化，不一定要大家都在会议室里正襟危坐，管理者可以和大家一边吃饭，一边开晚会。想象一下，在一个冰冷的冬天，大家忙碌了一天，坐在火锅前，一起吐槽白天遇到的糟心的事情，一起分享自己的工作经验和方法，大家或嬉笑，或打骂，或严肃，或认真，这样的团队多么温暖，多么有凝聚力。

需要注意的是，管理者要开好一场晚会，同样要做好四大保障，即前面早会所说的角色保障、制度保障、激励保障、结果保障。只有四大保障做到位，才能确保员工的晚会落地（如图 2–5–3 所示）。

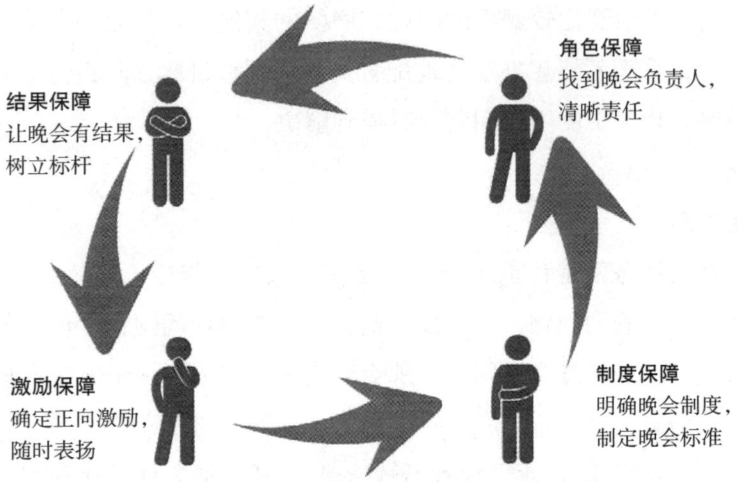

图 2–5–3　管理者开好晚会的四大保障

管理力修炼 ‖ 管理者是“造钟师”，不是“报时人”

最后我们回到管理力的修炼上，管理者通过晚会修炼的是什么？这里我们需要提出这样一个理念：管理者是“造钟师”，不是“报时人”。

什么是“报时人”？在国外，一到 12 点你就会听到有人在教堂里敲钟，古时候在中国，会有人在晚上打更。这类人就是“报时人”，时间是由他“定义”的，别人都根据他的报时来做事。

如今还有很多管理者采用的就是这种“报时人”的管理方式。作为团队的拥有者、掌控者，他指挥大家应该怎么做事。但是，如果团队超过 30 人，管理者就会发现这种模式行不通了。因为当所有人全向一个人汇报的时候，当大家全听这一个人"报时"的时候，"报时人"会非常累，根本忙不过来。

那么"造钟师"又是什么呢？"造钟师"就是做出钟表让大家看的人，大家在需要看时间的时候，抬头一看钟表就知道了。管理者可以通过机制和体系，让团队自己运作起来，而不是通过"报时"，这样才能有好的团队，团队才能在不断扩展的时候保持自动运行，让目标达成。

因此，管理者要做"造钟师"，而不是"报时人"。阿里的管理者就是"造钟师"的典型代表，在阿里，管理者不做掌控者，而是通过机制来帮助员工成长，比如晚会就是管理者日常管理工作的基础。另外，在阿里，还有员工的成长辅导机制促进员工成长（如图2–5–4所示），这些在下面的内容中会详细介绍。

图2–5–4 阿里员工的成长辅导机制

员工的成长是日积月累的，只有日日为功，水滴石穿，一个人才能收获成长。员工的成长与辅导需要的是培训和分享机制，管理者要去搭机制，比如陪访机制，演练机制、述职机制等，然后管理者要持续不断地把这些机制运用到团队管理中。比如在我现在的团队里，我每周会进行两次正式培训，这些培训是有机制的，是成体系的。

那么，建好机制后，管理者要如何落地呢？阿里让机制落地有四大核心。

有责任人→才可运转

有框架→才有基础

有复盘→才可迭代

有结果→才有价值

上面的四大核心在下面的内容中会有详细介绍，这里只是让大家感受一下机制如何落地。

管理者要做“造钟者”，就要更加注重机制的本源，结构对了，很多问题就会迎刃而解。最后，我把张瑞敏曾经说过的一段话分享给大家：

我们把企业的管理分为三个层次，海尔的管理人员考核也是按照这三层来做。最低层次的管理就是“管事”，高一个层次的管理就是“管人”，最高层次的管理是“管机制”。就像吉姆·柯林斯在《基业长青》里所说，好的企业管理者一定是造钟师而不是报时人。但是很多企业的领导喜欢做报时人，自己说是几点钟就是几点钟，实际上造钟师在造出一个时钟之后，应该几点就是几点，不是人为可以改变的。

第6招
周会：管理者要具备透过现象看本质的能力

故事启迪 ‖ 我在阿里如何带团队开周会

周会，是保障目标落地的重要方式。在阿里，无论哪个部门，管理者都热衷于开周会。周会是总结上周工作、制订下周计划的良好契机。我在阿里积累了很多开周会的经验，下面我分享一个我在阿里带团队开周会的故事。

我在阿里主要负责的是销售团队。在召开周会之前，我都会要求团队进行充分的准备。每个人都是周会的参与者，都需要将自己上周的工作总结和下周的工作安排做成详细的 PPT（电子演示文稿），在开会时登台讲解。

通过员工的 PPT，我可以看出员工的工作态度和工作效率。表 2–6–1 中的周会案例分析体现了我的管理思路和管理逻辑。

表 2–6–1　周会案例分析

管理要点	具体分析
数据总结	本周过程数据的总结 过程亮点、经验分享
客户盘点	本周新开发 A、B 类客户的盘点 下周目标、规划及重点客户的跟进分析
产品培训	主题类产品培训，深度探讨

对于销售型员工来说，管理者首先要对员工过去一周的工作数据进行客观分析，也就是检验数据结果。比如，员工过去一周的客户拜访量、电话量、询盘数等。这些数据是有具体标准的，例如，阿里规定销售员每天必须上门拜访 7 家客户，每天必须打完 30 个电话，这是基础线。这些数据是员工每天必须完成的，如果达不到这个具体标准，则为不合格，员工需要接受批评。对于达标或者超额完成任务的员工，管理者需要给予表扬，并让他分享经验。

在完成数据结果检验之后，管理者需要对员工的客户进行盘点。在阿里，新开发的客户被分为 A、B 两类，A 类客户是指当月能签下的客户，B 类客户是指三个月内能签下的客户。员工需要详细地罗列出每位客户的资料，进行深度盘点。在盘点的过程中，管理者需要清晰地认识到员工开发的这些客户中能够签约的 A 类客户有多少，这也是判断员工是不是认真工作的标准之一。

在客户盘点之后，管理者还需要检查结果，用结果来验证过程。如果这些客户最终没有签约，原因要么是员工在工作中存在问题需要改善，要么是员工在工作过程中造假。无论是哪个问题，管理者都需要有针对性地展开调查，对症下药，帮助员工达成目标。

在周会中，员工除了进行总结，更重要的是明确下周的目标。这周的事情已经过去，如何改善下周的工作才是重点。下周的工作目标和工作规划，需要员工自己先罗列出来，员工自己思考的结果比管理者强行灌输给他们的效果要好得多。管理者需要根据团队的目标去指正员工的个人目标，对他们进行点拨。在下一周的工作中，员工按照步骤，逐步去达成目标，工作效率就会提高很多。

在周会中，我往往还会安排产品培训。销售员推广产品的基础是熟知产品性能，能够对产品进行有深度的探讨，同时管理者还要让员工在面对客户提问的时候灵活应对。为此，我会经常邀请产品研发部门或是产品工程师来对团队进行培训，将产品的亮点、性能等各个方面透彻地展示给员工，帮助员工在培训过程中，学会站在客户的角度，提出各种问题，对产品进行深刻剖析。

在整个周会中，管理者需要承担的最重要的任务是给予员工方法的指导。员工在进行业务目标达成规划和盘点的时候很容易遇到问题，管理者要根据自身的工作经验，对其进行指导，帮助员工解决问题。如果遇到管理者也难以解决的问题，那么管理者也不需要担心，可以集思广益，让大家共同讨论，产生思维的碰撞，共同解决问题。总结一下，在周会中，我们有三个需要重点注意的事项。

第一用结果检验过程，去除伪过程。数据可以造假，工作表现可以造假，但是工作结果无法造假。结果是最重要的判断标准，管理者需要以结果为导向。

第二提升员工的分析能力。无论是数据分析还是客户分析，都是周会的重点。“授人以鱼不如授人以渔”，在帮助员工将规划和目标落地时，管理者一定要从方法入手不断提升员工的分析能力。

第三从管理的视角发现问题。管理者从管理的视角发现问题的关键在于初期辅导。管理者本身需要对业务非常熟练，懂得销售并能够指出问题，给出方法。管理者如果自己完全不懂业务，那么给出的建议很有可能不切实际。

在经过无数次周会的实践后，我发现管理者如果想要开好一场周会，就一定要具备透过现象看本质的能力，不能被工作的表象蒙蔽，要能够根据结果深挖原因、找到本质。

而每周的周会就是管理者修炼透过现象看本质的能力的最好场景，下面我们就来聊一聊团队的周会到底应该怎么开。

现状分析 ‖ 管理者开周会的两大现状

说到“周会”，很多管理者认为“周会”等同于“周报”，写了周报就不必开周会了。

这是一种错误的理解，为了帮助管理者理清“周会”和“周报”的区别所在，我通过表 2–6–2 来分析“周会”和“周报”的关系。

表2-6-2 “周会”与“周报”的关系

	周报	周会
内容上	都是上周的总结和下周的规划	
方式上	以写和看为主	以讲和听为主
逻辑上	相当于“准备环节”	相当于“展示环节”

不治其本，而务其末。知道了“周会”和“周报”的区别，接下来我们先来分析一下如今管理者开周会的现状。

从不开

不知价值

与早会、晚会一样，很多管理者从不开周会，认会周会没有价值。事实恰恰相反，开周会是有价值的，而且价值很大。总结归纳一下，大致有三大价值：

> 目标层面：了解工作进展，督促团队达成目标；
> 状态层面：掌握团队状态，提升团队工作状态；
> 能力层面：提高员工个人能力，提升团队竞争力。

没有总结

如果把周会比成一场辩论，那么周会中的“总结”，就好比在辩论赛结尾时的总结陈词，是对正反双方观点的精要提炼，是将观众重新带进相应情境的重要环节。但遗憾的是，很多管理者不习惯也不愿在周会上做总结，从而使得一场周会没有达到预期效果。

事实上，由于员工的认知水平有限，即便团队在周会上冒出不少新奇、有用的想法，很多员工也无法了解其中的全部内容。此时，管理者应该站到更高的层次上，用发展的眼光，将这些想法串联起来，形成有价值的总结，或是运用归纳求证法，将周会上提出的问题进行规律性的总结。如此一来，周会的价值才能得到更加完整的体现。

没有计划

人没有了灵魂，就只剩下躯壳，不知道该往哪里前进，不知道该做什么。而周会没有计划，就恰似人没有灵魂，只有一副空架子，没有内核，不知道如何行进，如何展开。周会是一种规律性会议，每周都要开，每周形式都差不多，但这并不意味着周会不需要计划。

下表是我在阿里带团队时，制订的周会计划表（如表 2–6–3 所示），供大家参考。

表 2–6–3　周会计划表

会议名称	会议时间	会议地点	主持人	参会人员	会议目的	准备事项
周会	周一 14:00–15:30	会议室	轮值主持人	×× 部门全体人员	1. 上周工作进度总结 2. 本周改善事项 3. 规定传达 4. 奖励与惩罚	1. 上周部门的工作情况 2. 本周工作计划 3. 追踪事项 4. 相关统计记录

通过“周会计划表”，团队里的每一位员工可以清晰地看到会议时间、地点、任务、目的等与周会相关的信息，每个员工根据“周会计划表”准备与自己相关的部分，这样能让周会效率更高。

开不好

我们先来回顾一下过去我们是如何开周会的：

- 固定一个周会的时间；
- 所有参会人员按顺序发言，主要简述上周的主要工作，本周的工作计划，一些信息分享等；
- 管理者在过程中发问，最后总结性发言；
- 会议结束时间不固定。

那么，这样的周会开得怎么样呢？大多数情况下，周会的气氛是沉闷的。大家在面无表情地发言后，迅速把时间交给下一位。当遇到一些不理想的情况时，比如团队的目标没有达成，周会的气氛是紧张的，大家默不作声，等待管理者的批评。

周会后，员工的反馈大都是：

员工甲：“上周的周会说了什么？”
员工乙：“我不记得了。”
员工丙：“没事，会上什么也没说。”

为什么大多数管理者开不好周会呢？大致原因有三。

一是没有准备。在阿里，永远不开没有准备的会议。时间成本是会议最大的成本，没有准备的会议就等于一场“集体谋杀”。所以在阿里，在开周会之前管理者和员工都要准备。管理者会规划好每一个议题所占用的时间，尽量不超过规定时间。

比如，我会在每次开周会之前，提前到会议室，找好自己的位置，想象和演练一下即将开始的会议，琢磨自己的发言内容和周会的目的。

二是没有流程。周会没有流程，就会出现“想一出，是一出”的情况，管理者无法系统地展开会议。下面是我在阿里带团队时的周会流程。

1. 确认参会人员（1 分钟）
2. 部门人员一起做小游戏，活跃气氛（5~10 分钟）
3. 传达本周的新增规定（5~10 分钟）
4. 陈述上周的工作情况（5 分钟）
5. 讨论未达成事项的原因（20 分钟）
6. 总结达成事项的经验（20 分钟）
7. 安排本周的工作计划（10 分钟）
8. 奖励与惩罚（10 分钟）
9. 每人制订本周的工作计划并展开讨论（15 分钟）
10. 会议总结（10~20 分钟）

通过以上流程，我们可以清楚地看到周会的每一项进程，即便这个流程可能并不全面，但它非常完整，能够对我们控制周会的时间和内容进行很好的指导。管理者在开会前，一定要做好流程准备，并通知相关人员积极配合。

三是没有重点。周会中所有的流程所用的时间并不都是一样的，没有哪个管理者会将会议中的所有事项放在同等的地位。所以我们这里强调的周会没有重点，不是整场会议没有高潮，而是很多管理者对于会议安排存在弄错重点、舍本逐末的情况。

在实际工作中，当团队召开周会时，很多管理者也成了“买椟还珠”故事中的“郑国人”。为了追求会议形式的丰富和会议气氛的热烈，管理者花费大量时间在“做游戏”“讲故事”等烘托气氛的事情上，却将重点应该讨论的事项“一笔带过”。

所以有些时候，即便周会的气氛不太好，我们仍然要将周会的重心放在上周的工作总结和下周的工作安排上，对造成进度未达成的原因进行深度分析，避免再出现类似的错误。

无用、低效、拖拉的周会，既浪费了时间，又制造了麻烦，也成了许多公司效率低下、成本增加的重要原因。如何开好一场高效且让团队达成阶段性目标的周会，是每一个管理者都需要关心的问题。

方法论 ‖ 周会四讲法

根据我在阿里开周会的经验总结，我提出周会四讲法，帮助大家开好一场周会（如图 2–6–1 所示）。

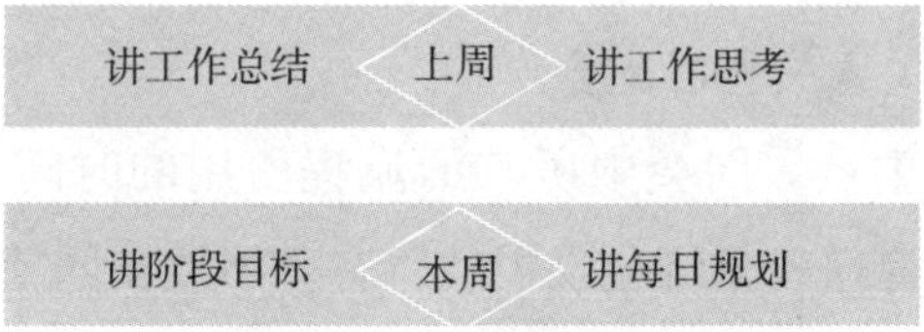

图 2–6–1 周会四讲法

上周的工作总结

在周会上，员工首先要讲的是“上周的工作总结”。员工在讲上周的工作总结时，要与上周制定的目标进行深度对比。对比后主要看两个层面：第一是阶段目标和每日规划的完成情况，第二是完成的标准和质量。具体来说，管理者需要从两个方面去讲上周的工作总结。

总结上周的阶段目标

总结上周的阶段目标就是分析上周目标是否达成。此时，管理者可以向员工提出三个问题。

> 上周的目标是否完成？
> 完成的情况如何？
> 没有完成的问题在哪儿？

管理者通过员工回答这三个问题的过程，能够清晰地看出员工是否达成了上周的阶段目标。在与目标进行对比之后，员工就需要结合对比结果，总结出上周的阶段目标中已完成的部分和未完成的部分。

总结上周的每日规划

员工总结上周的每日规划，需要从上周工作完成的标准和质量入手。上周的每日规划，很大程度上决定了员工工作完成的质量。管理者同样可以提出三个问题，让员工围绕这三个问题进行思考。

每日的规划是否达成？
达成质量如何？
规划是否合理？

上周的工作思考

员工在周会上接着要讲的是“上周的工作思考”。没有总结思考就没有方法沉淀，没有原因分析那么相同的错误就会一犯再犯。

员工在讲上周的工作思考时，需要从三个方面去讲。

上周完成工作的方法沉淀

工作方法沉淀主要围绕上周完成的事项展开。俗话说“不怕不会，怕的是每次都从头开始”，学会总结，沉淀经验，每次都能站在上次的肩膀上，就能快速进步。那么，管理者要如何引导员工讲上周完成的工作并获得方法沉淀呢？

我建议大家用五步法去讲：

第一步：还原。员工可以通过回顾、情景模拟等方法来尽可能还原上周完成工作的方法，针对关注的细节可以进一步深入细化。

第二步：归纳。归纳是从特殊到一般的过程，是按二八法则抓住重点的过程，也是发现规律的过程。如果需要量化数据，那么可以用一些统计学的方法。

第三步：逻辑。通过结构化思维，员工可以分析完成这项工作的规律和逻辑。

第四步：测试。通过测试验证一下总结的方法论。

第五步：输出。员工如果确认无误，那就输出、传播总结的方法论，只有用起来的方法论，才是活的，并能在迭代更新中获得更强的生命力和更多的认同。

在这一过程中，管理者需要注意 4 个关键点：

一是不是每个员工一开始都具备很好的提炼能力，管理者可以为他们提供示范和帮助。

二是头脑风暴需要管理者具备引导的技巧和后期梳理的能力。

三是逻辑非常重要，它能有效避免遗漏会议要点，也能方便方法论的后期输出、传递。

四是根据金字塔原理，最终总结的方法论要点以 3~5 条为宜，过多会影响记忆。

上周未完成工作的原因分析

员工在讲上周未完成工作的原因分析时，管理者要引导员工讲主观原因，少讲或不讲客观原因。

比如，某位员工上周的销售目标没有达成，他可以从这几个方面来分析原因：是否按计划每天按时上门拜访客户？谈判技巧是否需要提升？工作状态是否“在线”？是否受到同产品竞争的影响？

上周个人的成长收获

“个人的成长收获”不仅只是专业技能上的成长收获，也可以是精神上的成长收获。比如，新员工在进入团队一段时间之后，和同事的关系更加融洽；在工作中发现自己粗枝大叶，现在开始往精益求精的方向发展；学会了如何将自己沉淀下来，在工作中不走神；这些都是一种个人的成长收获。

管理者既要尽量引导员工提升个人，又要学会强化员工关于成就感、获得感的体验，员工会因此进入自我成长与提升的快车道。

本周的阶段目标

员工在周会上要讲的第三点是本周的阶段目标。制定本周目标的方法很简单：根据月目标，以终为始，使个人的周目标更清晰。定目标的逻辑：没有月，哪有周；没有周，哪有日。

员工在讲自己本周的目标时，管理者要衡量员工规划的合理性，并给出建设性指导建议。阿里铁军的管理者通常会根据员工具体的能力水平和客户资源的整体状况，帮助他们制定下周目标。同时也会运用数据管理工具，分析销售人员的能力模型，从而将目标细化到各个销售环节中。

本周的每日规划

对周目标进行分解，形成日目标，再根据每天的目标，制订出相应的每日规划。在这个过程中，管理者要对员工的每日规划合理与否提出意见。

在我的团队里，我一般会建议大家采用“PDCA 循环”来制订每日规划。“PDCA 循环”就是先制订计划，然后按照计划执行，最后通过检查和总结来反思从计划到实施的差距，再把自己的体会放到下一次实施中去，即在一天之内做到“计划—执行—反馈—调整”。

具体来说，有 4 个步骤：第一步让员工在周会上讲出计划。第二步做出取舍，将事件按重要程度分为 A、B 事件。只能自己完成的或者错过之后就再没有机会的是事件 A，能够委托他人的是事件 B。然后按事件的轻重缓急以及时间的先后分为 A1、A2，B1、B2。第三步预留缓冲的时间。因为计划赶不上变化，我们不能把任务排得太紧，要预留缓冲的时间给突发事件。第四步当日反省与改进。每天检查自己当天计划的完成情况，反省当天的不足（2~3 条即可），对应地写下如何改进。

以上就是管理者开好一场周会的“四讲”，在每次周会上，认真做好这“四讲”，坚持下去，你会发现你的团队的目标达成率越来越高。当然，周会也需要四大保障来助力（如图 2–6–2 所示）。

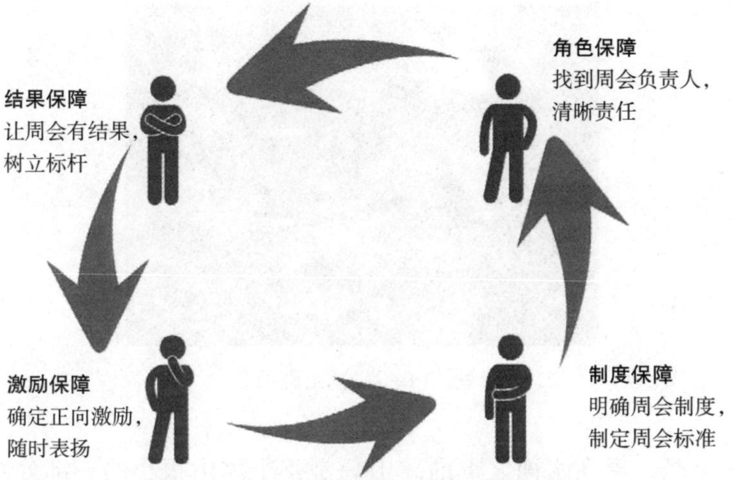

图 2–6–2 管理者开好周会的四大保障

管理力修炼 ‖ 透过现象看本质

如果想要开好一次周会，管理者就要有透过现象看本质的能力，管理者要在会议上透过汇报的数据、员工的态度、团队的协同、存在的问题，发现员工在工作中存在的问题，并且找到解决这些问题的关键点，鼓励团队伙伴共同提出解决方法。

在阿里，高层管理者总是喜欢给我们举冰山的例子（如图 2–6–3 所示）。冰山顶部露出水面的部分，是我们可以观察、经历的事件。在生活中，我们就是通过观察、经历各种事件学习、成长、认识和了解这个世界的。这是冰山顶部可见的部分，也是大多数人主要关注与思考的层次。

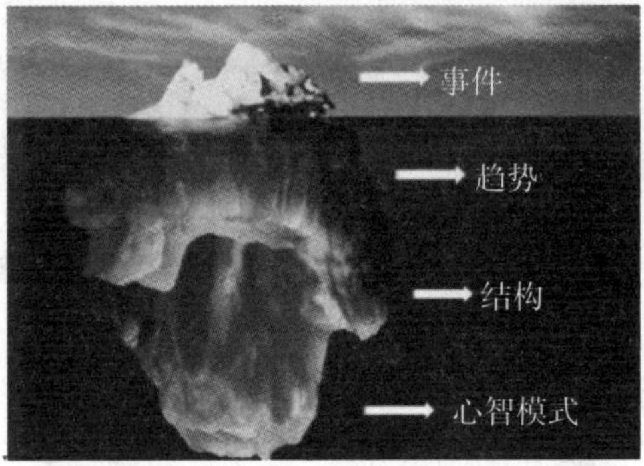

图 2-6-3 冰山理论

但是，浮在水面之上的冰山只是整个冰山很小的一部分，同理，事件只是一个复杂系统中为人可见的一小部分，但它往往不是最重要的。

为了更深刻地了解根本原因，管理者需要更加深入地思考：为什么会发生这些事件？未来会发生哪些事件？

要得到这些答案，首先，管理者需要把有关的事件联系起来，看是否有一些趋势或模式。例如，一次偶然的不达标可能是个案，但是，如果一个员工在一段时间内多次不达标，这就说明该员工的工作状态或效率存在问题。

其次，在明确了相关事件背后的趋势或模式之后，管理者需要进一步分析、梳理这些趋势或模式背后的因果关系，也就是有哪些影响因素，它们之间存在哪些相互关联和反馈作用，以及它们的成长路径、变化态势。我们将这些东西称为“系统的结构”，它们是理解系统会发生什么以及为什么发生这些事件的关键，让我们透过现象看到本质。

管理者要修炼这样的能力，需要从三个角度去思考问题。

一是思考密度高频化，快速内化，构建认知。

二是思考角度结构化，庖丁解牛，条分缕析。

三是思考深度本质化，大道至简，深入浅出。

电影《教父》里有一句经典台词：“在一秒钟内看到本质的人和花半辈子也看不清一件事本质的人，自然有不一样的命运。”在企业中，管理者要有透过现象看本质的系统思考的能力。一个优秀的管理者，不仅能把事情做好，把团队带好，还能了解业务发展的路径与方法，探究行业演变的规律与经济环境的局势。

当团队出现问题时，管理者需要从三个视角去思考。

一是老板视角也就是上级主管的视角。

二是行业视角或者叫跨部门的视角。

三是客户视角或者叫公司的视角。

有时，很多问题的有效解决，往往有赖于管理者更高层级的认知，如果管理者试图站在三楼解决三楼的问题，那么往往是理不出头绪的。管理者如果站到四楼看三楼，就会感觉问题迎刃而解。

因此，管理者在面临大多数管理问题时，常常需要从经营的角度出发；管理者在讨论经营问题时，需要上升到企业战略上；管理者在讨论企业战略问题时，需要上升到产业变迁上；管理者在讨论产业变迁问题时，需要上升到政治经济的宏观环境上；管理者在讨论宏观环境的问题时，需要上升到民族文化和历史规律上，而民族文化的形成又离不开天文地理的局限……因此，作为一个管理者，需要时常“揪一揪头发”，让自己具备系统思考的能力，要能够既见树木又见森林。

第 7 招
月会（启动会）：让团队“共同看见”

故事启迪 ‖ 阿里“老大”要做的三件事

在阿里，没有“某总”之称，我们一般把自己的直接管理者称为“老大”。“老大”听起来，颇有些江湖气息，背后却代表着责任和情义。

在阿里，“老大”要做三件事（如图 2–7–1 所示），也就是阿里常说的“一张图、一颗心、一场仗”，企业“打天下”需要的是合力（一颗心），形成一张图，打赢一场仗。

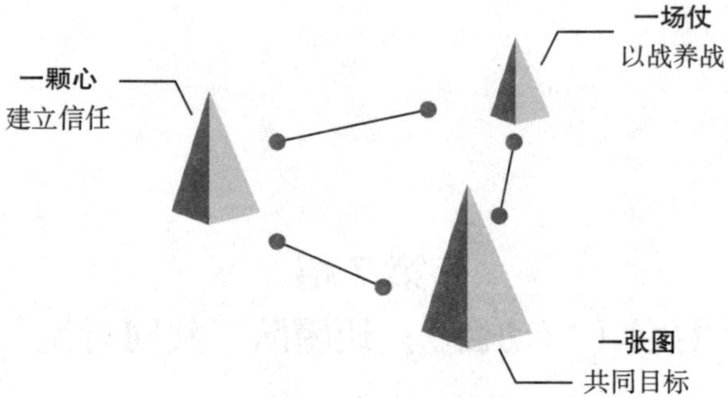

图 2-7-1 阿里“老大”要做的三件事

一颗心——建立信任

“一颗心”是说团队的所有成员要彼此信任、开放简单，要在一条战线上。作为管理者，请你扪心自问一下：

> 你和你的团队以及整个公司是不是一条心？
>
> 你的团队是一群什么样的人？
>
> 你是否有默契和能力带动整个公司，包括员工朝着目标前进？
>
> 你该如何调动员工的工作积极性，又如何定义他们的工作价值？

以上这些问题都与“一颗心”有关。在很多团队中，团队成员各自为战，分崩离析，往往就是“一颗心”出了问题。团队要和家庭一样，大家花时间建立信任，否则团队无法产生亲情和化学反应。所以，管理者要创建一个相互信任的环境，凝心聚力，让团队形成一颗心。

阿里的“中供铁军”之所以所向无敌，战无不胜，最大的原因在于大家拥有“一颗心”。一个好的团队一定是一个有良好凝聚力、向心力，能够一起扛下所有困难，一起享受快乐时光的大家庭。所以如何凝聚组织的“一颗心”，是管理者真正需要去思考，去采取行动的。

一张图——共同目标

在阿里，我们把“一张图”叫作：一群有情有义的人，共同做一件有价值、有意义的事。事实上，每个员工的心里都会有“一团火”，作为管理者，我们要能看到“那缕烟”。我们要去激活团队，赋能员工，点燃他们内心那团宝贵的“火焰”，让团队有共同的目标，最终形成“一张图”。

一场仗——以战养战

带团队是有策略的，阿里最喜欢用的方式是“战争”。阿里铁军就是通过一场场大仗“打”出来的，通过战争从胜利走向胜利，借事修人，以战养兵。

让团队成员在事上磨，通过目标达成，不断地突破自己。最关键的是，通过战争创立一个精神，塑造一种军魂，构建一片土壤，最终让它们成为文化坐标。一个企业的文化一定不是设计、规划出来的，而是在创业过程中塑造出来、长出来的。

“一颗心、一张图、一场仗”就是阿里“老大”要做的三件事。那么，阿里的“老大”要如何去做这三件事呢？

做好这三件事最重要的一个场景就是“月会”。在阿里，我们把“月会”叫作“启动会”。以下这封邮件是我在2010年的大战月里给团队的员工发的一封大战启动邮件，那一场大战也是我在阿里经历的最为荡气回肠、酣畅淋漓的一战。

大津门的各位兄弟：

津门神话之战开战了，津门是一个有历史的地方，津门是一个有故事的地方，津门是一个出英雄的地方！在12月，我们就要一群人在一起，干一件北大甚至中供从没有干过的事情：25天完成1 000万元的业绩。

（1）12月的意义

对客户：最合算、最能做大方案，赢的唯一机会！12月对团队是一个扬眉吐气，一鸣惊人的机会！

对自己：最好的挣钱机会也是最能证明自己的机会！12月是给家人回报的最好的机会！

（2）12月的津门目标

25天完成1 000万元；每天完成40万元，每天每人完成1.25万元，每天每个团队完成10万元。

我的兄弟姐妹，疯狂25天，给自己的人生一个交代，你愿意吗？100%的努力1 000万元的目标必达，99%的努力我们将错失历史的机会，遗憾终生……

通过这封邮件，大家是否能感受到阿里战争的金戈铁马，和“拼到感动自己，努力到无能为力”的决绝。

这一战，我们谱写了千万元的荣誉，这一战更让我懂得了阿里战争哲学的精髓。作为管理者，我们一定要能启动团队的目标，激发团队员工的状态，点燃团队员工的激情，让团队形成合力，攻无不克，战无不胜。

而要做到这些，管理者就要通过每个月的“启动会”去修炼自己的领导力。下面，我们就来聊聊团队的启动会到底应该怎么开。

现状分析 ‖ 管理者开“启动会”的两大现状

老规矩，在讲解方法论之前，我们先来看看如今管理者开“启动会”的两大现状（如图 2–7–2 所示）。

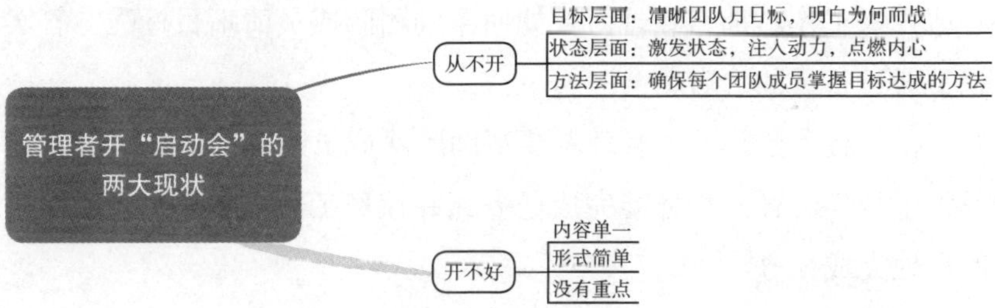

图 2–7–2 “启动会”的两大现状

从不开

与早会、晚会、周会的情况不同，大多数企业都会开“启动会”（大部分企业叫“月会”）。但让我感到遗憾的是，迄今为止仍然有企业从不开“启动会”。

让我们来想想这些企业的管理者为什么从不开启动会，其实理由很简单，他们不知道启动会能给团队带来什么。换句话说，就是他们不知道启动会有什么价值。下面我来梳理一下开一场启动会对团队的价值，懂得这些价值，管理者或许能够更加积极地看待启动会，并将这些积极的观念转化成开一场高效启动会的动力。

团队开一场高效的启动会，有三个层面的价值。

目标层面：清晰团队月目标，明白为何而战

一个好的团队意味着团队的每个成员都清楚地知道自己要达到的目标，明白自己为何而战，并坚信完成目标具有重大的意义和价值。同时，清晰的目标还能鼓舞团队成员的士气，让他们更能全身心地投入工作。那么管理者要如何帮助团队成员清晰目标呢？答案就是通过每月的“启动会”。

在“启动会”上，管理者要帮助团队成员明确他们的目标，以及告诉他们怎样工作才能完成任务，并让员工做出承诺，进而保质保量地完成任务。

马云有一段经典语录：“30% 的人永远不可能相信你。不要让你的同事为你干活，而要让我们的同事为我们的目标干活，共同努力，团结在共同的目标下面，这要比团结在你一个企业家底下容易得多。所以首先要说服大家认同企业共同的理想，而不是让大家来为你干活。”

状态层面：激发状态，注入动力，点燃内心

有一句话说：“心态决定了状态，状态决定了成败。”千里马没有状态跑不过百里。能力很强的人，心态不好也只是一匹害群之马。所以，管理者要通过“启动会”用目标激发员工的状态，不是有状态才有目标，而是有了目标才有状态。实现目标就像一场接力赛，只有在完成一个小目标，得到管理者和团队的认可后，他们更加优秀的状态才能被激发，进而朝着下一个目标努力。

管理者通过一场启动会，为员工注入动力，点燃他们内心那一团火焰，让大家整装待发，蓄势待放。

方法层面：确保每个团队成员掌握目标达成的方法

俗话说，三个臭皮匠，赛过诸葛亮。管理者即使再聪明，也不能独立解决所有事情。在每个月的月末或月初，召开一场启动会，让大家坐在一起，集思广益，贡献自己的想法。在思想的碰撞中，确保每个团队成员掌握目标达成的方法。

在互联网行业，几乎没有一样产品是由管理者拍脑袋做出来的，大多数产品都是一个团队在开会时头脑风暴产生的。每个人在会上各抒己见，畅所欲言，每个人都提出自己的意见，每个人都让自己的思维被他人启发，每个人都接受别人的批判。凝聚了集体智慧的产品或达成目标的方法，不断在会议上被提及和修改，最终趋于完美。

开不好

与从不开“启动会”相反的是，有的管理者每个月都会开“启

动会”，却开不好。开不好的原因有很多，梳理起来大致有三个方面。

内容单一

关于“启动会”有这样一个现象，大多数员工在首次参加时，大多比较热情。大家都明白一点，开会是一个团队碰头的好机会，大家共同讨论关心的事情，分享可能对彼此有用的信息。但是要不了多久，这种会议就会让大家厌倦。

为何如此呢？这是因为大家发现每次在“启动会”上，管理者都是同样的车轱辘话，翻来覆去地说。整场会议，内容单一，毫无新意。

形式简单

很多管理者认为“启动会”应该是大家正襟危坐地聚在桌前，听取管理者的发言和总结。试想，这样形式简单的“启动会”开一两次还行，每个月都这样，员工肯定会感到腻烦。

都说生活需要仪式感，“启动会”偶尔也需要一些仪式感。管理者在开启动会时，可以通过多种形式，比如我之前在阿里带团队时，曾把团队带到广场上开“启动会”。形式不重要，达到开启动会的目的才是关键。

没有重点

很多人都熟悉周星驰的经典电影《大话西游》，其中罗家英扮演的唐僧给人留下了很深的印象。电影里的唐僧言之无物，啰唆至极，不仅让孙悟空因为受不了而对他拳脚相加，甚至连挟持他的小妖也因受不了他的啰唆而自尽。艺术作品中的人物形象固然夸张，但实际上在“启动会”中还真有这么一些管理者，和《大话西游》中的唐僧差不多。

唐僧类型的管理者在“启动会”中经常占去大量时间，他们说话往往不着边际，绕来绕去，想到哪儿说到哪儿，没有重点。

对于这种类型的管理者，我的建议是，如果你没有足够的论据或者不善言辞，那么你需要在“启动会”之前做好充分的准备。如果是“启动会”上临时提出的观点，你可以用着重的语气来突出强调自己的重点。管理者在开“启动会”时要开门见山，有逻辑，有条理，有重点。

一场好的“启动会”是什么样

对企业管理者来说，开“启动会”是不可或缺的。开“启动会”在企业经营中看似是一件微不足道的小事，其作用却关乎全局。在行业竞争日益激烈的情况下，一家企业、一个管理者会不会开“启动会”，能不能开有效的“启动会”，决定了该企业的竞争力和其在行业中的位置。事实证明，谁让“启动会”发挥最大效益，谁就是赢家。

那么什么样的“启动会”才是有效果、高效率的会议呢？有效果、高效率的“启动会”应该具备以下三个要素（如图 2–7–3 所示）。

图 2-7-3 “启动会”应该具备的三个要素

有温度

所谓“有温度”，就是在开“启动会”时，管理者要让员工感受到温暖，感受到企业的关心和信任。

我曾经受邀参加过一个企业的“启动会”，当我走进会议室时，我看到大家乖乖地坐着，拿着笔记本，听着管理者在前面一板一眼地讲，每个人都像开采石油的机械头一样，面无表情地点着头，冷冰冰的反馈让我一度怀疑这是一场“批判大会”。“启动会”本应该是一个团队最有活力的时候，这里却安静得像电影院一样，只有影片发出的声音。这样的“启动会”无疑是失败的，也不会产生任何效果。

阿里巴巴现任 CEO（首席执行官）张勇曾经说过：“‘管理’这个词不仅仅是冷冰冰的科学，更是带有温度的哲学。”他说如果一个管理者在超市里碰到自己的员工，员工看到他后不愿意打招呼或扭头就走，这就说明这个管理者是没有温度的。

如何成为一个有温度的管理者？张勇认为很简单，做到三件事就可以了：尊重每一个人，承担别人不敢承担的责任，搞定别人搞不定的资源。

如果把张勇的管理哲学运用到“启动会”上，那么管理者也能让“启动会”有温度：一是尊重和重视每一个员工在“启动会”上的发言；二是对表现好的员工给予表扬，对表现不好的员工给予鼓励；三是对员工在“启动会”上提出的问题，给予帮助和反馈。

有共情

一场好的“启动会”应该具备的第二个要素是“有共情”。所谓“有共情”，就是让团队成员有情感上的流通和互动。共情这一概念，是由心理学家罗杰斯提出，它指的是我们体验他人内心世界的能力，也叫同理心。简单来说，就是你能否对别人感同身受。

共情分为认知共情和情感共情。大多数管理者在认知共情方面较强，在情感共情方面偏弱。更可怕的是，一个管理者一旦在有权势的位子上时间长了，他的认知共情都会被破坏掉。所以，管理者要在“启动会”上修炼自己的共情能力，与员工产生认识共情和情感共情。

如何做呢？其实很简单。管理者要站在员工的角度体恤员工，鼓励员工在情感的真切共鸣中传达自己想要表达的东西。比如在“启动会”上，一位员工上个月的目标没有完成，没有共情的管理者会批评和斥责他没有按时完成工作，有共情的管理者首先会了解他没有完成目标的具体情况，比如是什么原因导致没有完成工作目标，是否遇到困难，然后给予方法和帮助。只给明确的工作目标，却不关心实现路径和方法的管理者，不是“有共情”的管理者。

管理者只有通过一场“有共情”的“启动会”，才能触摸到员工心底最柔软的地方，让团队产生凝聚力。

有力量

一场好的“启动会”的第三个要素是“有力量”。所谓“有力量”，就是管理者在开“启动会”时要信心满满，踌躇满志，让员工看到前行的希望。如果一个管理者在开“启动会”时畏畏缩缩，甚至连话都不敢大声说，那么员工又如何有信心跟着你前行呢？

企业管理者除了要让企业这艘巨舰在正确的航道上稳健航行，还要担任“造梦者”和“梦想引领者”的角色，带领员工相信未来，心怀希望，坚定不移地走下去。

那么，管理者在“启动会”上要如何展现“力量”，让员工看到希望呢？我分享我的几个做法，供管理者借鉴。

一是提出既宏伟又现实的愿景。一个远大的组织愿景能让员工对组织产生认同感，感觉自己是在从事一项伟大、正义和高尚的事业，对组织的前途充满信心，从而对自己在组织中的发展充满信心，进而心生希望。

二是善用鼓舞人心的话语和振奋人心的信息。鼓舞人心的话语以及振奋人心的信息，会给员工勾勒出一幅美好的蓝图，激发员工的热情，进而提高员工的工作积极性。比如，我在阿里带团队时，会把客户的好评截图发给每一个员工看，这对员工来说，绝对是振奋人心的信息。

三是分享团队里的成功事例。在“启动会”上，管理者通过讲故事的形式向员工分享团队里成功的事例，这对员工来说是很大的激励，能够让员工对自己的未来充满希望。

人是生活在希望中的，作为管理者请一定要牢记：希望可以成为你的强大武器，点燃员工的希望，你责无旁贷。

方法论 ‖ “启动会三板斧”

那么管理者要如何开好一场有温度、有共情、有力量的“启动会”呢？

在多年召开“启动会”的实践中，我总结出“启动会三板斧”（如图 2–7–4 所示），管理者在开“启动会”时，可以借鉴使用。

图 2–7–4 “启动会三板斧”

第一板斧：做回顾

第一板斧是“做回顾”。“做回顾”分为两个步骤：第一步是“颁奖环节”，第二步是“温情时刻”。

颁奖环节

在颁奖环节，管理者主要总结上个月的亮点，对表现好的优秀员工进行奖励，树立标杆。管理者通过颁奖，将团队中优秀员工的闪光点放大，让团队中的其他成员共同看见，以此激励团队的其他成员努力奋进。

在“启动会”上，管理者要给予表现好的员工双重奖励——物质奖励和精神奖励。这样既能让优秀员工有实惠可拿，又能让他们的精神备受鼓舞。管理者要特别重视对于优秀员工的精神奖励，不能走过场地说几句表扬的话。我在阿里时，一般会采取以下几种方式来对优秀员工进行精神奖励。

一是用“焦点”法则让优秀员工成为团队的焦点，这可以体现出管理者和团队对他的高度认可。比如，让优秀员工在“启动会”上分享自己的工作经历和经验。其他员工可以多听取优秀员工的意见和建议。

二是通过情感融入和情感认同让员工感受到管理者的关怀和认可。2008 年，在一次“启动会”上，我邀请了一位优秀员工的家属参与我们的会议，这让优秀员工从中获得了认同感。同时，这种共情的奖励方式，也会让团队的其他员工受到一种正向的引导和激励。

总之，在颁奖这一环节，管理者要站在员工的角度去思考、去设计，只有通过优秀员工以及其他员工都认可的奖励方式，才能让奖励最大限度地发挥作用。

温情时刻

所谓温情时刻，就是营造“家”的氛围，让团队中的所有人感受到温暖。在这里，我分享几个营造温情时刻的技巧。

一是在团队里鼓励大家关注每一位员工的成长。在“启动会”上，管理者要鼓励团队的老员工帮助经验不足或目标没达成的员工取得进步。当所有人不再把目标盯在自己眼前的得失、利益之上的时候，当这样一种关注员工成长的风气在团队里盛行的时候，你的团队将是温暖的，富有感染力和吸引力的。

二是把情感融入“启动会”中。中国是一个讲人情的国家，我们可以在开“启动会”时，给员工过生日或者团队一起过节日。比如当碰到中秋节时，团队可以在一起吃月饼，共话家常。通过这样的形式消除彼此的隔阂，让团队变得温情。

事实上，在“启动会”上营造温情时刻是一件很简单的事，说到底无非有两个原则。

原则一：制造轻松、温馨的团队氛围，让每一位员工都有归属感。

原则二：为团队成员去除心中不快，解答困惑。

不管是颁奖环节，还是营造温情时刻，目的都是让团队成员能够感受到管理者对自己的重视和关怀。在具体的操作中，管理者也可以自行调整这两个环节的顺序。

第二板斧：讲目标

“启动会”的第二板斧是讲目标。“讲目标”要从两个方面去讲：一是“讲 Why”，二是“讲 How”。

讲 Why= 讲为何而战

“讲 Why”也就是分析原因，作为管理者，在“讲 Why”之前，我们自己首先要明白员工，包括你自己，究竟为何而战。

对于这个问题，马云曾经在一次讲话中指出，在企业里，员工持续行动有三大动因：一是为财务而战，二是为荣誉而战，三是为精神而战。

为财务而战就是为工资收入而战，这个很好理解，也很好跟员工讲清楚。为荣誉而战就是为员工的归属感和自尊而战。为精神而战就是员工将自己的工作与公司融为一体，愿意为公司付出、奉献。这是管理者需要在“启动会”上反复给员工讲清楚的。

如何讲呢？在阿里带团队时，我通常会问员工三个问题：

为什么是这个目标？

为什么是我们团队？

为什么我们能成功？

通过这三个问题，员工能明确自己的目标，在完成目标的过程中，员工会产生归属感，继而达到最高境界——为精神而战。

讲 How= 讲如何做

“讲 How”是讲如何做。在这个步骤中，管理者不需要重点展开，但一定要围绕核心策略和抓手进行对焦和聚焦。

我在“启动会”上“讲 How”时，通常会问员工这三个问题：

如何完成目标？

之前我们是怎样成功的？

你有哪些好的方法和建议？

第三板斧：提状态

“启动会”的一大核心目的是帮助员工把工作状态提起来。阿里“提状态”主要有两种形式：“PK（对决）机制”和“目标誓师仪式”。

PK机制

阿里开“启动会”最常用的提状态的方式就是采用PK机制。一场战争核心的三个元素分别是：状态、资源和策略。在这三个元素中，最关键的是状态。决定一个团队打仗结果的不是过程而是亢奋的状态和必备的技能。

通过“PK机制”让团队与团队，个人与个人，进行业绩比赛，通过报目标、下军令状等方式，营造PK氛围，激发团队的战斗力。

在这里，我需要提醒管理者的是：PK的意义不在于输赢，而在于成长。

目标誓师仪式

阿里采用的另一个提状态的方法就是举行目标誓师仪式。好的目标誓师仪式，要根据“启动会”的规模和重要级别来定。比如授旗环节、接军令状环节、宣誓誓师环节和团队风采展示（主要是喊口号）等。每个团队的风格和要求可能不太一样，但是不管怎样，团队一定要有清晰的目标并将其大声喊出来，让团队中的每个人都清晰地知道目标，然后再一起出发。

以上就是阿里开好一场“启动会”的“三板斧”，管理者可以根据自己团队的实际情况，参考借鉴，并且形成一套适合自己的“三板斧”。

管理力修炼 ‖ 让团队共同看见的“四件宝”

在阿里，除了每个月的“启动会”，在“大战月”里，还有大的“启动会”。为什么阿里要开这么多“启动会”呢？其目的是让团队中的所有成员共同看见，这也是“启动会”的核心。

阿里中供铁军销售员叶松杰在《我的启动会生涯》中记录了当年启动会的场景：

> 最初的启动会议，一个区域十几二十个人拖着板凳坐在一起，某人起来说个笑话，然后经理发言，并推荐这一周签单的人，最后大家一起呼个队呼，结束。从 2005 年开始，办公室逐渐无法容纳所有人，来自联络点的人都一起过来了，我们就开始在外面找场地。从那时起，主管会议有了对大周会启动的议程，这一次大周会是搞笑路线还是分享路线，大家一起想办法、想思路。那个时期的大周会让大家都有很大的收获。

从 2007 年开始（也就是我进阿里的第二年），在大周会上的启动以激情、血性、执行力为核心，启动会成为激情宣泄的舞台。每个区域、每个团队的启动会都热火朝天。

那么管理者要如何通过一场场的“启动会”让员工共同看见

呢？阿里有让团队共同看见的“四件宝”（如图 2–7–5 所示）。

图 2–7–5 让团队共同看见的“四件宝”

启内心

“启动会”要想启动员工的内心，就要让团队成员发自内心地去拿下目标。要想启动员工的内心，就要触动员工的心灵，将心注入，这就需要管理者“走心”的、有温度的表达。阿里常用的方法是：看视频、做拓展、量日标和争荣誉等。

值得注意的是，早年在阿里，一些团队会采用“扎头巾”“喝鸡血酒”的方式来启动员工的内心。但现在，恐怕已经行不通了。如今，如果管理者再采用铁血启动，每个人都在台上疯狂地喊目标，这种“打鸡血”的方式，对很多员工来说，只能启动表面，启动内心的作用不大。很多员工可能碍于情面，表面上应付配合，内心其实是拒绝的。

所以，如今管理者在启动内心的实践上，还是要根据员工的内在需求。比如对于 90 后员工、00 后员工，管理者要多找一些关于青春、关于梦想的内容去做启动，这些内在的东西是最容易被激发的。

扣动员工心灵的扳机，点燃员工内心的火焰，让员工燃烧自我，是管理者让团队成员共同看见的第一步。

注动力

启内心是触发内在动力，而注动力是借助外力，给员工动力。给员工注动力的最好方式，就是找到与他同级别的其他伙伴来“现身说法”，这是阿里最常用的激励方式之一。

我最常用的方法是：让曾经做过百万元业绩的员工来给其他员工做真实的分享。

比如，在 2015 年，阿里北京区域的一个女孩，长得文文静静、瘦瘦弱弱的，结果她的销售额突破了百万元大关，这令许多人都对她刮目相看。于是，各个区域的管理者都争相邀请她去做分享交流。当一个看起来瘦弱的姑娘站在台上分享自己拿下百万元业绩的经验时，你可以想象一下，坐在台下的一群高大的男人的感受。在每次分享会后，大家都暗暗憋了一股劲儿，比以前更努力了，这就是注动力的目的。

给方法

启动会除了激发内心动力、增强信心之外，还要有可落地的有效方法作为支撑。管理者要给团队成员一条能实现目标的康庄大道。包括关于产品的专业解说、对于促销的解释等，这些一定要做得扎扎实实。1 米宽，100 米深，一把钢尺一定要量到底，确保每个团队成员在上战场的时候“武器”是擦亮的，“子弹”是充足的。

推氛围

在开启动会时，管理者一定要把氛围推到极致，在阿里这叫：营造氛围，促进攀比，勇于突破。在这点上阿里有很多的方法可以参考，比如报目标、PK、对赌、授旗等。

我在阿里近10年，见过的“启动会”不计其数，其形式也是各式各样。除了正常的报目标、下军令状、分享外，有的团队还会做一些活动，比如手携手、肩并肩闯关，拔河比赛。启动会上常用的工具有：锣鼓、红头绳、战争视频，这一类工具一般出现在大战月；对个人的采访、家人的录音、感人的视频，这一类一般出现在需要宣扬团队感和目标驱动的场合，比如春节后的大周会等。

不管什么样的“启动会”，使用什么样的工具，其目的都是让所有人看见。管理者需要不断地带领员工拿下目标，取得胜利，从胜利走向胜利。

第二篇
赋能培养

在阿里，赋能培养员工是管理者最核心的基本动作。一个高绩效的团队，必然是由员工“想干”（激励）到“能干”（执行）再到“干好”（创新）三个环节构成，要实现这三个环节的良性循环，就必须通过人才赋能，人才培养。

第3章　人才赋能

打造高绩效的团队，人才赋能是核心。管理者要做的就是赋予员工发动自我引擎的钥匙，朝着团队的目标前进。阿里赋能员工有五大招：招才选将、入职面谈、“述职”、员工激励、离职面谈。

第 8 招
招才选将：适合大过优秀，选择好过培养

故事启迪 ‖ 3G 资本对人才选拔的重视

马云经常会带领团队去其他国家考察一流的企业，并希望通过吸取它们的管理经验来推动阿里的发展。2009 年，马云带领卫哲（阿里原执行副总裁）等人去美国考察。每到一个公司考察，卫哲都会与这些公司的管理者聊有关“竞争对手”的话题。

谷歌的创始人拉里 · 佩奇说他将美国宇航局和奥巴马政府视为最难缠的竞争对手。他说：“谁跟我抢人，谁就是我的竞争对手。”拉里 · 佩奇不怕 Facebook（脸书）、苹果公司抢自己公司的工程师，因为公司可以通过更高的工作价值、更多的股权留住这些优秀的工

程师。但谷歌无法打赢美国宇航局，因为美国宇航局的目标是整个宇宙甚至更大，这对工程师来说是无法拒绝的工作价值。尽管美国宇航局的工资只有谷歌的1/5，但其依旧能够吸引谷歌的人才去那里工作。

我之所以在开头跟大家分享这个故事，目的是想告诉大家：人才的竞争对手往往比产品的竞争对手更难缠。管理者一定要认真思考究竟谁是你的人才竞争对手，毕竟人才的流失会为企业的发展带来巨大的影响。所以如果一个企业家的房间只能在三幅版图：战略版图、组织版图、人才版图中选择一幅，那么我建议企业家选择人才版图。

在阿里，我们听得最多的就是关于3G资本的“巴西三雄”的故事。“巴西三雄”是3G资本的三位合伙人，他们分别是豪尔赫·保罗·雷曼、马塞尔·赫尔曼·泰列斯和卡洛斯·阿尔贝托·斯库彼拉。

创始人雷曼的一生，经历过数百位合伙人，但只有“巴西三雄”从他们的创业起点——加伦迪亚一直携手走到现在，并培养出一支庞大、忠诚的嫡系部队。从1971年加伦迪亚成立至今，他们创造了巴西人在全球商业史上的最大奇迹。

很多人认为，3G资本的成功关键在于“巴西三雄”在企业经营和并购整合中形成的“梦想—人才—文化”的经营哲学。

与“巴西三雄”的合伙经营哲学相比，我认为，他们最大的成就是在企业经营的过程中孜孜不倦地培养了大批人才，即在对的时间找到了对的人。他们是超级“伯乐”，尤其擅长对优秀年轻人进行“早期投资”。

比如“巴西三雄”合伙人之一的卡洛斯·阿尔贝托·斯库彼拉就是创始人雷曼“投资”出来的人才。早年间，斯库彼拉在斯坦福上大学，交不起学费，他依靠雷曼的奖学金才读完大学。毕业之后，斯库彼拉直接进入 3G 资本工作，从一名基层员工做起，逐步成长为百威英国的掌舵人。

在 3G 资本，像斯库彼拉这样的人才还有很多。明确人才标准，是企业人才建设工作的基石。“巴西三雄”在人才选拔标准上有着鲜明的特色。从加伦迪亚投行开始，雷曼就一直在积极网罗他想要的人才，他把拥有这样特质的人才称为“PSD”人才。“P”为穷困；“S”为聪明灵活；“D”为渴望（如图 3–8–1 所示）。

“PSD”人才

P: 穷困（动机）	S: 聪明灵活（智商、情商）	D: 渴望（态度）

图 3–8–1　3G 资本的“PSD”人才

以“PSD”人才为标准，雷曼招聘了一大批核心骨干，其中就包括 3G 资本的其他 4 位创始合伙人：泰列斯、斯库彼拉、贝林和汤普林。

随着时代的发展，“PSD”人才也并非 3G 资本亘古不变的选人标准。在“巴西三雄”的得意门生布里托看来，选人最重要的标准是：具有可塑性，愿意与公司一起发展、前进。

但无论标准发生什么样的改变，3G 资本的管理者始终把选择对的人作为企业的最重要的经营哲学。

事实上，阿里的人才标准与 3G 资本的“PSD”人才标准有异曲同工之处。只不过，在阿里，这一类人不叫“PSD”人才，我们把他们统称为“苦大仇深”型人才。2018 年 1 月 15 日，阿里前 CEO 卫哲在 2018 年杰出商界领军者颁奖典礼上表示：在 2005 年前后，阿里巴巴中供铁军成功的秘诀是招人要招“苦大仇深”的人。

随着时代的发展，贫困的员工逐渐减少，特别是当 95 后开始工作的时候，公司几乎找不到“苦大仇深”的人才了。我曾经面试过一个 95 后员工，他告诉我，他在天津有 4 套房，来上班只是为了找点事做。

以前阿里认为：把公司打造成对员工特别有用的公司，比如晋升、加薪、培训甚至给股权、期权，但现在 95 后根本不在乎这些。比如，现在阿里找到一个 95 后工程师，管理者对他说：“你做得不错，明年给你升主管。”他却回答：“为什么给我升主管？我不太喜欢被别人管，我也懒得管别人。”

所以，如今阿里的招人标准也发生了变化，招才选将也变得极其重要。阿里的招人理念是：招聘是一切战略的开始。企业成败的关键在于一开始是否用对人。招才选将是个系统性的工作，一定要有战略高度。

在阿里，从马云到各个事业部的高管，再到基层管理者，都很重视招聘。马云在 2018 年的内部讲话中说道：“招聘是公司之大事，是决定公司的生死存亡之大事。”会招人的管理者才是真正的管理者。

马云的话为管理者敲响了警钟，作为管理者，在招人时，我们要清楚地知道：

招什么样的人？

从哪儿招？

如何招？

很多企业的问题从招人开始就出现了。在这一点上，管理者尤其应该学习阿里的招聘理念，在阿里，一个管理者至少要花 30% 的时间和精力在招人这件事上。管理者不是要招更多的人，而是要从无数人中招到真正对的人。

现状分析 ‖ 企业招人的三大现状

我在各地进行管理培训时，经常会有管理者对我大倒苦水："王老师，现在招人真难啊，我们总是招不到合适的人才！"

诚然，如今企业"招人难"确实是一大难题。为什么"招人难"？我们从两个方面来分析一下。

从客观原因来说，受社会生育观念的改变、人口素质的提高等因素的影响，中国正在逐步进入老龄化，人口福利的时代即将结束，这些这客观因素给企业人才招聘带来了极大的困难。据调查显示，越年轻的群体，其在职的时间也越短。目前 95 后的平均在职时间是 7 个月，有部分青年人甚至换工作如同换衣服，不喜欢了就离职。因此，网上还流传出了不同年龄阶段对待离职的看法的对比：

60 后：什么是离职？

70 后：为什么要离职？

80 后：薪水不高、没发展空间就离职。

90 后：感觉不爽就离职。

95 后：老板不听话我就离职。

随着时代的发展，越来越多的年轻人提倡追求个性，就连工作也不例外，这使得企业不仅面临着招人的难题，还在管理方式上面临挑战。

除了客观因素，企业“招人难”在很大程度上受主观因素的影响，也就是企业自身存在问题。因此，企业招人目前面临以下三大现状（如图 3–8–2 所示）。

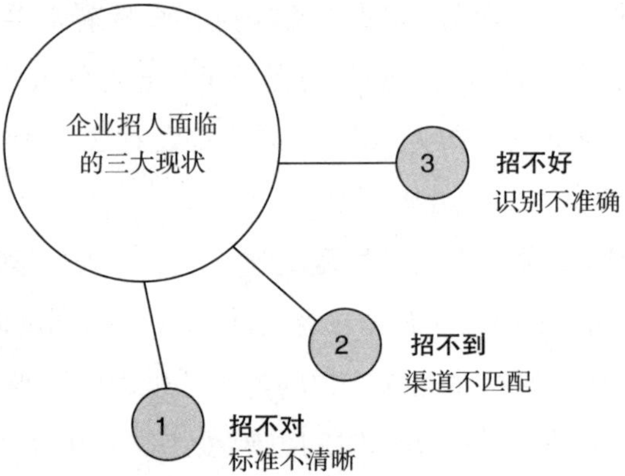

图 3–8–2 企业招人面临的三大现状

招不对：标准不清晰

我经常会听到有些管理者吐槽公司 HR（人力资源）：“你们怎

么把这样的人招进来了？”实际上，出现这种情况并不能全怪 HR，大部分责任在于管理者没有提供清晰的岗位说明书，这就导致岗位人才标准不清晰。如果企业在招聘时连招聘的岗位人才标准都不清晰，那么总有一天 HR 会把一个想当画家的人招来做程序员，把一个骗子招来做人事。

人才标准不清晰有两个后果：标准是错的，会排除对的人；没有标准，遇到对的人，你不知道。

所以，企业在招人之前，一定要构建自己的人才画像或树立自己的人才观。然后针对里面的每一个标准，来判断对方是否为对的人。

招不到：渠道不匹配

很多企业认为，招聘就是要“广撒网”，无论哪个平台，都要上去“掺一脚”。这种做法带来的后果，不仅是企业招人成本不断增加，而且可能会让企业在应聘者心中留下不好的印象，让其认为企业极度缺人

选择正确的招聘渠道，不仅能够招到合适的人才，还能降低招聘成本；而一旦渠道选错，比如在招聘有经验的管理人员时选择校园招聘，或者招聘基层人员时去找猎头，最终企业不但招不到合适的人才，还有可能导致付出的努力和花费的成本失去意义。

所以，企业要想招对人，还需要找到匹配的招聘渠道。我们对渠道的掌控能力，决定了我们触达人才的数量和质量。

招不好：识别不准确

在招人时，管理者往往会被面试者身上的“光环”遮住眼，比如他的学历、工作经验、性格等。大多数情况下，面试只有短短的半小时，甚至有的面试只有几分钟，然后就有了面试结果。在这样短暂的时间里面试官根本不可能全方位地了解一个人。所以，当面试者拥有很多“光环”的时候，面试官往往很容易被突如其来的兴奋冲淡了原有的录用标准，忽略了面试者的价值观和条件是否与企业相匹配，最终的结果是招进来的人无法胜任该岗位，这就是招人时识别不准确导致的。

这样的弯路，阿里也曾走过。在创业早期，阿里招进来一批来自世界 500 强企业的人，结果这些人因为“水土不服”走了大半。那些有着高学历、丰富经验的人能力确实很高，但就像飞机的高性能引擎不适合拖拉机一样，他们往往把事情讲得头头是道，让人感觉很有道理，但结果是讲起来全对，干起来全错。

在意识到这一问题后，阿里痛定思痛，不再一味追求“最优秀的人才”，而是立足于寻找“最合适的人才”。只有最合适的人才才能与公司的发展需求相匹配，才能很好地融入公司的价值文化体系，并愿意与公司共同成长。这就如同一辆汽车只有配上了性能最匹配的发动机，才能把整车的综合性能发挥到极致。

得才者兴，失才者亡，国家社会如此，企业也不例外。有些公司本来发展势头不错，却因在重要岗位上招聘了名不副实的人而错失好局。有些公司起初表现平平，但自从招募到某位天才，公司事业变得一帆风顺。招兵选将是企业壮大的必由之路，我们在不少著名企业的发家史中都能找到若干个起关键作用的顶尖人才。但顶尖人才可遇不可求，需要管理者精心且耐心地寻找。

方法论 ‖ 招人“四部曲”

经过在阿里的管理沉淀，再加上我在创业过程中大量的招人经验，我总结出招人“四部曲”（如图 3-8-3 所示），助力管理者招才选将，打造自己的铁血团队。

图 3-8-3　招人“四部曲”

人才需求：从业务战略开始的人才战略

企业在进行人才招聘之前，首先要明确企业的人才需求。明确人才需求，要从两方面入手：一是建立人才认知；二是确立业务战略。

人才认知

建立正确的人才认知需要管理者明确以下三种观念。

招聘是一切战略的开始

所谓“认知决定行动，行动决定结果”，不同的企业对招聘理念的理解不同，其做法也就不同。企业犯招人的错误，不知道如何招人，究其根本都是招聘理念的错误。

阿里的招聘理念是：招聘是一切战略的开始。企业成败的关键在于一开始是否用对人。员工的招聘是一个系统性的工作，一定要站在战略的高度。

招聘是一切战略的开始，这就意味着管理者在招聘前一定要进行整体布局。为何如此呢？因为招聘是最后的选择，企业不能等到岗位缺失了才想起来招揽人才，要先在内部持续培养。企业更不能过于依赖“空降兵”，而不重视内部提升。

马云曾在一个访谈里面说过这样一句话：“即使公司要关门了，我也绝不允许从外面招聘一个‘空降兵’来担任公司 CEO。”

而这份重视实际来自血的教训。大家都知道阿里的“十八罗汉”战无不胜，受到很多合伙企业的膜拜。但在起初创业的时候，马云对合伙团队里的人才实在不是很满意。于是在 2006 年前后，阿里引入了一大批国际人才。直到今天，当年那批国际人才中的许多人因为各种原因没能留在阿里，可以说是“集体阵亡”。反倒是当初和马云一起创业的人依旧坚挺，如今个个身居要职。

阿里的招聘理念，像是一颗定心丸，在一片狼藉的互联网裁员环境里让那些无处安放青春的人才找到新大陆。据阿里最新财报显示，目前阿里巴巴集团和蚂蚁金服的员工总数首次超过 10 万人。

回过头来看，企业招人并不是一定要去勉强用所谓最优秀的人才，而是要基于公司现实的目标，招对人，组对局，这样才能打造良将如云、弓马殷实的铁血团队。

招人是管理者的事

在企业里，经常会出现这样一幕场景：HR 招来的员工在工作一段时间后不符合岗位要求，HR 和业务部门的管理者互相推诿责任。

> HR：业务部门自身的策略不清晰，岗位用人标准不明确，要求招一个技术大牛，并且一个星期之内就要入职。最后招来的人不合适，业务部门还把责任都推到我身上，我觉得这活儿没法干。
>
> 业务部门的管理者：招人就是 HR 的事，你们应该协助我们制定明确的用人标准。我想招一个稳定的、合适的员工怎么就这么难呢？

为什么会出现这样的情况呢？这是因为在大多数管理者的认知中，招聘是 HR 的事，业务部门不主动，HR 习惯背锅不吭声，招聘任务"一肩挑"。

"招人是管理者的事。"这句话出自阿里首席人才官蒋芳。2015 年 9 月 3 日，她特地在"阿里味儿"上专门写过一个关于招聘的帖子，只为讲清楚这一句话"招人是管理者的事"，HR 起到的只是辅助作用。也就是说，招聘的决策权在业务部门。

诚如斯言，管理者必须把大量的时间和精力花在找候选人、招募、面试和调查上，这就是为什么在阿里发展的早期，马云重视参与每一次招聘的原因。这也是阿里绝对不会把招聘外包给其他机构的原因。马云当年反复强调招人的重要性，这个人是否能进来，要管理者自己做决策。

在我为企业培训的过程中，我看到最极端的例子是，有些企业的管理者入职时间还不到一个月，就开始进行招聘工作。这是非常错误的招聘理念。刚入职的管理者，在自己都没有了解公司的文化和价值观的情况下，盲目地招人，这样招进来的人往往与公司的文化、价值观不匹配，这会给企业带来较大的风险。

还有一些中小企业的管理者认为招聘与他无关，是 HR 应该做的事情。我好奇地问他："你在忙什么呢？"他说在忙着开会、出差、做销售、做业务。实际上这是本末倒置，管理者去做这些事情，就是在自我降级。为何会出现这种情况呢？

究其根本，是因为管理者不重视招聘。为了让管理者认识到"招人是管理者的事"，阿里甚至还采用了"跨 4 级招人"的招聘方式。比如，在阿里广州区的业务线中，销售或者客服是基层员工，往上是业务主管，再往上就是城市经理，最高级为地区的总经理。按照"跨 4 级招人"的招聘方式，总经理需要面试销售或者客服，这种跨级招聘的方式，将招聘彻底变成管理者的事。

招的时候要慎重，招来以后要欣赏

阿里还有一个招聘理念：招的时候要慎重，招来以后要欣赏。

无论招人多么急迫，管理者都要明确一点：缺少人不会让公司出问题，招错人会让公司和你的团队万劫不复。适合大于优秀，选择大于培养。

刚进阿里，我认为人才是培养出来的，任何人都能做业务员，殊不知是我大错特错。我以前招人面试，感觉这人还行，就叫过来上班。结果招进来的人要么留不住，要么不适合。后来我才明白：不适合的人，再怎么培养也是无用的。而且一个公司培养一个人的成本是巨大的。

“疑人不用，用人不疑”，一旦把新员工招进来，管理者就要学会欣赏他的优点，用人所长。只有这样，才能达到企业招人的目的，提高招聘的成功率。

鬼谷子在《鬼谷子·抵巇》中说道：“近而不可见者，不察其辞也。”意思是说，没有具体考察了解他的兴趣特长，没有做到用人所长，哪怕这个人就在身边，也不能创造大的价值。

对管理者来说，用人不当是很普遍的现象。很多管理者没有长远的发展规划，在招募人才时没有细致考察，做不到用人所长，进而陷入天天在招人，却怎么都招不到合适人才的怪圈，这样浪费了企业资源不说，还错过了很多发展机会，最终导致企业关门大吉。

业务战略

决定一个企业人才战略的，其实是业务战略。也就是说，企业只有业务战略清晰，才能明确组织结构以及流程分工，最后确定人才战略。

这里所说的“人才战略”不只是谈人才的招聘、筛选以及培训等内容，它有具体的战略路径：市场——业务——人才。不同的市场需求会诞生不同的业务，而不同的业务有不同的人才需要。因此，人才战略的重点就是根据市场需求，筛选并培育与之相符的人才。只有通过这样的路径打造出的人才队伍，才能为公司提供技术与战略上的支持，促进公司发展。

人才战略就是根据业务战略目标和组织的关键能力，对核心岗位的人才进行招聘、识别、盘点。这是对人才培养和保留的过程，是对人才进行的一个宏大的、全局性的构想与安排。公司推行的人才战略，其起点是根据市场需求制定的公司战略与经营目标；确定岗位需求，进行人才招聘、评估、培养，制订薪酬和绩效等相关计划。

人才战略是公司战略的组成部分，它们具备相同的逻辑内涵。因此公司制定的人才战略，一定要与公司的业务战略匹配，并且要为业务战略目标服务。

那么，管理者要如何从业务战略制定人才战略呢？具体实施起来有以下 5 个步骤（如图 3–8–4 所示）。

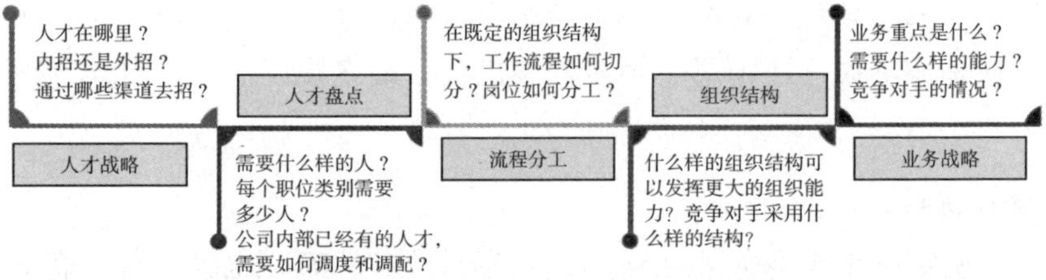

图 3–8–4 制定人才战略的流程

这 5 步走完，随着业务战略越来越清晰，公司的人才战略也就越来越清晰，公司也就越清楚什么样的人更适合团队。一个好的管理者要想吸引真正优秀的人才，就离不开对业务战略的深刻把握。

基于通用素质的人才队伍建设已经无法满足当下的业务发展要求，人才管理必须回归“人才支持业务”的初心。从阿里以往的实践来看，“从业务战略到人才战略”是一条切实有效且具操作性的战略性人才管理路径。

人才画像：阿里人才胜任力冰山模型

在明确人才需求之后，公司接下来要进行人才画像。那么什么是“人才画像”呢？通俗地说，“人才画像”就是管理者要能够把你想招的人的特征，像画家画人像一样，描述出来。

管理者之所以做“人才画像”，主要有四大意义：

一是帮助管理者了解各岗位的具体的人才需求，并根据这些需求建立人才素质模型，为招聘工作提供参考数据；

二是帮助管理者根据人才需求，选择合适的招聘渠道，缩短招聘时间，节约招聘成本，解决招人难的问题；

三是为管理者在招聘人才和人才管理等方面提供决策依据；

四是为管理者制订人才培训计划提供参考依据，促进公司的新进人才的发展。

阿里还设置了“人才画像”的标准和方法。

标准：人才胜任力冰山模型

在阿里，建立“人才画像”的标准是“人才胜任力冰山模型”。

比如下面是我所在的大区给销售人员做的“人才胜任力冰山模型”（如图 3–8–5 所示）。

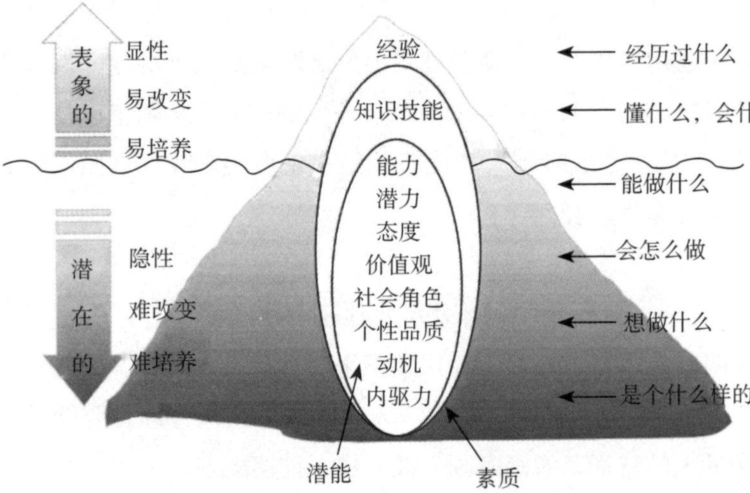

图 3–8–5　人才胜任力冰山模型

冰山上面是管理者一眼就能看到的：经验、知识技能。管理者可以通过学历、从业经历、岗位等进行了解。

冰山下面是管理者不能直接看出来的：能力、潜力、态度、价值观、社会角色、个性品质、动机、内驱力等。这些需要管理者在面试时，通过设计的问题来了解。

方法：“北斗七星”选人法

有了“人才胜任力冰山模型”以后，接下来就是具体操作的层面——如何选人？阿里采用的方法是“北斗七星”选人法。“北斗七星”选人法是由 7 个关键词，在三个能力层面和一个底层要求的基础上构建而成的。下图就是阿里“北斗七星”选人法的金字塔构成（如图3–8–6所示）。

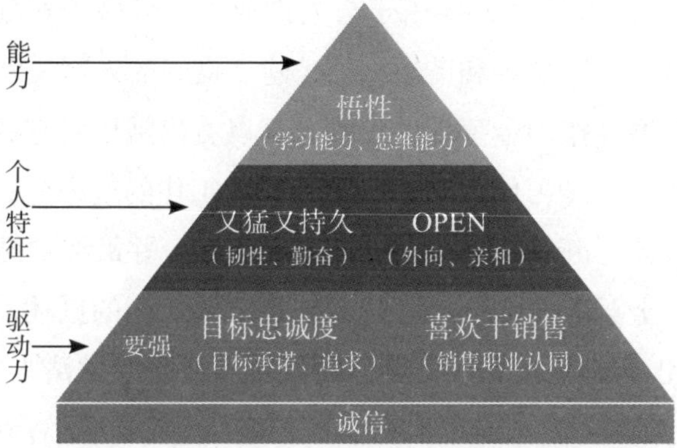

图3–8–6　阿里“北斗七星”选人法的金字塔构成

在了解了其架构后，我们来看看这7个关键词分别代表着什么。

诚信：毋庸置疑，一个人如果不具备诚信，他的能力就犹如空中楼阁，一切都是虚幻。所以诚信是“北斗七星”选人法的金字塔的最底层的逻辑。

要强：一个人要有自我成长和事业成功方面的目标，不能太“佛系”。

目标忠诚度：设置有挑战性和可行性的短期和长期目标，保持对目标的忠诚和专注，通过踏实工作促进目标的实现。

喜欢干销售：管理者在招聘销售岗位的员工时，这个人要认为销售工作有意义、有价值，视销售为自己的职业和未来，对销售工作感兴趣并愿意从事销售工作。

又猛又持久：这是阿里的“土话”，意思是说这个人要具有吃苦耐劳、勤奋务实的品质，同时抗压能力强，能乐观面对挫折和困难，善于控制情绪，保持积极心态。

OPEN：是指这个人要乐于与人沟通，并且易于相处，能够与客户、团队成员、领导和谐地相处，建立良好的人际关系。

悟性：悟性作为金字塔的顶端，足以看出阿里对它的重视。悟性是指一个人的学习能力和思维能力，在工作的过程中，能对工作的知识和经验不断吸收、归纳、演绎和迁移，并最终拿结果说话。

通过以上对“北斗七星”选人法 7 个关键词的描述，我们可以清晰地看出，阿里关于一个岗位的人才画像是非常清晰的。然而，让我感到遗憾的是，在我服务的企业里（特别是中小企业），大多是没有自己的“人才画像”的。所以，管理者在招人时，要向阿里学习，设计好人才画像，让招人的工作兼顾道和术的层面。

人才来源：“上下左右”人才渠道

管理者要想迅速招到想要的人才，必须清楚自己的人才来源，也就是从哪里招。根据阿里和我现在招人的经验总结，我归纳出人才来源集中在“上下左右”4 个渠道（如图 3–8–7 所示）。

“上”是指线上招聘，例如智联招聘、51Job 等综合招聘平台，58 同城、拉钩等垂直招聘平台；北京人才网、重庆人才网等地域招聘平台。“下”是指线下招聘，如校园招聘、人才市场招聘等线下实体招聘平台。“左”是指团队内部推荐，这一方式需要建立相应的内推制度，营造内推氛围。“右”是指在同行内进行挖掘，或是通过猎头机构高薪挖人。

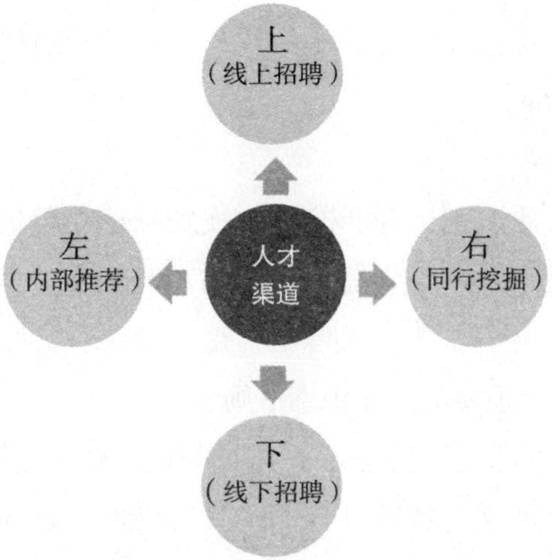

图 3–8–7 “上下左右”人才渠道

为了保证人才招聘的准确性，提升招聘的成功率，管理者可以记录各个渠道往年招聘的成功率，发现更匹配本企业的招聘渠道。在记录时，我们可以按照表 3–8–1 填写，最后统计出相关数据，各公司可以根据实际情况更换表格项目。

表 3–8–1 各渠道招聘情况统计表

招聘部门		招聘季度		填报人		
渠道类别 项目	校园招聘	人才市场和交流会	网络平台	内部推荐	广告	猎头机构
简历数量						
面试合格人数						
招聘人数						
受聘人数						
人均费用						

管理者可以通过“上下左右”人才渠道来搭建自己的人才队伍，进行人才储备。

人才识别：“闻味道”，找到味道相符的人

招人的最后一个环节是人才识别，也就是阿里所说的“闻味道”，找到味道相符的人。“闻味道”这个词在外人听起来挺抽象的，但在阿里，它是重要的人才识别准则。

阿里的“闻味道”就是先了解主体团队的人员究竟是什么样的人，然后再通过这一特征寻找那些具有潜能，能与其团队同甘共苦、共同奋斗的人才。换言之，就是寻找“臭味相投”的人。这样建立起来的团队才能一条心，经得起磨炼。那么，阿里是如何“闻味道”的？

明确人才观

在阿里文化里，有一句“土话”叫“平凡人做非凡事”。后来随着阿里业务越来越复杂，外面的环境越来越具有挑战性，阿里人把这句话改成了“非凡人以平凡心做非凡事”。“非凡人”，并不是说在名牌大学毕业，有多么“高大上”的经历的人，而是指在做一件非凡事的时候，他可以有平凡的心态，但是不能有平凡的能力，阿里人的能力必须在更高的水准上，但同时阿里人的心态还要是踏实的。

“非凡人”就是阿里的人才观，总结起来，只有 4 个词、8 个字，即聪明、皮实、乐观、自省。

聪明：智商 + 情商

如今的环境变化越来越快，若想成为能真正“拥抱变化”的阿里人，就要能驾驭变化。适应变化和驾驭变化是两种截然不同的状态，从本质上来说是主动和被动的区别。驾驭变化，要求我们主动去适应变化，接受变化，进而掌握主动权，做出一些创新和改变。而要做到这些，就需要“聪明”的人。“聪明”有两个层面的解读。

第一个层面是智商（IQ）。这是说这个人在专业能力、专业知识上必须有两把“刷子”，否则一切都是枉谈。所谓“没有金刚钻，揽不了瓷器活”大抵就是这个意思。

第二个层面是情商（EQ）。管理者不要片面地去理解“情商”，认为“情商”就是见风使舵、察言观色。在阿里，“情商”的定义是：不仅要能管理好自己的情绪，还要能走进别人的内心去感同身受。同时，这个人要能敞开心扉，简单开放，坦诚，不会拒人于千里之外。

皮实：经得起“棒杀”和“捧杀”

所谓“皮实”，就是抗击打能力、抗挫折能力强，经得起折腾。阿里最开始讲“皮实”的时候，很多人就把它理解为要经得起摔打、经得起锻炼。“天将降大任于斯人也，必先苦其心志，劳其筋骨”，这确实是皮实的一种。但还有一种是“捧杀”，很多阿里人在做出成绩后，会受到团队成员的崇拜和管理者的表扬，这时就要求员工能够保持自己平和的心态，不被胜利冲昏头脑，经得起“捧杀”。

事实上，“皮实”就是这个人要“皮糙肉厚”“宠辱不惊”。比如，我在天津地区做管理者的时候，因为招的人大多是销售员，销售员一定要有“皮实”的特质，因为他既要能承受一个客户跑 10 次不签单的挫败感，又要承受达成目标被团队赋予荣誉时的兴奋感。

不管别人如何羞辱你、赞扬你，你都能内心坚定，坦然处之，这才是一个人“皮实”的状态。

乐观：对生活保持好奇心并让生活充满乐趣

“乐观”说的是这个人既要对未来充满希望，还要有智慧。阿里对“乐观”的定义是：在充分、客观、理性地了解当下的真实情况之后，仍然充满好奇心并保持乐观向上的精神。

1999 年，阿里还处于创业阶段，大家为了找到资金，煞费苦心。有一次，马云从外面找资金回来，走进门云淡风轻地对他的团队说：“我又拒绝了硅谷的第 37 次风投。”事实上，这是他们第 37 次被人拒绝。马云的这份乐观，这份永远怀着希望的赤诚之心，是每一位管理者毕生都要学习的。

管理者在招人时，一定要懂得通过设计一些问题来判断这个人是否乐观。要知道，招进一个乐观的人，犹如把一颗太阳放在了你的团队，他可能会使你的整个团队充满活力和激情。

自省：自我反省

“吾日三省吾身”，“自省”犹如金子一样珍贵，这对员工的成长很有价值。不仅个人需要自省，组织同样需要具备自省力。马云的花名叫“风清扬”，办公室名叫“思过涯”，他是在时刻提醒自己要自省。

在阿里，自省不是方法论，是行动和机制，用阿里的土话说就是“使我痛苦的必定使我成长”。

以上就是阿里的人才观——聪明、皮实、乐观、自省。那么，阿里的人才观是否可以被管理者拿来即用呢？我认为，“人才观”体现的不仅是一个企业的文化，同时也是选才的原则，它需要结合你所在的行业、岗位等来具体明确，所以阿里的“人才观”，管理者可以参考借鉴，但不可完全搬抄。

一个企业的“人才观”，是在一个企业的业务、文化、环境综合作用下一点点长出来的。如果你问我有没有什么快捷的方式，可以迅速地总结出自己公司的“人才观”，那么我会肯定地告诉你：这条路没有捷径可走。明确人才观是每个管理者的必修课，要持续认知，持续精进。

面试“望闻问切”法

有了具体的人才观以后，管理者应该如何根据“人才观”去识别人才呢？

阿里巴巴在人才识别上，独创了一套“望闻问切”法（如图3–8–8所示）。

望，就是看应聘者的气质、眼神。我在面试时，基本上都会问面试者：“你相信梦想吗？”这时候你需要看着他的眼睛。那些心怀梦想的人，眼里都是有光的，你可以透过眼睛非常清楚地看出来。应聘者在听到这个问题时，我们应该细致观察他们下意识的反应、行为表现等，从中看出问题。

问，就是设定一些具体的问题，从应聘者的表达方式、逻辑技巧，来判断应聘者的思维方式和能力。设置的问题应该清晰、具体，正反换着来，还可以问应聘者过去的真实经历，从中窥探出应聘者的相关信息。

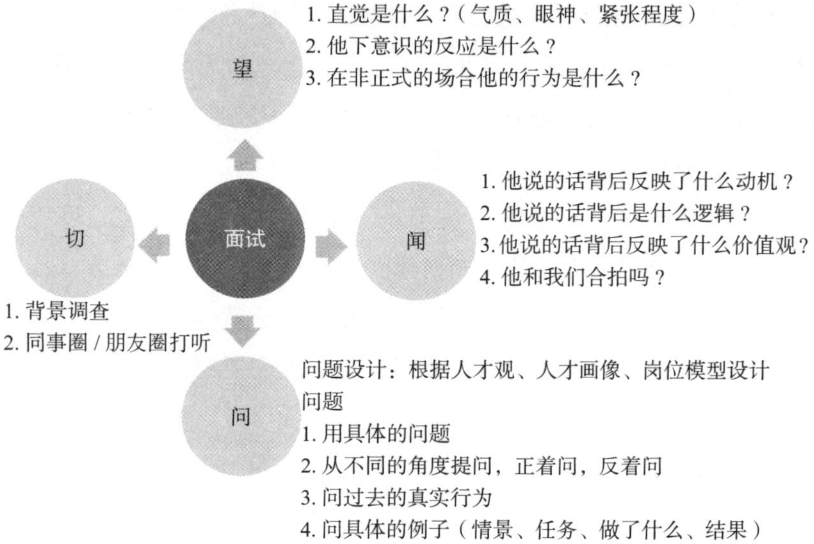

图 3–8–8 面试“望闻问切”法

闻，就是管理者需要透过应聘者的表现，看到他的本质，看到他背后的动机，看到他背后的逻辑，判断他的价值观是否与企业吻合。

切，就是调查相关的东西。同事圈、朋友圈，其实是非常能反映一个人的相关特质的。我在招人时，一定会加这个员工的微信，透过他朋友圈的点点滴滴，我可以非常清楚地看出他是一个什么样的人。

以上就是阿里招人的“四部曲”，管理者可以借鉴使用。这里需要提醒大家的是，招人的标准在不同的阶段是有变化的，所以管理者在设计自己企业或团队的人才观、人才画像时，也要拥抱时代的变化。最后，祝愿每一位管理者都能招到对的人。

管理力修炼 ‖ 管理者要有“识人的能力”

管理者在招人的过程中，不光要看那些表象的东西，比如学历、经验，还要看到他背后的精神，比如诚实，这就需要我们修炼自己识人的能力。

在识别应聘者时，管理者要牢记一句话：人的能力是经历的产物，而不是意愿的产物，一个人活不过自己的经历。所以观察他以往的经历，就可以大致窥探出他的知识、技能水平以及价值取向。如果一个人没有经历过那些成长道路上的必经事项，没有处理相关问题的技能和经验，即便他的热情再高涨，也极有可能失败。

具体来说，判断一个人是否能够胜任岗位需求，管理者可以从 4 个维度去识人。

一是管理自己的能力。看对方是否具备自制力，是否能够管理好自己，是否自信等。

二是管理任务的能力。不仅要看对方是否具备把事做好的能力，还要看他是否具备成长的需求，要有极度渴求成功，愿意付出非凡代价的态度。

三是管理他人的能力。不仅要看对方是否能够很好地处理人际关系，还要看他对团队成员是否有仁爱之心。

四是管理生命的能力。看对方是否热爱生活，对工作的态度是否积极。有生命力的同行者，会给整个团队带来不小的积极影响。

管理者在招人时要慎重对待员工，对于已经招进来的人，要以欣赏的眼光，去发现他们身上的闪光点。以事驱人，以事育人，成事成人。在选、育、用、留的过程中，管理者需要坚守“严进宽出，拴心留人”的原则。

第 9 招
入职面谈：团队融入的第一课

故事启迪 ‖ 童文红：从前台到千亿市值总裁

在阿里，马云非常重视新员工的入职面谈。他曾经说过这样一句话：“公司管理要注重两个决定性的环节：一是员工入职前的第一次谈话，二是开除员工的谈话。”

员工入职前的第一次谈话俗称入职面谈，是管理者必须践行的一个环节。员工在入职前如同一张白纸，管理者通过入职面谈，在这张白纸上填上众多色彩，这会对员工今后的职业规划产生重大影响。

阿里出现过许多传奇人物，他们几乎都受益于入职面谈。例如童文红，在阿里工作十几年，从前台成长为掌管着菜鸟网络千亿市值的集团总裁、阿里巴巴集团现任首席人力官。

2000 年，已经 30 岁的童文红在阿里巴巴成立的第二年加入，本来年龄已经不占优势的她，既没有背景也不懂专业知识，经历了两次面试最终被安排到前台。此时，谁也不会想到这样一个看起来朴实无华的前台在几年后会成为阿里巴巴的合伙人，身价高达 40 亿元。

我们在做有关人才培养的复盘时，深度探讨过“童文红为何能够取得如此辉煌的成绩？”这一问题。最终得出的结论是入职面谈功不可没。当时与童文红进行入职面谈的就是马云。众所周知，马云是一个擅长造梦和赋能的领导者，在与童文红进行入职面谈的过程中，马云帮助童文红明确了自己未来的职业发展方向，制定了明确的目标。马云对童文红说：“将来阿里巴巴上市，市值肯定会达到 1 000 亿元，你就在这里一直干下去，等到公司上市，你就有了 1 亿元。”

大家可以想象一下，当这样一颗梦想的种子被擅长造梦的马云播种到童文红的心里，会产生什么样的激励作用？

事实就如同我们今天看到的这样，有了马云这样激励人心的入职面谈，阿里的赋能，再加上童文红自身的努力，她用十几年的坚守与耕耘完成了自己精彩的人生。

大家可以再试想一下：如果童文红当年入职的不是阿里，与她进行入职面谈的也不是马云，那么她的入职面谈很有可能是管理者用短短几句话来交接工作，或者是告诉她未来可以从前台成长为行政主管。如此，童文红终其一生可能只会局限在“行政主管”这一个岗位上。因为她的眼界与格局已经在入职面谈时被限定在“行政主管”这一层级，无法看见更多可能。

俗话说：“你的心有多大，你的舞台就有多大；你的格局有多大，你的心就能有多大。”放大你的格局，你的人生将不可思议。如今的阿里将马云入职面谈的方法延续下来，并逐渐成为阿里的传统。在对新员工进行入职面谈时，管理者会激发新员工的事业心，提升新员工的眼界与格局。

同样，在我现在的团队里，我也采用了阿里入职面谈的方法。对每一位新员工，不管再忙，我都会亲自与他们进行入职面谈。在面谈的过程中，我会着重在提升新员工的事业心和格局上花功夫，我会对每一位新员工说：“千万不要拿今天的能力去评估自己的未来。”这句话的意思是说，我们今天制定的未来3年、5年的目标，是给自己的未来设置限制。“士别三日，当刮目相看”，更何况是3年、5年呢？每一年，我们都在不断成长，我们无法确定在未来的3年、5年中能够获得多少，有可能会获得3倍的成长，也可能是5倍的成长。

因此，我们不应该去局限自己的未来，而是应该提升自己的格局，放宽视野，明确自己在未来想要成为什么样的人，随后为之不断努力拼搏。当年的童文红就是如此，找准了自己的方向，通过多年的努力，成为总裁。

员工在入职前如同一张白纸，作为管理者，我们需要在入职面谈中给予员工期许，帮助他们进行职业发展规划，成为在这张白纸上画下事业格局的人。

现状分析 ‖ 企业入职面谈的三大现状

“行路难！行路难！多歧路，今安在？”这是许多管理者在面对入职面谈现状时产生的疑问。究竟是怎样的现状让众多管理者疑惑不解？接下来，我们一起探讨企业入职面谈令人担忧的三大现状。

走过场

在进入阿里之前，我也曾经工作过。有一次，我到一家公司报道，HR 给了我一张表格，让我填完表格之后在会议室等候。10 分钟后，我面试的岗位所在的部门出来一个人，领我到部门，在安排给我一个工位，交代一些事后就离开了。这种现象在企业中十分常见，有的企业从不进行入职面谈，认为入职面谈没有任何意义；有的企业的入职面谈如同儿戏，只是走了一个过场，员工填写一张“员工登记表”，填完后管理者不闻不问。管理者不重视入职面谈，直接走过场，是当下企业入职面谈的现状之一。要想解决这一个问题，我们首先要正本清源，告诉大家入职面谈的意义和作用。

我们每个人都曾是新员工，当我们第一次进入企业的时候，一切都是陌生的，对企业的了解也只是表面上的。因此，难免会出现“水土不服”，蹑手蹑脚，难以融入企业的情况，入职面谈可以很好地缓解这一情况。新员工在进入企业后，公司领导或直属管理者与新员工坐在一起聊一聊，比参加几天的培训效果还要明显。我总结了一下，入职面谈大致有以下四大意义（如图 3–9–1 所示）。

图 3-9-1 入职面谈的四大意义

给压力

前段时间，有一个我曾经带过的团队伙伴向我大吐苦水，原来他在进行入职面谈后，新员工还没正式入职便放弃了入职机会。

我分析了他的面谈内容，发现了原因所在。他在与新员工进行入职面谈时，过多地阐述了业绩目标的重要性、业绩考核的严格程度，告诉新员工如果连续两个季度无法高效完成业绩目标将会被直接开除。这样的描述给予了新员工较大的压力，让新员工产生“在加入这个团队后，会有一种喘不过气的感觉”的压力感，导致入职面谈失效。

这也是大多数管理者在进行入职面谈时的现状之一。在进行入职面谈时，聊一聊公司或团队的目标无可厚非，但管理者切忌在阐述业绩目标时，对新员工进行压力管理。压力从某种程度上说，确实是驱动力。但在新员工刚踏入公司的大门的时候就进行“压力管理”，会让还没有融入企业的新员工产生不安全感和压迫感，导致新员工不敢在这样的公司上班。

没重点

在现实中，我发现有的管理者在进行入职面谈时如同在即兴演讲，想到哪里说到哪里，东拉西扯，没有重点，毫无目的，让新员工听完一头雾水。

这样的现象在企业的入职面谈中十分常见，就连阿里也不能免俗。曾几何时，我见过一个阿里的管理者在进行入职面谈时，一开始谈论的内容有逻辑，先聊了聊阿里的企业文化，在聊到阿里可以给员工带来怎样的机遇时，逻辑开始混乱，一会儿谈梦想，一会儿又说制度，随后又开始谈论目标。新员工摸不着头、糊里糊涂的样子让我记忆犹新，同时我也在警醒自己，千万不要把入职面谈谈成这样。

没有重点的入职面谈会让员工无法对企业、团队形成一个清晰的认知，这更无法增加员工的认同感。毫不夸张地说，没有重点的入职面谈还不如不谈。

以上便是企业入职面谈的三大现状，也是各个管理者应该及时避开的“坑”。知己知彼，才能百战不殆，在了解入职面谈的现状后，管理者就需要开始寻找入职面谈的方法论，着手突破现状了。

方法论 ‖ 入职“四谈”

阿里入职流程中有“四谈”（如图 3–9–2 所示），是其他企业可以效仿的奇招。管理者谈梦想、谈文化、谈目标、谈成长，招招谈在员工心坎上，让员工了解过去，立足现在，展望未来。

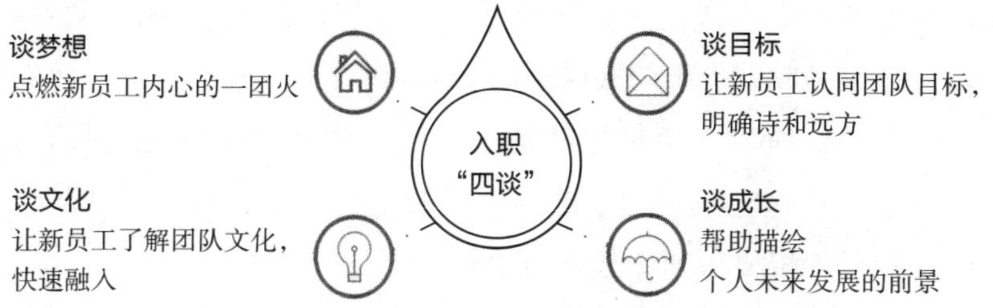

图 3–9–2　阿里入职“四谈”

谈梦想

阿里是一家相信梦想的企业，也是一家因梦想而伟大的企业。在阿里工作的 10 年里，我学会了相信梦想、坚守梦想。

“谈梦想”就是管理者在与新员工进行入职面谈时要谈的第一个内容。那么，我们应该如何同新员工谈梦想呢？尤其是在如今个性化员工的时代，有的员工甚至在听到管理者谈梦想时，直接回复“不要跟我谈梦想，我的梦想就是不上班”。所以，管理者如何同新员工谈梦想是一个策略问题。

在阿里，管理者向新员工谈梦想一般会从以下三个维度去谈：

你想要什么？

你有什么？

你能付出什么？

从以上这三个维度去谈梦想，可以强化新员工的自我认知，帮助新员工了解自己的现状，明确自己的目标。古语有云："大学之道，在明德，在亲民，在止于至善。"人只有自知，才能不断超越自己，这也是成就员工的底层逻辑。

正如马云所言，谈梦想就是让新员工明白以下问题：我有什么？我想要什么？我来这家公司的目标是什么？在未来的3年、5年中，我究竟想要得到什么样的结果？

有的新员工在入职面谈中无法清晰地回答这些问题，这是正常现象。作为管理者，我们应该告诉员工需要去思考的问题，并且在面谈时帮助他们找到这些问题的答案，点燃他们内心的那团火。

现在，在我的团队里，每当有新员工加入时，我都会不断地帮助新员工强化梦想。在我创业的第一个年头里，我的合伙人龚梓加入团队，她是一名90后，在入职面谈时，我问她："我相信梦想，你相信吗？"她沉默不语。

于是，我问了她上面三个问题，她是这样回答的：

> 我想要成为一名女性企业家。
>
> 我有目标和努力。
>
> 我能付出我可以付出的所有。

在她回答完这三个问题后，她的眼睛突然亮了，眼睛里透露出对梦想的向往和憧憬。在之后的入职面谈中，我不断地向她传递梦想的力量。

在她入职一年后，她在一次早会上分享了有关"梦想"的主题，在她分享完毕后，台下响起了雷鸣般的掌声。我知道，此时的她已经相信梦想，感受到梦想的力量，并学会为了梦想而全力以赴。

“谈梦想”不是一蹴而就的事情，它需要一个长期的强化过程。马云曾说：“员工相信阿里的使命和愿景，是因为我们真正激发了员工内心的动力。愿景和使命碰在一起，会激发出强烈的火花，点燃人们的内心，大家觉得做这件事情有意义，才会努力做下去。”相信梦想的员工，才会愿意相信企业的愿景、使命。

每个员工内心都有一团火，管理者不能只是看到一缕烟，而是应该在入职面谈中将员工的个人梦想与团队的使命与愿景相结合，让员工自己点燃内心的一团火。这样才能够驱动员工不断为梦想与目标而努力奋斗。

谈文化

文化是一个团队能长期融合的基础，团队成员只有具有相同的价值观才能一起走到最后。因此，入职面谈的第二个内容便是谈团队文化（或企业文化）。

管理者在新员工入职时一定要谈文化，企业文化是一个企业的中心和行为准绳，新员工只有认同企业文化才能与企业统一战线，步伐一致，快速执行任务，企业才有向心力与凝聚力。

在阿里，管理者在同新员工谈文化时，主要从三个维度去谈。

谈使命、愿景、价值观

我们在同新员工谈文化时，要不断地向员工描绘使命、未来的愿景和价值观。管理者要通过不断地向员工描绘未来的画面，让那些“诗和远方”变得可以想象。通常情况下，我们会通过讲故事的方式向新员工谈使命、愿景、价值观。在谈及阿里的“使命、愿景、价值观”时，我们通常会讲这样一个故事：

> 1999 年，以马云为首的 18 个人在杭州创建了阿里巴巴，他们立志要将阿里巴巴网站做成“世界十大网站之一”。虽然当时阿里巴巴刚刚起步，其网站都不能入围世界网站排名的前 100 000 名。但马云依旧坚持这一愿景，并提出至少要让阿里巴巴活 80 年，因为他认为“人生就活 80 年，活老了不好意思，活少了又不够本，80 年正好，刚好一个轮回”。

20 年前，也就是阿里巴巴创建的那一年，有多少人相信会有电子商务？ 2003 年，淘宝创立，有多少人预料到它如今的发展情形，预测到它对中国的巨大影响？ 2004 年，支付宝建立，有谁会相信小微金服会对中国金融产生这样的影响？

阿里巴巴在 2002 年确定的“让天下没有难做的生意”的使命，也曾遭遇质疑，被人认为是空想。但阿里巴巴将理想现实主义化，用十几年的实践成果打消了这些质疑声，并将“虚”的企业使命与价值观落实在了每一次行动之中，给人们的生活带来了巨大改变。正如马云所言：“世界上看得到的东西都不可怕，能预测的东西都不可怕，最可怕的是看不到的东西。虚的和实的，虚的比实的更可怕，虚的做实了才是最可怕的。”

2019 年 9 月 10 日，阿里巴巴宣布全面升级使命、愿景、价值观，发布了“新六脉神剑”。

使命：让天下没有难做的生意。

愿景——活 102 年：我们不追求大，不追求强，我们追求成为一家活 102 年的好公司；到 2036 年，服务 20 亿位消费者，创造 1 亿个就业机会，帮助 1 000 万家中小企业盈利。

基于崭新的愿景，阿里发布了“新六脉神剑”。“新六脉神剑”的价值观由 6 句阿里“土话”组成：客户第一，员工第二，股东第三；因为信任，所以简单；唯一不变的是变化；今天最好的表现是明天最低的要求；此时此刻，非我莫属；认真生活，快乐工作。这 6 句朴素的土话将成为阿里巴巴继续践行使命、实现愿景的出发点和原动力。

在阿里，每个人都知道马云喜欢金庸的小说，是个武侠迷。金庸构造的武侠世界给了阿里员工一个热血、侠义、疯狂、潇洒的江湖梦想，而阿里员工每个人都有仗剑走天涯的幻想。所以马云说阿里巴巴就是：一群有情有义之人一起做一件有意义之事。

这是阿里管理者在进行入职面谈时讲的关于使命、愿景、价值观的故事，管理者可以向新员工讲一个关于你的企业的使命、愿景、价值观的故事。在讲述的过程中，管理者需要将你的思维翻译成新员工听得懂的语言，不能像报流水账一样描述一个平铺直叙、苍白乏味的事实，这就像当人们准备听你描述寿司的滋味时，你没有讲述一个活色生香的吃寿司的故事，只是干巴巴地说“生鱼片味道还不错”。

所以，倘若你想最大限度地影响和点燃新员工，在使命、愿景、价值观的故事里，你要把点点滴滴编织在一起，特别是那些艰难奋斗和让人倍感沮丧的细节，这样才真实可信，具有感染力。

谈“我们要成为一个什么样的团队”

入职面谈谈文化的第二个维度是给新员工谈“我们要成为一个什么样的团队”。之所以要谈这个内容，目的是让新员工了解团队的特色与风格，明白团队的发展方向，从而让员工感受到与团队一起工作的价值与意义。

我在阿里给新人谈“我们要成为一个什么样的团队”时，一般会通过讲“百团大战”的故事，看大战时的影像资料的方式。这些资料中包括那些深夜两三点还坚守电脑旁等待回复的员工的照片，打胜仗后大家兴奋的场景的照片，以及各个团队获得的各种荣耀等。

我会用阿里曾经的高光时刻、拼搏时刻来告诉新员工，我们是一个团结奋斗、有梦想的集体，在未来，我们的团队依旧会为了梦想而奋斗，会为了胜利奉献自己。

这样的表达方式可以感染新员工，让他更加理解我们是一个什么样的团队，从而提升员工的认可度与归属感。

谈制度红线

在阿里有两大制度红线，即阿里巴巴商业行为准则和员工纪律制度，这两大制度红线明确地道明了哪些事情不能干。

在制度红线上，阿里从来不会让步。2018 年，阿里聚划算业务正在急速增长，腐败的阴云却开始出现，一些商家为了在聚划算中获得巨大的流量，费尽心思找门路，甚至还贿赂聚划算的管理人员。在收到贿赂举报后，马云迅速让廉正合规部进行调查，并最终开除了相关管理者。

虽然继续调查这一事件，会使聚划算遭受重大打击，但马云依旧说："即便不要这个业务，也要守住阿里的价值观！"正是因为阿里与马云对踩红线的行为绝不姑息，才有了今日万亿级的阿里。"千里之堤，毁于蚁穴"，管理者应该在入职面谈时，就让员工明白企业的红线在哪里，从而避免他们成为破坏团队的"白蚁"，避免企业从内部开始腐坏、瓦解。

管理者要谨记，入职面谈时谈文化非常重要，我们是在用文化传递价值，在用价值塑造价值，是在为我们的团队培养相同价值观的同伴、战友。

谈目标

管理者进行入职面谈的第三个环节是谈目标。在第一时间与员工就目标达成共识是入职面谈的核心。管理者要如何跟新人谈目标呢？阿里的管理者在同新员工谈目标时，主要从以下三个方面去谈。

关注重点

管理者在谈及目标时，关注的重点就是结果与数据。管理者应该明白，一个人和团队之所以拿不到想要的结果，其根本原因在于目标不清晰和执行不坚定。在阿里，让目标变得清晰与坚定的方法就是将目标量化，让每个员工明白自己的目标。

例如，我们团队、部门的月目标是 1 000 万元，作为管理者你需要将目标划分到团队中的每一个人身上，例如，每个人的月目标是 10 万元。一个月 30 天，除去 8 天左右的假期，还有 22 天，那么每人每天需要完成大约 4 600 元的目标。这就是将目标量化，将目标分解到每一天，让团队成员对自己的目标有一个清晰的认识。

以结果为导向，量化的描述可以让新员工具备超强的目标感，让团队的目标成为他发自内心想要的。提出具备自我驱动力、源动力的目标，是作为一个管理者必须要修炼的课题，也是管理者入职面谈必须要达成的目标。

达成方法

管理者在让新员工明白自己的责任与目标之后，还需要告诉他达成目标的方法。阿里在谈达成方法时，主要围绕“共创共生、群脑决策”这一主题。

我在阿里感触最深的就是团队中出现一个问题，管理者就会召集全体成员开会，一起商讨解决方法，在讨论中我们会因为意见不统一而拍着桌子争吵，但私底下又能勾肩搭背做好兄弟。

这便是我向新员工阐述次数最多的达成方法，目的是让新员工感受到团队作战的氛围，让新员工明白一个团队，就是一帮兄弟。将这种“胜则举杯相庆，败则拼死相救”的团队精神传递给新员工。

资源匹配

在阿里的团队中，资源共享是常态，因此，资源匹配也是管理者在入职面谈中需要谈的一个重点。

马云曾说："成功就是成就他人，功在未来。"并将"成就员工"定为团队行动的原则。当团队接手一个项目时，管理者就会根据员工的任务分配资源。对员工而言，团队中的其他人也是一种资源，可以帮助他达成目标。

马云曾在内部讲话："一个好农民也要懂得合理分配资源。"作为管理者，我们不仅需要告诉新员工如何合理获取资源、利用资源，还需要将自己当作他人的资源，共享自己的资源，帮助伙伴成长。这就是阿里反复强调的成人达己。这是阿里希望通过资源匹配、资源分享传承的精神。

谈成长

入职面谈的第四个环节是谈个人成长，主要包括技能、薪资与职位三个层面。

谈技能

谈技能就是让新员工了解自己应该获得怎样的专业技能。现如今，大部分人都奉行着"终身学习"的理念，希望通过学习改变自己的命运，提升自己的生活质量。因此，管理者在谈论成长时，需要让员工明白自己可以通过这份工作学到的技能。

例如，阿里在入职面谈时，会根据员工的岗位，展示员工可以学习到的技能。例如，销售岗可以培养员工的沟通能力；管理岗可以提升领导力；行政岗可以提升协调处理问题的能力；技术岗可以学习更多先进的软件技术……

通过对岗位技能的描述，让新员工觉得自己学到了一门“手艺”，即便以后离开了公司也有继续生存的能力，这样可以让新员工在工作中脚踏实地。

谈薪资

有些管理者认为入职面谈时谈薪资很功利，其实这是一个狭隘的观念，因为对新员工而言，没有理想就没有未来，没有现实就无法存活下来。理想与现实是相辅相成的，管理者通过谈薪资，让新员工对薪资产生期许，从而加深新员工对企业的认同感。

阿里的管理者在与新员工谈论薪资时，通常把一个项目作为事例，告诉员工他在初期可以拿到多少项目补贴，在项目完成后可以获得多少提成，项目独立出来后成为公司合伙人的条件，从而抓住员工的心。

除了薪资，阿里管理者还会谈业绩奖励，让员工明白，通过努力工作，可以获得更高的报酬，能够保证自己的生活质量。而且管理者谈论的薪资不是一成不变的，会随着员工的工龄、绩效的增长而增长。管理者要向新员工描述薪资与物质奖励增长的趋势，从而让员工心动，增加员工对企业的认同感。

谈职位

在谈完薪资之后，管理者就要开始谈职位了。例如，马云在与童文红进行入职面谈时，帮助童文红进行了职业规划，让她看见了自己在一个行政岗位上更多的发展可能，这赋予了童文红奋斗的决心与毅力，最终让她成功。

每一个员工对未来都充满了无限的期待，都希望在职位上获得上升的空间。如今有很多管理者抱怨："年轻人吃不了苦，这么高的工资都不愿意到工厂工作！"真的是年轻人吃不了苦吗？当然不是，大部分年轻人认为在工厂里做工人，能够学习的东西有限，而且晋升十分困难，看不见未来，这才是年轻人不愿意去的根本原因。

由此可见，看得见未来是当今的年轻工作者追求的目标。因此，管理者在进行入职面谈时，需要将企业给予员工的上升通道与晋升机会清楚地表述出来，让员工看见努力工作的回报与成长。

谈职位就是管理者让员工知道这份工作不仅可以赚钱，还能让自己获得成长，体会成长的快乐与幸福，感知到工作的价值和自我价值。

最后，管理者还需要对整个入职面谈进行总结，主要围绕了解过去，立足现在，展望未来这三个层面来表达。

了解过去：要求管理者向新员工介绍公司过去取得的"光辉业绩"，这相当于我们的"传家宝"，让员工了解企业的发展前景一片光明，这有利于新员工保持工作的稳定；

立足现在：管理者向新员工详细地介绍部门情况，如部门职责、部门组成、部门文化等。这可以让新员工了解到自己所在的岗位的价值，增加员工的认可度；

展望未来：管理者要给予新员工一定的鼓励，让新员工将这份工作看作新的起点。这部分内容可以在消除员工一定的陌生感的同时，让他们看见诗与远方。

除此之外，管理者还需要在入职面谈中帮助新员工下定决心。在《阿里巴巴执行力》一书中，有这样一段话："世上有很多资质平凡的人成功，也有很多聪明的人失败，那是因为那些看起来不聪明的人，他们有一种顽强的毅力，在任何情况下都坚定不移的决心，不受任何诱惑。"的确如此，只有下定决心，全力以赴，才有成功的机会。

管理者在一开始帮助新员工下定决心，可以帮助新员工强化完成任务、达成目标的决心，有利于新员工今后的成长。

管理者通过上述入职"四谈"，让新员工带着满满的信心与坚定的信念出发，开启一段精彩的旅程。

管理力修炼 ‖ 具备帮助员工拓宽格局和提升认知的能力

对管理者而言，入职面谈修炼的是什么能力？

这个问题可以在那些成功逆袭的阿里人身上找到答案。例如，上文中提及的从前台到总裁的童文红，她之所以能够取得如此傲人的成就，便是因为马云帮助她拓宽了格局，树立了事业心，让她自己能够在工作中不断地提升自己的能力，最终成就自己。

由此可见，入职面谈修炼的是管理者帮助员工拓宽格局和提升认知的能力。

我在天津带团队时，认识了一个伙伴，他最开始只是阿里的一名行政人员。10 年之后，他取得了辉煌的成就。一天，我无意间看到他发布的一条朋友圈信息，主要内容是他在全球大健康分会上的发言，看完之后我发现原来他已经成了阿里巴巴全球大健康副总裁。

后来，我与他谈及此事，他说自己能够获得如今的成就，是因为上级管理者一直在帮助他拓宽格局，建立事业心。由此可见，管理者需要具备帮助员工拓宽格局的能力，在工作中不断地帮助员工开阔视野，丰富认知，帮助他们明确自己的梦想，并激发他们的创造性张力。

在修炼这一项能力上，有许多知名的管理者身先士卒，成为众多管理者的榜样。华为创始人任正非便是榜样中的一员。

任正非曾经给一位年轻人在一页纸上写的寄语是：视野，意志，品格。所谓"视野"就是要心怀天下，心怀世界。年轻人要有改变世界、改变人类命运的雄心，征服世界的野心。所谓"意志"就是要有强大的信念，要"读万卷书，行万里路"，以坚定的意志去实现自己的目标与梦想。所谓"品格"就是言行一致，知行合一。

任正非认为"视野、意志、品格"是管理者修炼帮助员工拓宽格局和提升认知的能力的关键。因为一个卓有成效的人，一个试图实现梦想，雄心壮志的人，一定得是一个奉献者、言行一致者。从这三点出发，管理者与员工都会不断成长，不断超越，取得卓越成绩。

马云认为，管理者在修炼帮助员工拓宽格局与提升认知的能力的同时，要不断地修炼，拓宽自己的胸怀，不断超越自己，才有能力去帮助员工成长。正所谓"正人先正己"，管理者只有自己拥有宽广的胸怀与较高的格局，才能给员工做好榜样，才有资格激励员工去拓宽视野与格局，并且在员工拓宽格局与认知的过程中，根据自己的经验，提供一些优秀可行的建议。

通过上述方法，管理者不仅要不断地提升帮助员工拓宽格局与提升认知的能力，还要在入职面谈中展现出来，帮助员工规划今后的发展路径，为员工赋能，让员工具备感知价值、实现价值的能力。

除此之外，管理者还需要在入职面谈的过程中，在员工心底埋下一颗有关成长、梦想的种子，激励员工不断奋斗，为今后的成功打下坚实基础。

总而言之，管理者修炼帮助员工拓宽格局与提升认知的能力，让员工能够思考自己的能力，站在未来看现在，用奋斗的今天换取更加美丽的未来。

第 10 招
“述职”：帮助员工成长

故事启迪 ‖ 阿里的“九阳真经”

阿里是一个极其注重企业文化的企业，在阿里的企业文化里，有一项核心内容，叫作价值观。2007 年，阿里经过高速发展，逐渐变得多元。在这样的背景下，为了避免企业多元化导致的管理走形，更好地传承阿里文化，经过阿里高层管理者的讨论和梳理，公司提出了阿里的核心价值观“九阳真经”（如图 3–10–1 所示）。

要说“九阳真经”，必须说一下它的前世。在“九阳真经”之前，阿里还有过两个版本。

第一个版本叫“独孤九剑”，在2000年年底发布，即客户第一、质量、专注、团队、简易、开放、教学相长、创新、激情。

第二个版本叫“六脉神剑”，在2004年发布，即客户第一、团队合作、拥抱变化、诚信、激情、敬业。

第三个版本就是“九阳真经”，在2008年年底发布，即客户第一、团队合作、拥抱变化、诚信、激情、敬业、胸怀、眼光、超越伯乐。

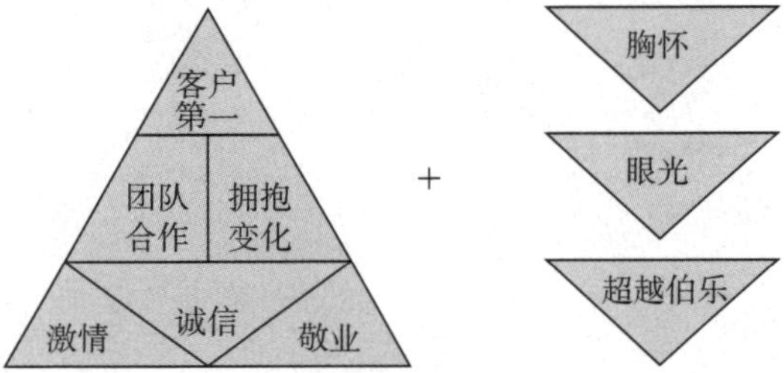

图3–10–1　阿里的核心价值观“九阳真经”

阿里人深知“九阳真经”是我们每一个人克服惰性，提升自我成长，保持积极向上的态度，是阿里建立核心价值观的用心所在。

为什么我要在这一章的开头讲阿里的价值观呢？这是因为价值观是修炼领导力的核心路径——用价值观去创造价值。

这一点，只要你观察一些伟大的企业，比如阿里、华为，就能窥探一二。它们都是擅于把价值观和企业文化落地、做实的企业。而把价值观落地，就是用价值观去创造价值，用价值观去形成团队的行为准则、言谈举止、心智模式。所以，管理者修炼领导力最好的方式就是以价值观为基准，把企业的价值观变成你自己的价值观。

我在阿里工作的这10年，阿里的价值观已经深入我的血液，变成我的个人价值观。它引导着我的工作方式、思维方式等。即便现在离开了阿里，我现在的团队里延续的价值观仍然有阿里价值观的影子。在修炼领导力的道路上，我们要不断将自己的价值观打碎，再加入其他有意义的东西重新糅合，反复雕琢，反复打磨，最终形成自身独特而又极具效用的领导力。

而这个过程，像极了阿里的“述职”过程。在阿里这么多年，我对“述职”又爱又恨又期待。我在第一次“述职”时，甚至哭了出来，是不是很难想象这个画面？一个大男人在台上掩面痛哭，这是我自己都没有想过的场景。

在“述职”前，我提前一周进行了精心的准备，也感觉自己平时在工作上没有什么问题，所以心中虽然有一些紧张，但仍然充满信心。可当我真的走上“述职”的舞台时，在众人犀利、一针见血的提问中，我连连败退，终于意识到自己还有太多的不足之处，还有太多需要完善的地方。虽然认可并接受自己的不足的过程非常痛苦，但受益匪浅。

一个人的成长 10% 来自培训学习，20% 来自平时的阅读学习，30% 来自工作的场景和舞台。所以场景对一个人的成长很重要，“述职”就是一个场景，就是一个修炼管理者领导力的舞台。

什么是“述职”

“述职”，很多企业也把它叫作“绩效面谈”。“述职”机制是马云在阿里成立之初，亲自为整个基层管理者打造的。那时，马云常常亲自为所有的管理层进行“述职”。

“述职”的本质是绩效反馈的一种工具，是给员工一个反馈结果，反观过程的一个场景。它能帮助员工成长，管理者则可以通过这样的场景给予员工辅导和赋能，从而实现个人和组织的成长迭代。

在现实中，很多企业也在做“述职”，但收获甚微。究其原因，就是大多数管理者把“述职”做成了“批评大会”，以驳斥为主，让员工痛哭流涕。

什么才是能为员工赋能，有效的“述职”呢？我从两个方面帮大家分析。

任何不能赋能于员工的“述职”都是“耍流氓”

阿里人的成长得益于“述职”。“述职”机制给了所有阿里人定时复盘、回顾的机会，通过这种极其痛苦又极其酣畅淋漓的、蜕皮似的方式，员工得到力量，不断地提升自我。所以，阿里用一句话对“述职”进行了定义：任何不能赋能于员工的“述职”都是“耍流氓”。

大家可以通过阿里销售员与管理者的述职场景，来看看能够赋能于员工的“述职”是什么样的。

一个在社会上摸爬滚打了5年的老销售员小威加入阿里，在第一次“述职”时，小威以为“述职”就跟以前在其他企业的述职一样，说说业绩，谈谈计划，表表决心。

管理者：小威，聊聊你这三个月的感受吧。

小威：总体上，我觉得团队的氛围很好，个人成长空间也很大，目前业绩只能说做到了70分，我继续努力，争取下个季度的业绩再上一个台阶……

管理者：不错，表扬一下……接下来我们来谈谈价值观吧！关于客户第一，你是怎么理解的？

小威：客户第一就是做什么事情都要考虑客户的利益，因为客户是衣食父母。

管理者：那你觉得你这三个月有哪些是基于客户第一这条价值观去做的呢？

小威：这……这……我不知道从哪里说起。

管理者：客户第一应该这样解读，首先你的本职工作是不是得到了客户认可？得到了认可，只能说是符合期望的，或者说，勉强符合期望，超出期望才是真正的客户第一，怎样做到超出期望呢？比如……

小威点点头，其实内心里还是茫然的。

管理者：接下来，我们来谈谈团队合作，关于这一点，你觉得这三个月自己做得怎么样？

小威开始从郁闷中走出来：我觉得挺好的，我从某某企业过来才一个月，就和团队打成一片了。

管理者：那你说说看，你跟哪些人很熟？哪些人不太熟？他们都是什么情况，都是什么性格，你帮助别人做过什么，别人帮你做过什么？

……

这就是在阿里做述职的现场回放，有的述职只需要半个小时，有的则需要两个小时，我在阿里时做过一次最长的述职超过 5 个小时。述职要给员工方向和方法，进而给予他们心动的理由，行动的力量。

阿里的述职看似残酷，刀刀见血，却能够实实在在地赋能员工。要让述职赋予员工力量，阿里有三条原则（如图 3–10–2 所示）。

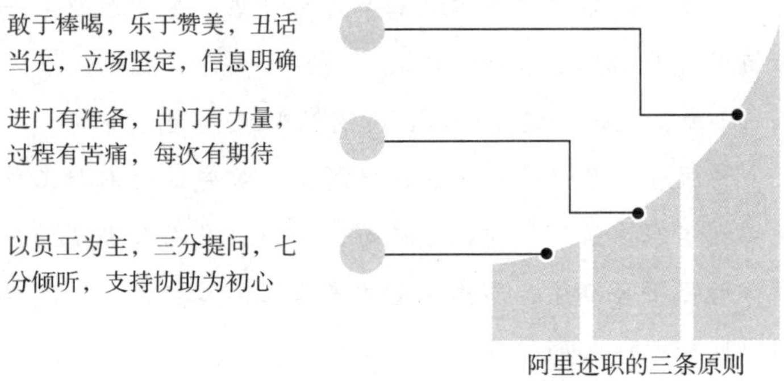

图 3–10–2　阿里述职的三条原则

阿里绩效沟通的工具

作为绩效沟通的工具，“述职”的形式也非常丰富，一般分为个人“述职”、群体“述职”和跨级“述职”。

个人“述职”就是进行自我绩效反馈，审视自身问题，视野可大可小，可以审视自己的目标和方向，也可以审视自己的行为。

群体“述职”就是挑选一个特定的时间，将某个区域内的所有同等级的员工组织起来，共同进行“述职”。在群体“述职”的过程中，管理者的挑战会非常大，因为其他管理者都有着丰富的经验，在他们面前，你的述职要做到面面俱到，没有遗漏。只有通过这种形式，团队管理中的问题才会毫无保留地暴露出来，让你知道该如何去改进。

在进行群体“述职”时，我一般会挑选一个鸟语花香的地方，大家坐下来尽情理论，唇枪舌剑、刀刀见血，像剥洋葱一样把你一片一片剥开。到了晚上，就点起篝火，烤起羊腿，大家一起喝酒、吃肉，消除下午言语上的冲突。

跨级“述职”就是级别不同的员工之间的对话，这种形式通常质量非常高。这种高质量的对话，能够极大地提高团队的组织能力，通过不断组织跨级“述职”，搭建跨级“述职”的舞台，在实践中让组织者培养出持续贯穿、前后衔接完美的组织能力。

在一定程度上，阿里的述职帮助团队形成了一种开放、简单、坦诚的团队氛围。因为在进行述职时，只对事不对人，只就问题展开讨论，这样团队伙伴之间就会少了很多客套，彼此之间的关系也会更加贴近。有时在进行述职的过程中，当面对各种各样的问题和质疑时，大家很有可能会下不来台，但这也促使我们在进行述职之前，做足准备。

个人述职是本招的重点，下面我将进行深入分析。

方法论 ‖ 做好述职的“三招九式”

通过阿里的经验总结，我提出了做好述职的“三招九式”（如

图 3–10–3 所示）。

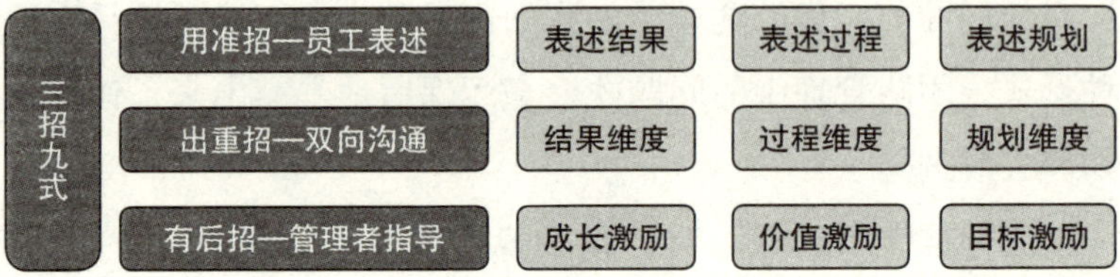

图 3–10–3　做好述职的“三招九式”

用准招（一招三式）

“述职”的第一招是“用准招”，也就是标准环节。这一招是员工表述的环节，在这一招里，分为三式，即员工表述结果、表述过程、表述规划。

在这一环节里，员工需要对自己的工作进行客观表述。一般来说，我们会让员工用 15~20 分钟讲解 PPT，PPT 里面包含其上一个季度的结果端、过程端，以及对下一个季度的展望和行动。

首先，在使出这一招时，管理者不需要做其他动作，以倾听员工表述为主，在倾听的时候要抱着支持对方、鼓励对方、协助对方的心态来倾听，不要一上来就挑刺儿。其次，管理者要引导对方多说，说得越多，暴露的问题越多，成长的空间也就越大。

出重招（三式三维度）

“述职”的第二招是“出重招”，所谓“重招”，就是说这一招是述职的核心和重点。第一招员工的表述是单向的，第二招管理者与员工之间的沟通是双向的。双向沟通就是剥开表象、深挖本质的过程，在这个过程中，管理者与员工发现问题并反复确认问题，最终达成一致，对下个阶段工作的方法、数据和结果起到支撑作用。双向沟通，需要从三个维度展开。

结果维度

结果维度是对整个事情的复盘，管理者首先要让团队成员对目标达成共识，然后再对过程进行层层分析，最后再对核心关键点进行提升。经过这个复盘过程，管理者基本上就能够把整个事情的全貌看得清清楚楚，哪里做得好、哪里有问题也一目了然。

在结果维度中，最重要的是对过程数据进行抽丝剥茧的深度思考和沟通。阿里在进行述职的过程中，都会要求团队成员提供这个阶段的数据、业绩和成长点，这个过程中我们会发现有些员工在数据上是存在问题的。

我们可以通过述职把数据背后的问题拎出来，并发挥集体的智慧，让大家一起来分析为什么会发生这样的情况。比如，本月的目标是完成 100 万元的业绩，最后却只完成了 70 万元，背后的原因是什么？是团队状态不好？还是方法有问题？当然，我们不仅要发现问题，更要找到解决方法。在阿里，这个“找出问题、解决问题”的过程也叫“不断给药的过程”。

在结果维度中，管理者和员工有三个方面要沟通：聊目标、看结果和给评价。

聊目标

“聊目标”就是回顾并确认我们对于目标的共识，这是非常重要的一点，目标就像指南针，方向一旦出错，整个工作都会出错。

看结果

看看实际的结果数据是否达成目标，并符合标准。没有苦劳只有功劳，一切用结果说话。

给评价

根据结果及时给予表扬、肯定、批评和惩罚。管理者在给评价时要清晰、明确，不能一带而过。用阿里的话说就是："奖就要奖得心动，罚就要罚得心痛。"

过程维度

过程维度主要侧重于员工完成工作的策略和方法，管理者通过结果和过程来判断员工的工作方法是否有误，并系统地总结在结果实现过程中成功的经验和失败的教训。

要知道，每一个结果在实现过程中，使用的方法未必全部相同，所以，管理者要深入了解团队成员实现结果所运用的方式方法。

关于一个员工的过程，我总结了一下，主要有以下 4 个类型：

一是如果有好的结果又有好的过程，管理者就可以马上在团队中分享经验，并全面复盘。

二是如果有好的结果但是没有好的过程，管理者就要警醒员工，找出影响结果的关键因素。

三是如果有好的过程却没有好的结果，那么管理者务必要审视整个过程，透过现象看本质，追问员工究竟是过程造假还是技能出现问题。

四是如果既没有好的过程也没有好的结果，管理者就要先了解员工的意愿，如果是意愿出现问题，那么管理者应该果断地进行“棒喝”，必要时还要签署绩效改进书。如果这个员工连续两个季度依然如此，那么管理者可以做出辞退的决定。

过程维度的重点是定标准，管理者要根据团队的实际情况制定这次任务的标准，然后与团队成员达成共识，最后按照这个标准判断过程和结果的好坏。

规划维度

规划维度的侧重点就是员工下季度的整体计划。这个维度也分为三个部分。

聊目标

管理者要与员工沟通接下来的目标，帮助员工清晰目标，并探讨目标的可行性。

聊成长

管理者要对员工的成长抱有期许，并向员工说出你的期许和他未来的职业规划，比如为了达成期许，他应该做出什么样的规划，付出什么样的努力，同时明确落地动作。

聊团队

在大家达成共识的基础上，管理者要给团队以方法和行动指南，以及让他们心动的理由、修炼的场景、成长的舞台和行动的力量，以达到个人和团队的升级迭代。所以从团队层面来说，述职也不失为一次最佳的团建机会。

有后招（三大心法）

述职的第三招：有后招。“有后招”是指，在员工表述结束，管理者发现问题并进行沟通之后，管理者还需要给予员工具体可执行的工作方法，帮助员工进一步成长。

在这个阶段，管理者需要用到阿里巴巴领导力修炼的三大心法：揪头发、照镜子、闻味道。通过这三大心法，给予员工成长激励、价值激励和目标激励。

揪头发

述职的核心是帮助员工成长，把员工“揪着头发”往上提，是帮助员工上一个台阶思考问题，锻炼员工的“眼界”，培养向上思考、全面思考和系统思考的能力。把每一个员工往上提，就是把整个团队往上提。“揪头发”分两步走。

第一步：让员工全面地看待事物

在述职过程中，管理者需要帮助团队伙伴拓宽视野、解放思想，让他全面地看到事物的点、线、面、体。举个例子，我前段时间在给一个团队伙伴做述职时，就开发“管理者的基本动作”这一方面展开，让他去思考管理者的基本动作，比如会议怎么开、基础管理工作怎么做等。慢慢地，这个伙伴就投入其中，并开始不断抽丝剥茧，看得更深。

毫无疑问，这些东西只是一个点，要让伙伴看到更大的框架，管理者就需要告诉他公司的整体布局。以我现在的公司为例，我们希望以“管理者的基本动作”为切入点，逐步扩大领域，帮助更多的管理者获得成长、取得成功。这就需要管理者通过一个个的点，逐渐将公司布局连接成线、成面，最后成为一个大的整体。所以，把每个点做透，帮助客户创造实际的价值，是一切工作的基础。

第二步：让员工看到发展前景

员工如果看不到公司的发展前景，就会对管理者充满怀疑，工作上势必不会努力。所以在述职中，我会告诉团队，我们这家公司，第一步是要成为一家教育科技公司，开展线上教学；第二步是要不断地去挖掘阿里、华为公司的核心管理内容，成为内容服务商；第三步就是延伸成为一家互联网公司。管理者把员工当成伙伴，不要吝惜将企业的发展规划告诉员工，要让员工看到“诗和远方”。

在“揪头发”的过程中，管理者要让员工看到自己的成长，看到机遇，看到价值，看到目标。通过“揪头发”的方式，帮助员工清晰目标、提升目标是管理者一定不能遗漏的环节。很多员工的工作能力没有问题，但工作绩效不达标的主要问题是目标不够清晰。员工往往很难自己建立目标，管理者需要在沟通过程中帮助员工清晰阶段性目标，一个季度、一年、三年甚至五年的目标，都是可以的。

在我的团队中，有一个做社群运营的员工，他每天的工作就是发图、发文，这项工作做久了会让人感到枯燥、乏味。这时候要让他清晰地看到这份工作的前景。在年底时，团队可以把他做的每日一图、每日一文，做成一本书，形成一个非常清晰的、具象的目标，让他看到这份工作的价值所在，并激励他不断地将工作做得更好。

照镜子

第二大心法是“照镜子”。每一个员工述职的过程都是管理者“照镜子”的过程，无论员工反馈的是公司内训的问题，还是公司流程及制度的相关问题，都是管理者需要审视和反思的，团队一切的问题都是管理者的问题。自己可以做别人的镜子，也可以以别人为镜子，完善自我。

生命是有限的，员工是否愿意用 10 年、20 年甚至一辈子的时间，在自己的领域不断学习、工作？管理者需要拿起一面镜子，照出员工内心的喜欢和热爱，帮助员工清晰他现阶段在做的事情。当员工喜欢和热爱这份事业时，他就会全力以赴地投入，展开沉寂式的学习，并不断提升、壮大自己。

除此之外，“照镜子”还能够帮助员工清晰他的使命和愿景。管理者有责任让员工将自己的目标、规划、愿景清晰地写出来，只有当这些东西完全摆在员工面前时，他们内心的火焰才会被点燃，才能熊熊燃烧，成就自我。管理者有责任和义务帮助员工清晰他的价值观和人生观，更要用正确的理念去影响他们。

闻味道

所谓“闻味道”，与选拔人才时的“闻味道”类似，就是通过细节，去观察团队内的伙伴是否与我们志同道合，能否一起走得很远。"闻味道"的前提是管理者对企业文化和企业价值观的理解要充分且透彻。

无论是选拔人才、奖励员工、晋升员工，还是辞退员工，管理者都需要看到员工的价值观，要嗅出员工身上与企业价值观相同或不同的味道。在述职的过程中，"闻味道"是最好的道场，它能够清晰地展现员工对于客户价值、团队价值的理解，对于激情、诚信、敬业等所有事情的理解。

述职是一个非常务实的管理工具，是帮助员工成长最好的抓手。希望这"三招九式"能对管理者有所帮助，述职的初衷是帮助员工、为员工赋能，管理者如果能抱着成就员工的心态去做述职，就足够了。

管理力修炼 ‖ 修炼眼界、胸怀和心力

管理者帮员工"揪头发""照镜子""闻味道"的过程，就是修炼领导力的过程。"揪头发"能够开阔一个管理者的眼界；"照镜子"能够修炼一个管理者的胸怀；"闻味道"能够培养一个管理者的心力。拥有开阔眼界、宽广胸襟和坚定意志的管理者，领导力一定不凡。

"揪头发"能够全面培养管理者向上思考、系统思考的能力，是开拓管理者眼界的最好道场和工具。在阿里，最直接的述职从大到小分别是：

做行业的历史与发展趋势的分析；

做竞争对手的数据整理与分析；

做产品及业务的规划与分析。

这里所说的分析并不是一张简单的数据表，而是由三位以上的管理者做同一个主题分析，然后在同一时间汇报，并由专业评委评出名次，记录到管理者评级体系中。在这样的过程中，管理者最大的受益就是“教学相长”，在给别人说清楚的同时，更能让自己想清楚、想明白。

在“述职”的过程中，管理者和员工形色各异的想法不断交汇，各种各样的思维不断碰撞，管理者能够不断地接收到各种层面的信息，了解更多未曾亲历的世界。尤其是在大批 95 后甚至 00 后涌入职场后，很多稀奇、别致、新鲜的想法会更多地迸发出来，这对于管理者开阔眼界具有重要意义。

“照镜子”能够修炼管理者的胸怀。每一位员工述职的过程，都是管理者“照镜子”的过程。管理者不可能事无巨细、面面俱到，在员工“述职”的过程中，员工很有可能反馈出管理制度上存在的问题。

“闻味道”能够锻造管理者的心力。何谓心力？一个人的力量由三个方面共同组成：心力、体力和外力。体力是生理能力，外力是外部环境造就的能量，而心力是意识念想的力量。人的言行举止以及思想观念，都受到心力的影响。管理者在判断一个人是否与企业价值观相匹配前，也就是在“闻味道”前，一定要确保自己能够具备相应的味道，并散发出味道。

管理者首先应该具备对企业文化的理解、价值的共识和对企业使命愿景的信任。如此一来，管理者的心力才会更加坚定。管理者若是心力不够强劲，就会很容易被员工带偏，脱离正确的方向和轨道，形成错误的价值观，与企业核心价值观背道而驰。

用价值观去创造价值，用价值观去修炼领导力，在“揪头发”“照镜子”“闻味道”的过程中，管理者应不断地以述职为场景，修炼管理者的事业、胸怀和领导力。

第 11 招
员工激励：让员工从工作到工作的奖赏

故事启迪 ‖ 从马斯洛需求谈员工的需求

在给企业做培训的过程中，我经常能听到企业家或管理者这样抱怨：

为什么 90 后、00 后这么难管？
为什么加了工资也没能留住员工？
为什么这么高的工资还是招不到合适的人？
……

面对这样的抱怨，我只能说，这是时代发展的必然结果。在UVCA（易变性、不确定性、复杂性、模糊性）时代，传统的管理方式已经不再管用，“赋能”是这个时代的关键词，只有关注人的成长，成为价值型组织，才能在变化中生存下去。

如今很多年轻人，在企业工作一段时间后，挣足了旅游的钱，便会辞职旅行，等钱花完了再找一份工作。根据网上不完全的统计，企业员工的平均在岗时间正在逐年下降。

10 年前，在一家企业工作一辈子几乎是每一位员工的理想，现在可能会被当作笑话。这样的形式给管理者带来了很大的挑战。如何吸引年轻员工，用好并留住优秀人才，是每个管理者都在思考的问题。

其实早在 2008 年，阿里第一次提出新商业文明的时候，曾鸣（阿里前执行副总裁）就已经意识到这一问题，当时的阿里虽然在试图建设互联网的商业新模式，但阿里的组织管理依旧是工业时代最传统的管理方式。

曾鸣思索良久，提出了一个概念：“未来组织最重要的原则已经越来越清楚，那就是赋能而不再是管理或者激励。”由此，阿里的管理方式开始转变，而阿里管理者基本动作的核心和底层逻辑也是“赋能于人”。

刚开始，曾鸣在讲“赋能”时，更多的是从管理学组织的角度去解释赋能，意思是怎样让员工有更大的能力去完成他们想要完成的事情。他所指的“赋能”的赋予者是组织。

时代在变，组织在变，人也在变。几年后，阿里再谈“赋能”时，已经不再局限于组织，“赋能”的赋予者更多地向管理者转变。

作为管理者，其首要任务就是“赋能于人”（激励于人）。

有句话说得好：“如果你的企业只需要用‘一双手’，为什么要用‘一个人’呢？”反过来说，既然你雇用了人才，就不该让他仅是有一双手来接收指令，而是要激发他的价值去不断提升组织效能。基于这样的理解，我把“赋能”定义为：管理者激励员工更好地发挥自己的价值（喜欢与热爱工作、自我价值的感知）的方式。

也就是说，管理者需要通过采取一些方式、方法让员工喜欢并热爱上这份工作，并且实现对自我价值的感知。那么一个管理者如何持续地激励员工呢？

这个话题很大，我们首先要从最底层的人性出发，知道员工的需求到底是什么。一个管理者如果连员工的需求都不知道，那就不用谈“激励”了。这就像男生追女生一样，如果男生不知道女生需要什么，那么怎么可能成功呢？管理者激励员工也是同样的道理，作为管理者，你要知道在公司工作一年以内的员工需要什么，工作三年以内的员工需要什么，工作 5~10 年的员工需要什么……这些是管理者需要弄清楚的。

知道员工之所需，才能真正扣动其心灵扳机，那么一个员工真正的需求到底是什么呢？事实上，一个员工的需求对应的是他成长历程中的心理路径。这一点，我们可以参考马斯洛需求层次理论（如图 3–11–1 所示）。

根据马斯洛需求层次理论，每个员工在不同的层次上产生的需求是不一样的，而不同层次的需求是由低到高的，只有在最低需求（比如生存）得到满足之后，他们才会产生更高层次的需求（比如成就、价值）。因此，针对不同时代和不同阶段的员工的需求要采取不同的激励方式，这样才能更好地达成期望的目标。

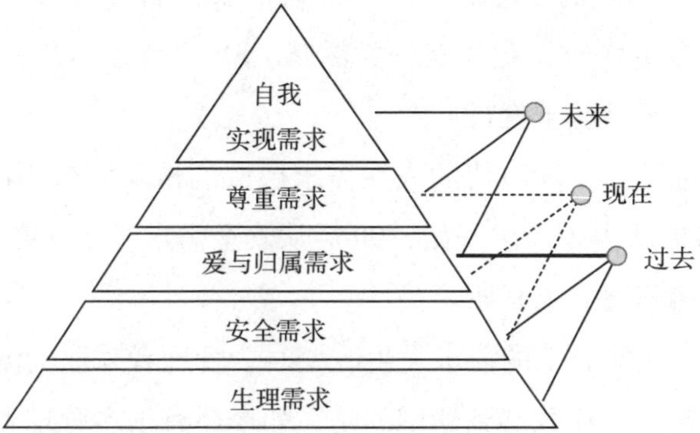

图 3–11–1 马斯洛需求层次理论

例如，我出生于 1981 年，经济大环境与现在相差甚远。在刚开始工作时，我只能“干一行，爱一行”，因为我还处在满足生理需求的层次，我需要获取生存资源，因此必须将事情做好。

反观如今的 90 后，他们出生在物质条件相对较好的时代，家庭是“421”结构，即 4 个老人、两个父母、一个自己，这使得大部分 90 后都是在众多长辈的宠爱中长大的。如今，已经进入社会的 90 后的需求，不再只停留在生理需求的层次，而是要追求更高的需求层次。

处于更高需求层次的 90 后虽然在乎钱，但他们不会为了 3 500 元或者 4 000 元的工资去选择、改变自己的目标，也不会为了 500 元或者 800 元去委屈自己。在对待工作时，他们是“爱一行，干一行”，因为他们拥有更多的选择，不必承担较大的生活压力。

90 后生活在小康 1.0 时代，而 80 后生活在吃饱 1.0 时代。我这个 80 后，出生在山东农村，生活条件艰苦。在如今的人们看来，罐头只是几块钱的小意思，对小时候的我而言却是珍稀的人间美味，只有在生病时，我才能一尝滋味。80 后尚且如此，70 后的需求更低了，不饿肚子就行。

由此可见，不同时代的人在需求层次的追求完全不同。70 后、80 后的追求从生理需求开始，90 后从安全需求开始，95 后、00 后则是从爱与归属需求开始。

当新一代的员工的需求发生改变时，管理者采取的激励方式也应该发生改变。让我感到遗憾的是，如今还有很多管理者对年轻的员工采取管控和驾驭的管理方式，这是错误的。现在企业应该给员工发三份薪水（如图 3–11–2 所示）。

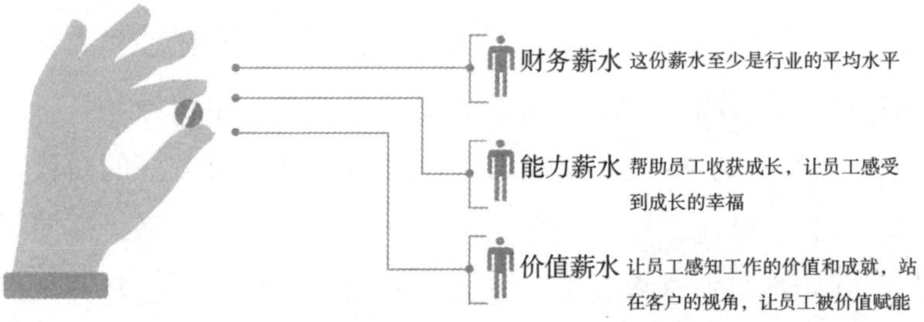

图 3–11–2 现代企业应该给员工发的三份薪水

对于新一代的年轻员工，特别是 90 后员工，激励已经不再是简单的让员工挣到钱，而是让他们在工作中收获成长的快乐和幸福，感知到工作的价值，取得成就。喜欢与热爱上这份工作，并把这份工作做到极致。激励员工感知价值，并且实现价值的能力。

正如德鲁克先生所言："工作的外在奖励，如酬劳、升迁，若是员工有所不满，会造成工作动力减低；但对这些因素满意，于员工而言却并不是最重要的，真正激励员工的最重要的动因是成就、贡献和责任。"

成就、贡献与责任是属于尊重需求与自我价值需求的层次，管理者在激励员工时，需要结合马斯洛需求层次理论来满足员工的需求，为员工提供驱动力。进而让员工从喜欢工作到热爱工作，并感受到工作中的价值，愿意为了工作而不断奋斗。

作为管理者，我们一定要先让员工挣到钱，解决他们的生理需求，然后在挣到钱的过程中，用激励措施让员工找到他们的喜欢与热爱，这是激励员工的关键所在。

现状分析 ‖ 企业激励员工的五大现状

激励无小事，有的企业在激励员工时，不知道如何激励，认知的欠缺导致激励的效果大打折扣。管理者在埋怨"马儿不愿意跑"时，也需要看看"马儿有没有力气跑"。以下是激励员工的五大现状，管理者可以对号入座，看看自己是否已经进入了激励员工的误区而不自知。

无长期：只与眼下业绩挂钩，只解决眼前问题

很多企业激励员工基本上都与眼前的业绩成果挂钩，只是短期的激励。这样的激励制度会让员工只愿意去解决眼前的问题，不去

看长远的发展，导致员工工作如同“挤牙膏”，激励一段时间就努力一段时间，没有激励就会“打回原形”。这会让员工养成必须用激励手段催促工作的习惯，这不利于员工的成长，管理者也不放心将项目交给员工，最终会提升管理成本。

由此可见，短期的激励机制虽然在前期会发挥一定的作用，但在后期可能会发生反作用，为员工带来负面影响。

太单一：激励形式单一，只有物质或精神层面

激励形式太单一也是当今企业在激励员工时存在的问题之一，问题主要存在于两个层面：一是激励停留在表面，没有深层次的激励；二是没有精神与物质的双向激励，要么只给予精神激励，要么只给予员工物质激励。

有的管理者在激励员工时会先口头表扬员工，然后告诉员工：“等过一段时间后，我给你奖励。”随后不了了之。这就是激励只停留在表面，没有真正的行动来支撑。

有的管理者只注重物质奖励，让员工认为自己与公司只是单纯的金钱交易关系，这不利于培养员工的归属感；有的管理者只注重精神激励，这会让员工认为管理者是在“画饼”，不愿意去奋斗。这些都是企业在落实员工激励的过程中急需解决的问题。

不及时：激励实施不及时，造成激励空档

激励实施不及时，会造成激励空挡和激励不当，让激励效果大打折扣，这也是许多企业的现状。

在阿里，一个团队在取得成果后，管理者会立即激励员工，让

他们能够以更加饱满的热情投入下一个项目之中。在许多人的印象中，阿里人都是充满激情，积极拼搏的人，这与阿里的激励密不可分。

可如今，有些企业将激励延后，集中在年末一起发放，这会让员工觉得自己付出了很多，却不能获得相应的奖励，从而降低员工的积极性与热情，这不仅不利于员工开展后续的工作，还会将激励的效用降低。

只看钱：企业认为员工只看钱

有的管理者认为用金钱激励员工是最有效的方法，始终坚持“要想马儿跑，就给马儿吃草”的观念。这种做法是管理者对激励的理解不够全面的表现，虽然这种方式能够取得一定的效果，但长此以往，对企业的发展有百害而无一利。

如果管理者认为钱能搞定一切，员工只认定金钱，在激励的过程中企业就会不自觉地将这种观念传递下去，让员工真的只看向金钱。当其他企业的激励条件更为丰厚时，有能力的员工就会纷纷跳槽；当你没有能力给予员工金钱激励时，员工可能会毫不留情地离开。用金钱维系的关系，十分脆弱，“大难临头各自飞”也是常态。

你可能会发现，有些员工可能会因为管理者随时随地抽烟，就把老板给“炒”了，或者因为不喜欢企业的文化而直接走人，这样的现象都在表明“向金钱看齐”的时代已经过去，“只看钱”已经不再适用于激励。

不匹配：与员工需求相差太远，形成鸡肋

有的员工追求金钱，想拥有更高品质的生活；有的员工追求价值，想干一番大事业；有的员工追求梦想，想使自己的人生圆满……不同的员工有不同的需求。但有的管理者一概而论，这就导致激励措施与员工的真实需求相差甚远，从而无法达到激励的效果。

2019 年上半年，我在给一家金融公司做培训的时候，一个管理者给我说了这样一个问题。公司将春游作为一种员工激励方式（春游的所有花销都由公司买单），管理者认为这样的激励方式应该会让员工开心，结果发现大部分员工并不这么认为。有的员工在春游过程中抱怨："想去哪儿玩自己都能去，何必占用一天宝贵的休息日？"

这样的情况让管理者很困惑：为什么公司给予的福利总被员工看成鸡肋？公司以为很好的激励方式却被员工认为是在占用休息时间，没起到激励作用，反而引起抱怨。

这一情况在众多企业中屡见不鲜，很多管理者在如何激励员工这件事上找不到入手点，本意是激励员工，最终却是出力、出钱，不讨好。造成这种现象最直接的原因就是管理者的激励方式与员工的需求不匹配。让激励成为"鸡肋"，食之无味，弃之可惜。出现这种情况的根本原因，便是管理者没有去观察员工的状态，倾听员工的声音，找出员工真正的需求。

除此之外，随着员工的成长，他们的需求也在发生变化，这导致不同年龄阶段的员工的需求不同。如果管理者不能明确员工的需求，就很可能导致激励措施与员工的需求不匹配。

想要人才留在公司，并能不断创造价值，要花招是没有用的，唯一的途径就是改善公司的激励措施。管理学中有专门的激励理论，核心思想就是管理者通过满足员工的各种需求来调动他们的工作积极性。作为管理者，我们应该去思考员工真正的需求，将激励做到员工心坎上，从而激发员工内心的力量去创造更多的价值。

方法论 ‖“四元法则”

在马云的倡导下，阿里致力于从多个方面激励员工，既有精神目标层次的激励，也有物质利益方面的保障。阿里的目标之一是在公司内部培育出 10 000 个百万富翁。这个宏伟目标也从侧面反映了阿里在激励措施上做出的努力。

结合我在阿里多年的工作经验，我提出做好员工激励的“四元法则”（如图 3–11–3 所示），帮助每一位管理者做好员工激励。

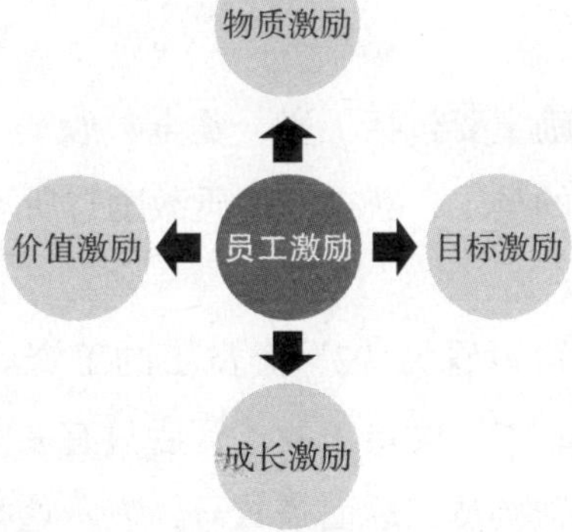

图 3–11–3 管理者做好员工激励的“四元法则”

物质激励："271"激励法则

员工激励有向内、向外两个维度，由内而外的叫作激励，由外而内的叫作奖励。物质激励就是奖励，主要包括股票、期权、奖金和晋升机会等。

在阿里，管理者会根据员工的绩效来进行物质激励。管理者每季度、每年都会根据"双轨制绩效考核"把员工划分为三个档次。

第一档"2"：是表现超出期望的员工，占全体员工的 20%。

这 20% 的员工不光有突出的业绩表现，同时也是阿里核心价值观的践行者，他们是阿里的骄傲。

第二档"7"：是表现符合期望的员工，占全体员工的 70%。

这类员工认同公司的核心价值观，思想觉悟没问题，但业务能力中规中矩，并无突出表现，阿里的大多数员工都是这种类型。

第三档"1"：是表现低于期望的员工，占整体的 10%。

这类员工也许表现得很差劲，也许业务能力非常突出，但他们的共同特征是不认同公司的核心价值观。按照阿里的用人理论，业绩拔尖但价值观考核不过关的是"野狗"式员工，是管理者要开掉的对象。

阿里的物质激励主要包括工资、奖金、股票、晋升机会 4 项内容。处于不同档次的员工，获得的物质激励有所不同（如表 3–11–1 所示）。

在表中，我们可以看见"2"类员工的工资后有两个加号，表示要增加较多工资；"7"类员工的工资后只有一个加号，表示要增加合理的工资；"1"类员工后面是减号，表示这类员工没有加工资的资格，甚至还可能减工资。

表 3–11–1　阿里物质激励的情况

	工资	奖金	股票	机会
“2”类员工	++	++	+	+
“7”类员工	+	+	0	+
“1”类员工	—	0	0	0

奖金奖励的原理与工资奖励相同，“2”类员工获得较多奖金；“7”类员工获得的奖金相对较少；“1”类员工没有奖金。

股票奖励只给最优秀的那 20% 的员工。机会奖励主要包括学习、晋升、参与新项目等机会，主要奖励给“2”类员工，和“7”类员工中前 10% 的员工。“1”类员工则不会给予机会奖励，甚至还会面临被淘汰的风险。

阿里在物质激励层面的制度十分清晰，也有自己的原则，让优秀员工赚得盆满钵满，让肯努力的员工获得相应的奖励，让没有成绩的员工看清自己的现状，从而达到激发员工进取心的目的。

作为管理者，你在进行物质激励时，一定要按照清晰的激励制度来开展，并坚持原则与底线，只有这样才能将物质激励的效果发挥到极致。

目标激励：个人目标＋区域目标＋企业荣誉目标

目标激励是管理者帮助员工不断突破目标，提升目标，让员工能够实现自我超越的一种方式，是精神激励的一种。

在阿里，目标激励主要分为三个维度，即个人目标、区域目标、百万荣耀。无论在哪个维度，阿里的管理者都会与员工进行一对一的沟通，尽快让员工获得成长。

在个人目标维度，管理者需要先让员工明确自己的目标，随后让员工不断挑战自己的目标，在成功突破当前的个人目标之后，再制定更高的个人目标，让员工不断超越。

在区域目标维度，管理者需要让员工在不断超越自己的过程中，挑战区域的榜样。从而让员工在挑战中，学习榜样优秀之处，慢慢超越榜样。在阿里，榜样一定不是用来崇拜和学习的，而是用来学习和超越的。

在百万荣耀维度，在员工为企业、团队创造了极大价值或者做出突出贡献后，管理者可以赋予他们荣耀，让他们成为大家的榜样，借此来激励他们向更高的目标奋斗。

阿里的荣耀体系十分完善，每个区域里都设有“荣誉殿堂”。当员工业绩突破百万时，他的照片就会被挂在“荣誉殿堂”上，就算今后他离开阿里，他的照片也会永远留存在“荣耀殿堂”上，激励其他员工。

对于阿里人而言，目标就像一座山，山是用来征服的，我们可以不爬山，但山永远在我们心中。当员工登上心里那座山的山顶时，会产生“一览众山小”的成就感与自豪感，这便是对员工最大的激励。

作为管理者，我们应该明白目标激励，不仅是为了激励员工超越自己，还是为了给更多员工树立一个榜样，一个目标，从而激励整个团队向上发展。

成长激励：由内而外，价值、成就、责任

成长激励是由内而外的激励，主要包含价值、成就、责任激励。其目的就是要让员工感知自己内在的需求和内在的期许，让员工由内而外地享受成长的乐趣，感知成长的幸福。管理者可以从以下 4 个维度对员工进行成长激励。

第一维度：知人善用，发挥优势

作为管理者，要经常与团队的员工接触，了解每个员工的优点、性格、兴趣等。只有足够了解员工，才能做到“知人”。在这个过程中，管理者需要注意的是，人的个性和才能有显性和隐性之分，所以管理者需要通过各种方式进行观察、评估，了解员工最真实的内在，把他放在最合适的位置，让员工创造出能够令他产生成就感的价值，从而激励员工成长。

除此之外，管理者还需要做到用人之长，补事之短，充分发挥员工的优势。“金无足赤，人无完人”，每个人都有自己的缺点与优点。“兵随将转，无不可用之才”，作为一个管理者，我们可以不知道员工的短处，却不能不知道员工的长处，你要通过发挥员工的长处来弥补他的短处，从而让员工发挥自己的价值，激励员工去创造更多的价值。

简言之，知人善用，发挥优势就是管理者为员工“搭台子”，真真正正激发员工的优势，让团队成员人人有舞台，个个有优势。

第二维度：营造氛围，激发渴望

管理者在成长维度激发员工的成长渴望有一个前提，那就是管

理者自己也极度渴望成长，只有这样，管理者才能在管理员工的过程中，营造渴望成长的团队氛围，从而在潜移默化中对员工施加影响。

第三维度：帮助客户自我成长

在阿里工作的时光中，我最大的成长就是通过帮助客户成长，实现了自我突破，完成了从业务型向销售运营型的转型。在向运营转型之初，虽然我有很多知识都不懂，也不知道怎样去帮助客户成长，但凭借阿里完善的客户成长体系（如图 3–11– 4 所示），我也让客户在学习中获得了成长。

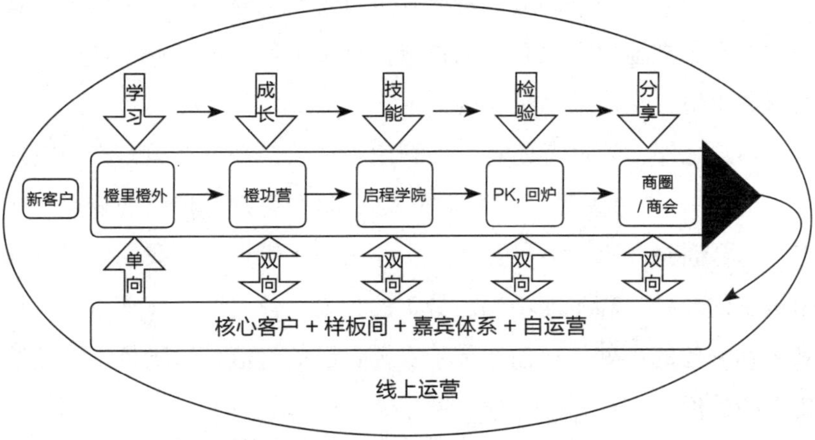

图 3–11–4　阿里的客户成长体系

从阿里的客户成长体系来看，为新客户提供帮助的是老客户，而阿里只是搭建了一个平台，让老客户分享、完善自己的管理机制的经验，新客户去学习老客户的方法，从而得到成长。

老客户在向新客户分享经验的过程中，我也在倾听，在思考，在学习。当积累到一定的阶段时，我发现自己也可以上台去讲，这让我十分自豪，成就感爆棚。

由此可见，管理者对员工最好的成长激励就是在助力客户成长的过程中，让员工与客户一起成长，让员工获得成就感，从而更愿意去创造成就。

第四维度：建立机制形成保障

阿里针对员工的成长，创建了较为完善的成长机制，起到了保障作用。

从图 3–11–5 中，我们可以了解到该机制囊括了新员工从进入阿里，到成长为阿里的腿部力量、腰部力量，直至成为头部力量的整个过程，这些对员工有长期激励的效果。

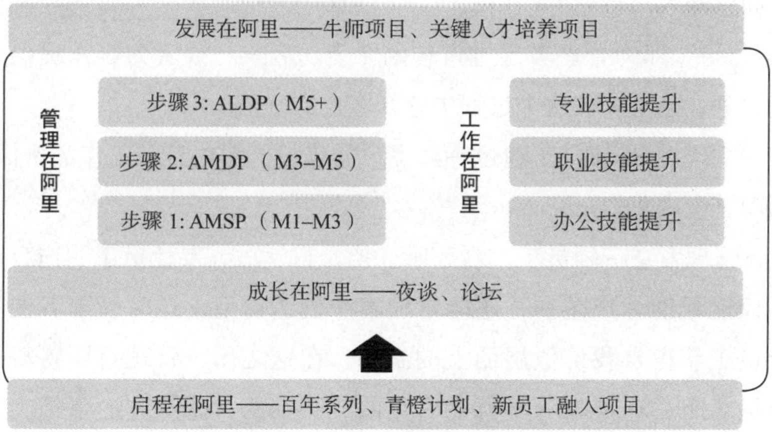

图 3–11–5　阿里员工的成长激励机制

激励的效果具备时限性，如同人吃饭一样，不存在吃一顿以后就不用再吃的情况，管理者只有和阿里一样将一个个短期激励组合，形成长期激励，才能让员工不断成长，不断创造价值。

价值激励：由外而内，让员工感知客户的价值

价值激励是员工激励的最高形式，也是一种由外而内的激励方式，就是先让员工感知到客户的价值，然后通过客户价值，激励内心，最终形成内驱力。

管理者应该如何让员工感受到客户价值？在阿里，有“看、听、访、得”四大方式。

“看”就是管理者让员工观看战报、视频、客户的致谢短信，感知自己与客户的成长，感知客户的价值。

“听”就是管理者带员工去倾听客户的分享，了解客户的收获，从而感知客户价值。

“访”即为管理者通过带领团队走访客户，或者为客户提供上门服务，让员工在这个过程中感知客户的价值。

“得”就是让员工通过感知客户的成长，明白自己工作的价值，从而产生内驱力。

管理者在带领员工“看、听、访、得”后，要让员工明白自己不仅能帮助客户盈利，还能帮助客户创造价值，这时管理者便能让员工获得自我价值层面上的激励。在这之后，管理者要将舞台交给员工，让员工分享自己看见的、听到的、感知到的事情，让员工开始热爱工作，在感知到自己的成就与价值之后，获得被激励的力量。

比尔·盖茨曾说过："一个公司要发展迅速就需要聘用好的人才，尤其是聪明的人才。"对一个企业而言，人才是脊梁柱，是企业发展的根本，"四元法则"便是打造企业发展根本的重要举措。

管理力修炼 ‖ 激发员工热爱工作、感知价值的能力

2019年似乎是被"丧文化"包围的一年，出现了许多"丧金句"，比如："失败并不可怕，可怕的是你还相信这句话。""你不努力一下，怎么知道是绝望？"

不仅是在生活中，许多人甚至将"丧"带进了职场，越来越多的人觉得工作很痛苦，每天辛苦工作却赚得不多。为何会出现这种情况？在我看来，这是因为人们通过工作无法满足自己的价值需求，或者是无法获得相应的报酬。

作为管理者，我们要想调动这些"丧"员工的工作热情，就需要不断修炼感知价值的能力。让员工能通过工作挣钱的同时，实现自己的价值，从而从痛苦的工作状态中走出来。激发员工热爱工作、感知价值是管理者需要具备的领导力。

激发员工热情的第一个环节便是让员工感知这份工作的收益，成为公司的利益共同体。换言之，就是让员工挣钱，解决生存需求问题。在阿里，只要员工足够优秀，能够为团队、企业创造价值，或者做出巨大贡献，就能够获得奖金、期权、股票、晋升机会等奖励，切切实实地让员工感受到工作的收益。

管理者在将员工变为利益共同体之后，还需要将他们变为企业

的事业共同体。管理者需要让员工热爱工作，并将工作看成自己的事业，并为之不断奋斗。让员工成为企业的事业共同体就需要不断激励员工。

以我自己为例，在2008年，我成为阿里的一名基层管理者。我带着团队把北方地区的出口做起来，打开了销售渠道。在这个过程中，整个团队收获了客户好的评价，有的客户会说："感谢你们帮我们把外贸做起来了。"

这时，整个团队成员因为这些价值成就，这些客户的表扬和反馈，变得喜欢与热爱工作。工作不再痛苦，对于工作里的加班也不再感到排斥，不是为了"996"而"996"。

我在阿里带团队的时候，会大量使用这样的激励方式。比如，每个季度，我会带着团队伙伴和明星客户座谈，目的是让员工亲耳听到客户对阿里的肯定及对我们团队的反馈，这时，你会发现客户的肯定和反馈比给员工物质激励还有效。

阿里在这方面一向是绝顶高手。淘宝每年年会都会邀请一些弱势群体（比如残疾人）代表客户上台给大家做分享。当这些人站在台上激动地跟所有人说"淘宝改变了我的生活和命运"之类的话时，你可以想象一下，坐下台下的"淘宝小二"是不是听得热血沸腾？

这就是赋予员工热情，让他们将工作当作事业的激励方式，让员工在工作中获得快乐与成长。

作为管理者，我们一定要先让员工挣到钱，解决生存的需求，然后在挣到钱的过程中，让员工找到喜欢与热爱，这也是利益共同体转向事业共同体的关键。

第 12 招
离职面谈：心要慈，刀要快

故事启迪 ‖ 阿里巴巴的双轨制考核

如今，几乎每个企业都在进行绩效考核，然而每个企业都有自己独特的考核制度，用来判断员工是否适合在企业继续工作。阿里考核员工采用的是“双轨制绩效考核”。

那何为“双轨制绩效考核”？所谓“双轨制绩效考核”（如图 3–12–1 所示），就是从业绩和价值观两个维度进行考核，两个维度的考核指标各占 50%。

从短期看，考核价值观似乎对企业发展没有用途，但企业要想维持长期健康、良性、持久的运转，甚至基业长青，价值观的考核就显得非常重要了。绩效是通往业绩的第一步，但绩效的基础一定是建立在价值观之上的。价值观与业绩一样，也是需要考核的，否则就形同虚设，这就是“双轨制绩效考核”的重要意义。

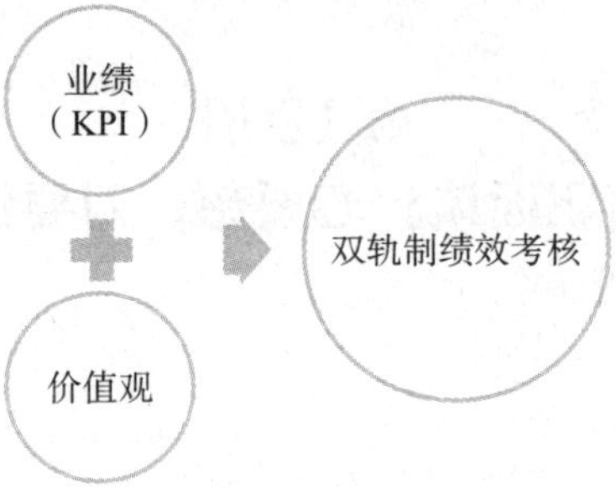

图 3–12–1 阿里的“双轨制绩效考核”

阿里用“双轨制绩效考核”把员工分为五大类，即“野狗”“狗”“小白兔”“明星”“牛”（如图 3–12–2 所示）。

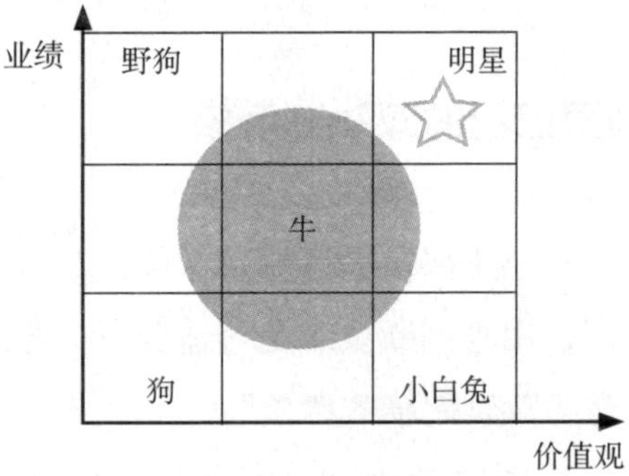

图 3–12–2 阿里员工的五大类

“明星”员工

业绩突出，价值观与企业文化相匹配的员工，我们称之为

“明星”员工。他们是团队中的标杆和榜样，还可以带动周围员工的业绩效率提升10%，产生溢出效应。对于“明星”员工，阿里的做法是在物质上给予慷慨的奖励，在精神上给予荣誉。物质奖励留得住人，精神荣誉留得住心。做好这两点，“明星”员工基本都能留住。

“老黄牛”式员工

处于中间地带的员工，我们称之为“老黄牛”，这些员工占据了团队中的大多数，需要管理者引导他们往更好的方向发展。“老黄牛”式员工就像机器上的小齿轮，他们虽然平时默默无闻，但发挥着不可小觑的作用。而且他们非常容易得到满足，管理者只要给他们的发展提供一个可持续、清晰的、长远的规划，使他们看见未来的希望，甚至不用发挥奖励机制的作用，就可以让他们任劳任怨地工作，对企业无怨无悔地付出。

“小白兔”式员工

“小白兔”式员工是指与企业价值观匹配，但业绩不好的员工。“小白兔”式员工看似“无辜”，时间久了却像一颗长在企业身体里的“慢性毒瘤”，对团队发展十分不利。

对于这类员工，我们要在认可他的价值观和成就的同时，狠抓业绩。当然简单粗暴地开除这些“小白兔”式员工也是解决问题的一个方式，但是治标不治本，开除一名“小白兔”式员工，仍然会有接二连三的“小白兔”式员工出现。

管理者最好的处理方式就是：制度+文化，从内部激活“小白兔”式员工，让员工自发产生实现公司目标的驱动力。比如，管理者可以让“小白兔”式员工进行调岗，有句话说的是“小白兔往往是放错了位置的明星”。但如果在调岗后，员工还是没有任何突破，那么管理者就要果断地将其开除。

“野狗”式员工

“野狗”式员工与“小白兔”式员工相反，他们是价值观不好但业绩好的员工。这样的员工大多毫无团队荣誉感，为了业绩不择手段，从不把客户和客户价值放在眼里。

管理者在任用“野狗”式员工时有很大的风险，他们能够给团队创造价值，当他们的业绩占到团队业绩的 30% 甚至 70% 时，管理者出于团队业绩考量，往往无法割舍这类员工，但这类员工的存在会让其他员工心存不满，这会使管理者陷入两难的境地。

在管理中，是选择个人还是团队，选择业绩还是管理，选择眼前还是未来，这些管理者很难抉择。我曾经走访过很多企业，它们大多最终选择了要业绩。但实际情况是，当管理者选择业绩时，他的团队注定无法走向成功。

阿里对于“野狗”式员工的处理方式是：“示众”。何谓“示众”？就是对员工的处理从严从重从快，公开处理。从严就是零容忍，严肃处理；从重就是按照阿里的制度，给予“野狗”式员工开除处分；从快就是“刀要快”，一旦发现“野狗”式员工损害团队、公司的利益，绝不心慈手软，立刻按照制度执行；公开就是对于“野狗”式员工的处理要在团队所有员工面前公开，一则对其他员工起到警醒作用；二则表明公司对于“野狗”式员工的处理态度。

综上所述，作为管理者我们要“赏明星，杀白兔，野狗要示众”。这其实也是对管理者管理力的一种修炼。总是做老好人、从不开除员工的管理者，他的管理力一定是缺失的，他也一定不是一个合格的管理者。

2017 年，马云在参加湖畔大学的第三期开学典礼时，谈到他曾在一个大年三十的晚上狠心开掉了一名在公司工作多年的高管，他的讲话立刻引起场下一片哗然。有人站起来问他，这样做是否太过残忍。马云肯定地回道：“开除人‘心要慈，刀要快’。”

管理者对持续不改进的末位员工要果断开掉，对他们的容忍是对优秀员工的不公。在阿里，做了三年管理者的人，如果还没有开除过人，那么会被认为是一个不合格的管理者。开除员工是对管理者的一项考试：没有开除过员工的管理者，不是好管理者。

这也意味着，作为管理者，不仅要学会招人，还要学会开人。让不适合的员工及时离开团队，也是管理者的基本动作之一。

现状分析 ‖ 管理者落实“离职面谈”的四大现状

乔治·克鲁尼曾经在《在云端》电影中扮演了一个裁员专家，帮助许多企业完成“离职面谈”的工作。为何会有裁员专家这一职业？因为在管理者的工作中，最令人头疼的莫过于人的管理；而在管理人的工作中，最难的一项可能就是开除员工。企业需要有人进行裁员工作，解决“解雇难题”，通过离职面谈，让不达标的员工与公司和平“分手”。

我曾经就遇见过“解雇难题”。那是我第一次做离职面谈，就因为缺乏面谈技巧，我被员工“反谈”了。在我提出问题之后，他总有理由反驳我，我甚至觉得不是他该走，而是我该走。好在面谈时还有其他上层管理者，他将这位员工做得不好的点一一陈述出来，终于把离职谈妥了。

由此可见，离职面谈确实是一件让管理者很头疼的事，是一个不小的考验。如今，管理者在落实“离职面谈”时状况也是层出不穷，管理者要解决这些问题，就需要先去了解现状，才能做到有的放矢。我归纳了一下，管理者在“离职面谈”时有以下四大现状。

谈不掉：辞退事实依据不充分

忽视对辞退事实、证据的收集整理，是很多管理者在进行离职面谈时的通病。尤其是对于那些违反公司价值底线和原则的员工，管理者一定要注意收集好他违规的证据。事实、证据、结果，是我们与员工进行谈判的最有利的武器。如果模糊证据，那么很有可能给公司带来更多隐患，比如员工对于辞退不满，四处宣扬公司苛责员工，甚至一纸诉状将公司告上法庭等。

在搜集辞退事实证据时，管理者一定要注意以下三个原则。

一是客观真实，即证据要保持原样，不能随意“添油加醋”，伪造的证据一经查实，会让企业陷入被动。

二是合法有效，即证据的来源、内容、形式等都必须合法，通过合法途径获得。

三是要全面充分，要充分收集与此事相关的各类证据。单一的证据往往难以证明事实的全貌，证明材料越充分，谈判越有利。

没有管理者会无缘无故辞退员工，究竟是何原因导致辞退，管理者一定要在弄清楚、搞明白并做好充分准备后，再告知员工，并善于运用法律武器维护企业的利益。

没重点：只说无关痛痒的祝福

员工存在无法改变的问题，是管理者辞退员工的原因，无论是对“小白兔”式员工还是“野狗”式员工，一定要将他们存在的问题告诉他们。有些管理者对辞退的相关问题避重就轻，只说无关痛痒的祝福，担心说得太重得罪人。实际上员工非但不会因此感激管理者，反而会感到云里雾里，将问题归于公司，看不到自己的问题。

离职面谈也需要管理者确立好交流主题，且尽量使之与员工的利益直接相关。通过离职面谈，管理者抚慰、挽留价值员工。对于因不符合公司要求而被辞退的员工，管理者应当将面谈重心放在企业、其他管理者对员工的评价和辞退员工的职业发展规划的建议上，尊重员工的人格，对员工进行人性关怀。

无技巧：对员工的工作横加指责

绝大多数员工在面对离职面谈时，内心都是充满不快的，这种基调的存在决定了管理者在离职面谈时应该更加注重谈话技巧。

很多管理者缺乏沟通技巧，对员工的工作指责一通，然后就摆摆手让员工走人，完全无视员工曾经对公司的贡献。这样面谈之后，员工与管理者之间的矛盾更深，员工内心的不满更甚。

管理者对员工辞退处理得不当，被辞退人员很有可能在公司内部和行业内传播对公司的不满，影响公司的形象。据相关数据显示，强烈的不满至少会传达给 25 个人，而间接的不满传播更是无法估量。其他在职员工，很容易受到离职员工的言论干扰，进而对管理者的处事方法和能力产生怀疑，影响团队内部的凝聚力。

从不谈：不面谈直接一拍两散

对于工作表现不好的员工，管理者的内心总是存在不满的。所以很多管理者从来不与员工进行离职面谈，并认为“他马上就要离开了，还有什么好聊的”。同时，他们认为这些员工身上一无是处，恨不得马上让他们离开，直接一拍两散最好。

实际上每一位员工身上一定有其独特的闪光点，在某个层面做得不好的员工也许在另外一个岗位能够散发出光芒。所以离职面谈是非常有必要的，对员工进行最后一次考量，或许会有很多新的发现。

对于主动离职的员工，很多管理者认为是员工自身的问题，实际上很多时候往往是企业存在问题。如果直接放他们走了，管理者就无法了解他们究竟是因为什么而离开，对于这类员工管理者要去了解背景并及时沟通，千万不能视若无睹。

方法论 ‖ 离职“四谈”

世界很大，我们很小，每个人能长久停留的地方就这么大，在如此大的世界中，我们共聚一堂共同奋斗，实属不易。作为管理者，我们承担的是一个迎来往送的角色，让员工高高兴兴地来，平平和和地走。可事与愿违，有许多管理者没有掌握离职面谈的方法，让双方都下不了台。

我曾经到一个企业参观时，发现他们竟然面谈两天都没能谈掉一个员工，让离职面谈成为“空谈”。要避免此种情况，管理者需要先明确离职面谈的目的：

> 一是争取让该留的人才留下；
>
> 二是让不愿留下或不该留下的人开心地离开；
>
> 三是了解离职员工的真实心声让公司管理中的痛点和难点暴露出来。

为了达成上述三个目的，我根据过去工作的经验，结合很多阿里老管理者的经验，总结出离职“四谈”（如图 3–12–3 所示），对各个管理者落实离职面谈具有较高的参考价值。

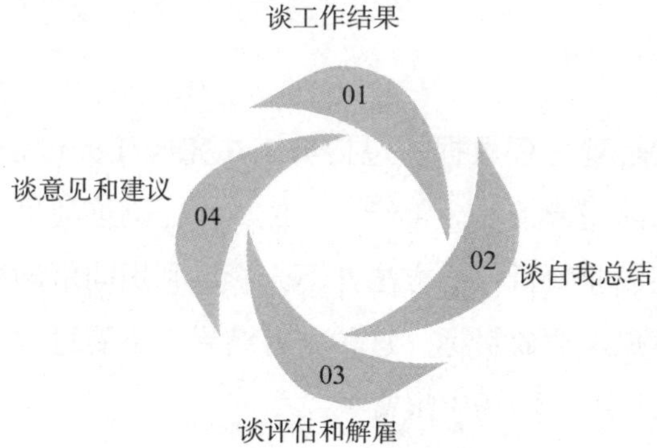

图 3–12–3　离职“四谈”

谈工作结果

在离职面谈前，管理者第一步要谈的就是工作结果。企业都有绩效考核，如果员工上季度的绩效考核成绩差，这个季度还是不尽如人意，管理者就需要对他进行约谈。谈工作结果是首要的主题，这是对员工近期工作的一个总结。

在谈工作结果时管理者需要从两个方面入手：一是看过程，二是看结果。从这两个维度，让员工明白以下问题：

这个季度我应该完成的任务是什么？
实际过程数据是怎样的？
实际结果如何？
我是否完成了任务？

员工在准确、清晰地回答这些问题之后，便能对自己近期的工作状况有一个了解。

看过程

看过程就是看过程数据，包括员工在完成任务过程中的态度、各阶段小目标的完成情况。曾经有一位员工，刚进阿里，业绩十分优秀，但他完成业绩目标的方法并不光彩，利用同事的善心、撬了其他员工的客户来达成目标。这种空有结果，不要过程，没有良好的工作态度的员工在职场中很常见。

各阶段的小目标包括每天的工作目标完成情况、日报的撰写情况等。管理者在进行离职面谈前，需要通过掌握员工完成任务的整个过程，对员工进行全面的评估。

看结果

职场都是用结果说话，结果是对员工工作状态最真实、客观的反映，比任何其他东西都来得直接，看结果是谈工作结果最为关键的一步。

在阿里，我曾经约谈过一个员工，那时候他的实习期还没过。他每天加班，有不懂的也会问我们，工作态度十分好，但几次的绩效都未达标，得到的结果达不到及格水平。我在与他进行面谈时，发现他的勤奋只停留在表面，实际却没有将工作落到实处。

管理者在进行离职面谈时，需要帮助员工总结近期的工作情况，让员工了解自己的不足之处。

谈自我总结

当过程和结果非常明显地摆到台面上时，管理者就可以让员工进行自我总结。管理者根据员工的自我总结，从目标回顾、心态回顾、自我打分三个方面入手，来与员工面谈，帮助员工了解自己在工作中存在的问题。

目标回顾

目标回顾，就是管理者要先让员工阐述自己的预定目标、数据目标、目标结果、结果的参照标准、之前拟定的目标共识。随后，管理者需要拿出过程数据与结果数据，来让员工明白自己是否完成了目标。

在阿里，管理者在分发任务时会将员工的目标进行分解。例如，员工的月任务是 12 万元，任务分解后，每周的任务大约是 3 万元，每天的任务大约是 4 000 元。此时，管理者可以通过员工的工作日报等途径了解员工的目标完成情况与过程。

同时，员工在回顾目标的过程中，可以了解自己每天的工作情况，从而发现自己的问题。

心态回顾

员工未达成目标的原因，除了技术层面的，实际上更多是心态层面的问题。员工如果想把一件事情做好，那么其尽管在工作技能上有所欠缺，也会想尽办法去学习，努力让事情往好的方面发展，这就是好心态的重要性。

员工需要回顾自己在工作的过程中秉持着何种心态，是全力以赴还是留有余地，是千方百计去做了还是中途就放弃了，工作时是否认真对待，这些都是员工需要审视和反思的。

自我打分

在员工审视自己的工作之后，管理者可以让员工给自己的工作进行打分。

员工通过上述两个环节的回顾，对自己的工作结果和心态有了清晰的认识，已经能够清晰地给自己打出一个分数，也就更容易接受即将离职这样一个事实。

谈评估和解雇

离职面谈要谈的第三方面是谈离职员工的工作评估和解雇。这个阶段是离职面谈的重点，主要从以下三个方面展开。

共识问题

在前面我们主要是围绕客观事实和员工的主观状态来谈，到这一步就需要管理者与员工一起探讨，是否在某些方面存在沟通不畅的问题，从而没有达成共识。

首先，达成目标共识和结果共识。在进行离职面谈时，管理者需要回顾这些问题：在制定目标时，员工是否存有异议？目标没有达成的问题是什么？员工在完成工作的过程中存在哪些问题？这些问题是员工的技能问题吗？如果缺乏相应的技能，那么员工是否有进一步提升和学习？

其次，是心态共识问题。管理者需要思考，当员工的心态出现问题时，自己是否与他进行了交谈，是否帮助他建立了良好的心态。员工需要思考自己是否在工作中缺乏主动意识，认为事不关己高高挂起。

有许多离职事件，都是因为员工与管理者没有在心态上达成共识。管理者和员工在经过上述思考后，将自己的结论说出来，然后可以针对当前问题，找到核心的、本质的原因，进而让员工了解自己未能圆满完成工作的原因。

整体评估

第二个维度是整体评估。在员工进行自我评分之后，管理者也要给员工进行客观评分，评分标准包括近期的绩效考核、工作状态、工作态度、目标达成情况等。在打分时，管理者需要给出这样打分的原因。所以员工的表现只能得40分、20分甚至10分，都是因为他在某些方面做得不够好。管理者应该将这些方面详细、清楚地展示给员工，让他明白自己确实做得不够好。

给出初步解雇的决定

根据以上面谈内容，在从数据结果、过程和心态等各方面展开谈话之后，管理者就要对员工做出初步的解雇决定。解雇是管理者展开此次面谈的最终目的，让员工理解并接受公司的处理，并为自己的行为付出相应的代价。

谈意见和建议

离职面谈的最后一个环节就是谈意见和建议。如何谈？从两个层面入手：一是管理者对员工提出意见与建议；二是收集员工对团队的意见与建议。

对员工提出意见与建议

进行离职面谈的员工肯定存在各种各样的问题，管理者要根据员工的问题，给予一定的意见和建议，帮助员工在未来得到更好的发展。正如马云所言："有想法的员工是幸福的，离职员工也应该是被祝福的。"作为管理者，我们对员工最大的祝福就是给予一些建议，让员工在未来的职场中走得更顺利。

收集员工的意见与建议

正所谓“当局者迷，旁观者清”，管理者一直在开展管理工作，有时可能会出现“只缘身在此山中”的感觉，无法了解得知员工真实的想法。

员工在平时可能会因为各种原因，不敢提建议，或者不愿意提建议。可在进行离职面谈时，员工会有“松一口气”的感觉，会在不经意间卸下防备，愿意说出曾经不敢、不愿说的话，包括对团队的一些看法、团队中不好的现象、不合理的管理制度等。

管理者需要将这些内容记录下来，在面谈后，通过思考与观察，去判断员工的意见是否可行。

正如马云曾经在离职大会上所说：“我知道可能是我和公司的问题导致你的离开，我需要做的是把公司的平台维护好，让更多优秀的人才出现。”作为管理者，我们需要收集离职员工的意见，促进团队与企业的发展。

做出最终决定

在谈完意见与建议之后，管理者就需要根据整个面谈的过程，做出最终的决定：是否要解雇这个员工？

在决定前，管理者要先问自己三个问题：

> 我帮助过他了吗？
>
> 我丑话说在前头了吗？
>
> 他是不是真的无可救药了？

“不教而杀谓之虐。”员工能够被招进公司，一定有其独特的闪光点，如果管理者从未辅导并帮助过这个员工，就认为他达不到公司要求，要将其开除，是非常不合理的。

在实施解雇这个策略之前，管理者一定要给予员工警醒。在第一个季度时，员工没有达到预期目标，管理者就应该告诉他，如果下次还完不成目标，公司就会对你做出什么样的处罚。这叫“丑话说在前头”。这样一来员工就会产生压力，会想办法去达成目标，如果还是未能完成，那么就真的说明他的心态或是工作技能存在问题。

在决定解雇一个员工之后，管理者就需要遵循“情理法原则”，即“做事法理情，对人情理法”，进行决策。

所谓“情理法原则”，是说管理者在遇到团队成员的去留问题的决策时，坚持法理、还是情理。这是一家企业懂人心、识人性的标准。在阿里，我们使用的是情理法。正所谓：说法不如道理，道理不如谈情。尊重人性的本源，释放每个人的天性才能让离职面谈更加顺利。

在具体实施过程中，有三个要点。

一是要进行感情的沟通。给员工一个充分表达的机会，让他讲出自己的障碍和痛苦，帮助员工分析工作中出现问题的原因。沟通的重点就是要将心比心，管理者要理解员工的障碍和痛苦，但不代表要认同他的做法。同时，管理者要询问员工有哪些困难是我们可以协助的，然后我们给予必要的支持和理解。

二是要给员工讲清道理。管理者在离职面谈中要给出明确的制度依据，让每一个管理动作都能服众，切记不能以管理者的个人喜好作为评判标准。同时在管理工作中最重要的就是要保证：No Surprise（没有惊喜）和丑话当先。不管是绩效好的员工还是绩效差的员工，管理者一定要在绩效管理的过程中把每个员工的绩效详详细细地说清楚。

管理是动态的，沟通是随时的，管理者要奖励一个人必须马上奖励，要让明星员工在整个考核的过程中知道自己是团队的明星，然后在过程中不断树立榜样。管理者对待 10% 的员工也要及时批评和惩罚，让这些员工有危机意识，让他们不断地进行自我激励，自觉学习提高，而不是到最后凭借一次打分决定员工的去留。

三是要在法律上站得住脚。即便是解聘，管理者对于信息的收集也要基于事实，力求客观全面。每一步的沟通都要有书面确认，在处理过程中不能感情用事，避免“祸从口出”，让公司陷入被动。对于非原则性问题的离职员工，管理者可以给员工提供一些方便，比如一些合适的工作的推荐。

在 2015 年，阿里被爆出过 HRG（人力资源专员）伪造离职面谈记录的事件，引起各方人员的广泛关注，为阿里带来了较大的负面影响。起因是一个 HRG 在没有面谈的情况下，擅自编造了一份记录，并在记录中对员工做出了较低的评价。最终，还是由马云出面，才让舆论风波渐平。

管理者在进行离职面谈时，不仅要在法律上站得住脚，还需要在职业道德上站得住脚。

换句话说，就是将理性与感性结合，以法律为落脚点，从企业的实际出发，用情感沟通。毕竟今天被开除的员工也许会成为未来的合作伙伴，管理者要做到好聚好散，有缘再见。

领导力修炼 ‖ 具备奖勤罚懒、奖优汰劣的能力

马云在湖畔大学的第一课上说："小公司的成败在于你聘请什么样的人，大公司的成败在于你开除什么样的人，大公司里有很多老白兔，不干活，并且慢慢会传染更多的人。"

由此看来，尽早开除不适合的员工，是企业的重要环节。开除员工，可以让员工去更适合他的环境中工作，可以让管理者保障其他员工的工作环境与团队氛围的优良性。在不符合企业价值观的员工打乱团队环境之前，管理者最好还是以相互尊重的方式将其开除。

在开除的过程中，管理者要牢记如若开除员工，一定要尽快行动，否则，会让公司受损、员工寒心。

马云认为，开除员工要做到"心要慈，刀要快"。懂人性者，才能得人心，得人心者得天下。作为管理者，我们要在能够确保开除员工完全合规、没有法律风险，可以单方解聘的前提下，再选择协商、沟通，给对方台阶下，不要扼住喉咙，要祝福对方在未来其他地方获得更好的发展机会。这才是真正的"心要慈"。"刀要快"就是管理者在下定决心之后，给出具体的可以服众的理由，将员工直接开除。

杰克·韦尔奇曾说："如果当一个人到了中年，还没有被告知自己的弱点，反而在某一天因为节约成本的原因被裁掉了，这是最不公平，最不应当的事情。就是因为这个公司太仁慈了，他连出去找工作、提升自我的可能性和机会都没有。"

所以，如果管理者要开除一个员工，就直接开除，最怕的是

“拉锯战”，想起来的时候“锯”两下。对一个员工不满意，却又不找他谈话，连续三次想要开除都没成功，这就像反复拉锯割伤口，最残酷无情。

对管理者来说，需要具备奖勤罚懒、奖优汰劣的能力。《韩非子》一书中曾经提道：奖罚是管理者的两个工具，奖罚做得好，群心有向，向上有序，心有敬畏；奖罚做得不好，军心涣散，团队离心，内耗不断。

管理者可以做好人，但一定不能做老好人。说不了狠话、逼不了员工、拿不到结果、开除不了员工的管理者，是无法树立威信，更无法将团队管理好的。

企业内部制度和底线不容挑战，管理者应该成为制度的捍卫者。所以丑话当先，奖罚分明，不让雷锋吃亏，是管理者需要秉承的重要原则之一。奖要奖得员工心动，罚也要罚得员工心痛，要挽救优秀员工，开除不合格的员工。如此一来，管理才会更有成效。

如果今天在团队中，管理者没有惩罚迟到的人，就相当于惩罚了没有迟到的人；没有惩罚违反规定的人，就相当于惩罚了遵守规定的人。管理者不能有不愿得罪人的想法，既然身处这个岗位，就应该做这个岗位该做的事情。

奖励也是一种非常好的激励员工的方式，好的奖励机制会让员工团结一致，为了企业的既定目标去奋斗。曾经有一位管理者这样说过：“对于技术员工来说，金钱的确很重要，但精神食粮更重要。”员工能够从奖励中获得满足感、荣誉感和成就感，更欣喜于自己的进步，在今后的工作中，员工会更加努力，希望设定更高的标准，得到更好的奖励。

“快乐工作”也是管理者可以使用的奖励抓手。除了阿里以外，网易等许多名企都十分推崇“快乐工作”，他们试图通过宽松化、人性化的管理模式，为员工打造一个更好的工作环境，最大限度地激发员工的工作热情。但这种模式也是有底线与原则的，即根据考核赏罚分明。只有这样，才能让每一位员工也做到有原则、有底线，在工作中不“摸鱼”，不混日子，将工作视为事业，并为之奋斗。

要想让工作有所成效，让员工有所成就，管理者并不是只提供给团队伙伴物质上的福利，而是让他们与优秀的人在一起工作。彼此促进，互相提升。对于不适合的员工，公司在全力以赴地辅佐和培养员工之后，如果还是不能改变他，那么不如放手让他离开，相濡以沫不如相忘于江湖。

第4章　人才培养

在阿里，不同层级人才的培养由人员与组织发展部门和各业务部门穿插进行，员工在每一个发展阶段都会有相应的培养机制——团队培训、员工辅导、师徒制、复盘。在这样的机制下，企业不断沉淀并提炼出真正的“阿里味儿”，并且通过适当的培养方式将之传承。

第 13 招
团队培训：基本功，扎马步

故事启迪 ‖ 与优秀的人一起共事

美国有一家公司叫作网飞，在中国信息通信研究院 2019 年 7 月发布的“全球上市互联网 30 强”榜单上，网飞排名第 6。别看网飞今天发展得很好，在 2001 年时，网飞也受到了互联网泡沫破灭和“9·11”恐怖袭击事件带来的影响，被迫裁员 1/3。

然而出乎意料的是，DVD（数字视频光盘）播放器成了当年圣诞节的热门礼物，所以 2002 年网飞的订单激增，业务量上涨了近 50%。可因为裁员，当时网飞的员工比之前少了 30%。面对这种情况，人力资源部门非常焦急，他们担心工程师忙不过来。可当他们去询问工程师时，却得到了意想不到的结果。

在裁员之前，网飞的权威工程师约翰手底下有三位工程师，现在整个部门只剩下他一个人，所以他每天的工作时间很长。人力资源部门希望为约翰提供一些帮助，比如尽快帮他招募一些人手，结果约翰却说："不用着急，我现在比以前更快乐。"

约翰的解释是，之前被解雇的那些工程师并不出色，在他们完成工作的过程中，约翰需要花费许多的时间去纠正他们的错误，约翰说："我宁愿自己工作，也不愿与表现欠佳的人共事。"

这个故事告诉我们，优秀的人宁愿自己花费更多的时间工作，也不愿意和表现不好的人共事。于管理者而言，要想打造一个优秀的团队，培养最优秀的员工，就要让他们与优秀的员工一起工作。

优秀的人在一起工作，会形成共同学习、共同成长的氛围，会让员工不断地超越自我，不断奋发向上，于是一种高绩效的环境就此产生。让团队中每一个人都变得优秀，是管理者责无旁贷的事情，管理者要学会搭建高绩效的氛围。

那么高绩效团队如何产生？这就需要管理者进行有效的培训，正如管理学大师松下幸之助所说："打败竞争对手最有效的手段就是比对手学得更快！培训很贵，但不培训更贵。"

下面我们就来聊一聊：让团队中每一位伙伴成长并变得优秀的重要管理动作——培训。

现状分析 ‖ 管理者做团队培训的三大现状

"节物风光不相待，桑田碧海须臾改。"社会在不断发展，消费者、竞争者、市场环境都在不断变化，因此企业不可能保持静止，也会随着时代潮流而发展，但对于企业某些员工来说，环境的变化常常令他们无所适从。

因此，阿里的管理者开始不断对员工进行培训，让他们具备应对各种变化的能力，让阿里人愿意“拥抱变化”。培训是一种很重要的员工培养手段，是建立高素质员工队伍的有效途径，也是许多管理者面临的一个重要课题。然而有很多管理者一直做不好培训，他们在培训上投入了大量人力、财力，却没有实现预期目标。做不好培训的管理者主要有以下三大现状（如图 4–13–1 所示）。

现状
· 培训不成体系 · 培训不切实际 · 培训没有结果

图 4–13–1　管理者做团队培训的三大现状

不成体系，三天打鱼，两天晒网

员工工作意识和工作技能的缺失，会给团队工作埋下诸多“炸弹”，管理者能够意识到这些问题，却指望偶尔进行的培训能够彻底改变这些问题。

不少企业管理者把培训当成一剂“救急药”，一旦团队员工出现问题，就立刻安排培训活动来解决存在的问题。他们要求培训之后，立刻“药到病除”，结果却往往不尽如人意。

实际上，培训应当是“一日三餐”，而不是“救急药”。一日三餐的作用是保持机体的正常运转，营养均衡的饭菜能够让人们更加强壮，减少生病的可能。

同样的道理，培训并不是三天打鱼，两天晒网就能产生作用的，为了维持团队的正常运营，并且发展壮大，培训应该成为团队工作的日常行为。

培训是一件需要精准规划的事情，需要系统而又完整地开展，通常培训体系包括五大组成部分：培训组织体系、培训队伍体系、培训课程体系、培训教材体系、培训管理体系，任何一个体系的缺失都有可能对培训的结果造成影响。

不切实际，谈的内容指导不了业务

很多管理者曾忧心忡忡地对我说："王老师，为什么我每个月都对团队进行培训，却看不到成效呢？公司认为培训没效果，钱都打了水漂；员工抱怨培训浪费时间，还学不到什么东西。我做培训又苦又累，还两头不讨好。"

事实上，培训效果并不是由进行培训的频率决定的，而是由培训的内容决定的。我之前做过相关的调查，发现很多管理者进行的培训，都是"自我感觉良好"式培训，是管理者个人意志的体现，是一种单向的培训沟通，缺乏理论支撑和事实依据。

让人感到无奈的是，管理者花费大价钱邀请各种所谓的"业界专家"来对员工进行培训，可这些人往往只有理论知识，从未深入基层实践，所以他们给出的建议在实际工作中可能并不奏效。我曾经参加过几次这样的培训，都是台上的"专家"夸夸其谈，口若悬河；台下的员工一脸茫然，昏昏欲睡。

没有结果，人才留不下、培养不出来

当然，我们不能否认，大部分培训还是有效果的，只不过缺乏妥善的后续跟踪，以至达不到理想效果。管理者只负责组织一场培训，对培训过程和培训后总结置之不理，培训结果的好坏完全依赖员工的自觉程度。

这样的做法使培训变成了一种形式，是管理者在达成自己的 KPI（关键绩效指标），是在展示给领导和其他同事看，“瞧，我确实组织了培训，我尽力了”。可他真的尽力了吗？结果不言而喻。

影响员工留在一个企业的最重要因素往往有两个：第一个是企业给予的薪酬待遇，第二个是员工能否在这个企业学到东西。当薪酬待遇达不到员工的预期水平，或员工觉得在这个企业学不到任何东西时，他们就没有留下来的理由了。

所以培训工作做不好，团队氛围一盘散沙，员工得不到成长，必然会造成留不住人才的局面。

阿里有句话“永远不变的是变化”，为了应对变化，阿里设置了完善的培训体制，提升了培训的质量，有效地提升了员工的技能水平。让管理者在面对“团队培训”时，可以避免出现上述状况。

方法论 ‖ “2×3 培训管控法”

“实践出真知”，阿里经过对多年培训经验的反复总结，整理出

了管理者培训的实用方法“2×3 培训管控法”。遵循这个方法，管理者就可以有效避免上述状况的发生。在“2×3 培训管控法”中，“2”是指两种角色，即管理者和培训负责人；“3”是指三个阶段，即“培训前”“培训中”和“培训后”这三个阶段。

两种角色：管理者＋培训负责人

培训过程中，有两种角色应该贯穿始终，一个是管理者，一个是培训负责人。

第一角色：管理者

管理者是培训中的核心人物，在培训过程中起主要作用，培训的每一项机制的推行都需要管理者强大的管理力作为保障。因此，管理者必须重视培训，在培训中应具备以下三种意识，也就是我们所说的“心法”。

“心法”第一式：责任心

管理者要为培训的结果负全责，这句话不是夸大其词，事实就是如此。无论培训结果是好是坏，员工能否有所成长，管理者都应该是第一责任人。

管理者对培训的重视程度会直接影响培训的结果。管理者平常可以温和，与员工打成一片，但在培训上，一定要严格，让员工看到管理者在这件事情上的态度。在培训机制确立之后，管理者就要严格确保培训机制的运行。

我在阿里时，为自己的团队制定了“晚上六点进行培训”的规定。但当时负责行政的人力资源比较年轻，他并没有意识到坚守这个制度的重要性，于是他在和人力资源主管沟通之后，将六点进行培训的规定改成了五点半进行。我那时经常在外出差，当收到这个消息时，我马上意识到了问题的严重性，在回到公司之后，我立刻质问了合伙人和人力："为什么要将培训的时间提前？你们觉得培训是在占用大家的休息时间，耽误大家下班吗？"

最后我严厉地批评了他们，并坚持培训必须在六点召开，因为这是制度。如果团队中每个人都可以随意更改制度，员工就会对制度不屑一顾，导致众多制度无法顺利落地。为了避免这种情况的发生，管理者需要坚守制度，这不仅是对自己的工作负责，也是对员工负责。

"心法第二式"：引导意识

培训是为了让员工得到成长，归根到底是员工个人的事。管理者组织培训活动是公司对于员工成长的重视，是在做对员工真正有益的事情。因此，管理者需要引导团队成员达成共识，去接受和理解这个理念，让他们发自内心地接受培训，从而提升培训的效果。

一部分员工能够有这种意识，明白公司为他们的成长提供了非常好的条件，于是他们会非常认真地参加培训，没有不满情绪；另一部分员工则认为，公司占用了我的休息时间，于是心怀怨念，培训时也听不进去。

时间一长，你就会发现，那些珍惜培训机会，乐于学习的员工，会变得更加优秀；那些不愿学习的员工，则会慢慢游离，不再适合这个团队。作为管理者要及时帮助员工转变想法，避免员工掉队。

“心法”第三式：同理心

这里的同理心并不是同情心，而是管理者要站在员工的角度，从员工的成长和利益出发，让员工明白培训对自己的作用，从而让员工将注意力放在培训上。例如，有些员工会埋怨培训占用了他们的休息时间，此时管理者就更应该运用同理心，让员工从培训中有所收获，有价值、有意义的培训是不会让员工感到浪费时间的。

作为管理者，我们应该千方百计地做好培训相关事宜，让员工通过培训收获成长，具备技能。在这一环节同理心的作用十分明显，可以激发员工对成功的渴望。当员工极度渴望成功时，他们就会愿意付出非凡的代价，愿意用时间、精力等东西来换取成功。培训是帮助员工成长、成功的必备条件，管理者必须为员工负责。

值得管理者注意的一点是，尽管同理心很重要，但这并不意味着管理者应该在培训这件事情上向员工妥协。

第二角色：培训责任人

上文我们提到，管理者对培训的结果负全责，但这并不意味着管理者就一定是培训的负责人。培训必须有专门的负责人，其负责确保培训工作落地，同时，他要负责搭建培训机制、完善培训体系，不断地进行迭代，让团队伙伴真正收获成长。

在阿里，培训通常都有专门的负责人，他们就像导演一样，负责搭台指挥。除此之外，他们有时还充当编剧和演员的角色，参与选择培训内容或亲自进行培训。

一次好的培训，应该像一台舞台剧一样，是好是坏由观众说了算，当员工在参加完一次培训之后，无比期盼下一次培训时，这就意味着这是一场成功的培训。在培训中，两种负责人都是核心角色，应该通力协作，共同致力于培训工作的进步和发展。

除此之外，管理者还需要对培训进行阶段性的复盘，找出培训中存在的问题，帮助员工及时解决这些问题，通过不断完善，提高培训对员工的作用。

三个阶段：培训前、培训中、培训后

我们把培训分为“培训前”“培训中”“培训后”这三个阶段，它们共同构成了一个完整的培训过程，体现着企业的培训机制。培训不应该是偶尔发生的事件，而应该成为企业的常态，成为一种持续的、规律性的东西，所以管理者一定要搭建出适合的培训机制，确保员工能通过培训得到长足的提升。

培训前

培训前就是培训的准备阶段，管理者要进行培训的规划、排期和预习，要找到员工在业务上遇到的真实问题，并对其进行“能力切片”，找出员工的薄弱之处，再次确定培训主题。在阿里，管理者一般会进行“三确”。

一是确立培训目标，即管理者与员工期望通过这场培训达到什么样的效果。培训目标的确立，需要管理者与培训组织部门、需求提出者进行深入沟通，了解员工的真实需求。

二是确认受训人员。所有培训的展开，都有其特定的受培训员工，管理者在培训前，需要根据培训目标，确认受训人员，并及时通知到位。

三是确定培训主题。这是管理者工作的重点。一般而言，培训主题主要来自业务上遇到的真实问题，主要包括产品和技能两方面。在阿里，产品培训包括产品宣讲、促销政策、行业分享等；技能培训主要包括销售技能、谈判技能、系统操作等。

有时候，员工看似对产品知识非常了解，实则并不清楚产品的具体情况。产品培训可以让员工了解产品的特点、卖点、客户的需求等，提高员工对产品的认识。这样的培训可以让员工在面对客户时，准确告知客户想了解的产品信息，提升成交率。

在阿里，几乎每天都有深度的产品培训，让每个员工对产品信息、促销政策、行业分享等了如指掌，让员工真正“专业”起来，这样他们在面对任何顾客时，会更有底气。

在员工对产品知识了解透彻之后，如果其还是无法取得成绩，管理者就需要对他们进行技能培训。销售团队的员工，如果迟迟出不了单，那么一定是缺乏销售技巧、谈判技巧等。提升员工的技能水平和业务水平，只靠一场培训是无法达成的，需要持续不断地培养。

在阿里，无论是产品培训还是技能培训，都是一个长期的过程，并且这两种培训没有被明确地区分开来。阿里每周都会有多次不同主题的培训，全方位帮助员工成长。

管理者将员工在业务中遇到的真实问题作为培训的主题时，还需要做到多样化。例如，阿里确定了“金品课题”这一主题，随后又将培训的具体方向表述了出来，如“为什么做金品，如何做好金品”。这样具体的描述，可以让培训有一条明确的脉络，能避免在培训的过程中出现偏离主题的情况。

培训中

虽然管理者可能不是培训人员，但其依旧在这一环节中发挥着重要作用。如果管理者希望培训顺利地开展下去，并对员工的成长有一定的作用，那么可以从以下三个维度入手，打造一场有效的培训会。

确保培训形式的多样性

在学生时代，大多数人都不喜欢老师一直讲课的课堂，而是更加喜欢有互动、讨论和小活动的课堂氛围。如今的培训便是将课堂从教室转移到了培训会上，大多数人依旧不喜欢形式单调、乏味的培训。

因此，培训形式一定要多样化，避免培训变得单调、陈旧、乏味。我在阿里对团队进行培训时，会运用多种新颖手段，包括“共创会”“私董会”“头脑风暴”“漫游挂图”“沙盘模拟”“视听结合”“角色扮演”“案例研讨”等方式。这些形式不一的活动，可以让培训变得生动有趣，寓教于乐，增强员工的参与感，让员工更加专注。

确保培训讲师的多样性

“每条河都有自己的方向”，每个人也都有自己的特点与个性。一个培训讲师在培训的过程中必然会带有自己的个性，例如独特的培训风格、自己思考的结论等，这些本质的内容不会随着培训方式的变化而发生变化。因此，如果管理者一直任命同一个讲师为员工进行培训，就有可能会使培训陷入僵化、死板的境地。

因此，管理者还要重视讲师的多样性，如此才能激起员工对培训的兴趣和热情。而且不同的讲师在面对同一主题时，都会根据自己的经验提出不同的见解，这可以让员工从不同的视角去看待同一事件，学习到更多。

在阿里，有些大型培训课程，还会邀请王民明老师以三板斧的点评嘉宾的身份为每一个来听课的员工做分析与点评；还会让高层管理者彭蕾等人做总结，进行反馈；就连刘墉老师也会全程陪同员工听课，并做好总结工作。

除了团队管理者和内部的培训专员之外，阿里还会经常邀请外界“大牛”来对员工进行培训，这些讲师风格不一，员工的接受度更高。

提升员工的参与度

阿里的培训不仅是讲师向员工分享自己经验的过程，也是员工互相分享经验的过程。在培训的过程中让员工分享经验，可以提升培训的质量。我在阿里进行团队培训时，会让每位员工每年至少做两次分享。一次是优势分享，人人都是专家，每个人的长处都是值得其他人学习的地方；另一次是劣势分享，教是最好的学，让员工把自己的短板暴露出来，其他员工“有则改之无则加勉”。

如此一来，做分享的员工不仅在分享中明确了自己的优势和劣势，知道自己该改正的地方，其他员工也能够从中获益，通过他人检视自己。

令培训有趣的方式方法多种多样，培训负责人要多动脑，多规划，强落地。

培训后

一场培训活动的结束并不代表着培训工作的结束，后续的跟踪工作同样重要，它是检验培训效果的最好法宝。管理者在培训后这一阶段的工作重点，就是要对受训员工进行培训内容的考试，明确员工通过这场培训到底学到了什么，有没有掌握重点。

我一般使用的方法是“邮件输出总结法”。我先将培训的所有内容记录下来，然后总结成邮件，发给全组成员，并要求每一个受训伙伴都去完善这个邮件，把自己的收获写出来，最终形成一个更加全面的总结，让可重复使用的知识点沉淀下来。当有新员工入职时，这就是最好的学习材料。即使新员工没有参加过这次培训，想必他在看了这些邮件之后，会对这部分知识有所了解，在脑海中留下印象。

除了这个方法之外，管理者还可以让每位员工自己写培训总结和收获。培训后，管理者一定要要求员工做出反馈，并让员工形成总结的习惯，用制度去约束和强迫员工进行培训总结。这些总结和反馈不仅能体现员工对这次培训的接受程度，还能够让员工加深印象，更能够使培训中的知识点形成良好的、可重复使用的沉淀。

最后，当员工深入实践时，他们会去想，同样的问题，老李是怎么做的？老王是怎么做的？老朱是怎么做的？然后从中挑选一个最合适的方法去使用，而这个方法，现在已经成为他的方法。

以上就是能帮助管理者做好培训的“2×3培训管控法”，每个公司的形式和机制都不一样，管理者不必全部按照这些方法来展开工作，要学会领悟其中包含的理念。管理者一定要牢记：一场培训影响不了结果，更改变不了结果。管理者能做的，就是去搭建培训的机制，通过这种长期的机制去确保员工的成长。

管理力修炼 ‖ 打造高绩效的团队氛围

吉姆·柯林斯在其著作《从优秀到卓越》中指出："若你能打造出一个勤勉者得以成功，懒惰者将自动或被迫退出的环境，业绩便会自动改善。"

因此，管理者不能将就不渴求成长的人，不能将就弱者，不能将就不适合的人。强者生存、弱者淘汰，这是自然规律，也同样适用于团队建设。让优秀的员工与优秀的员工在一起工作，员工之间互相竞争、互相学习，员工就会越来越强，强者恒强，于是一支高绩效的团队就会脱颖而出，企业也会因此更加成功。

由此可见，管理者要有打造学习型组织，营造优秀的人在一起工作的高绩效氛围，形成团队成长环境的能力！而培训就是搭建这种氛围，确保优秀的人在一起工作的基石。通过培训打造高绩效的氛围与团队成长的环境，管理者应该从以下几个方面努力。

让伙伴有成长

伙伴是团队的宝贵财富，团队是伙伴的成长舞台，管理者要正确对待这种关系，让伙伴遵守约定的规则、制度，切实履行自己的责任和义务。同时，还要让伙伴都具有不断进取的危机意识，都要努力跟上其他伙伴的节拍，满足对方的发展要求，从而推动团队的发展。培训是让伙伴成长起来的最好的方式。

在网上经常有设计师吐槽：有些管理者不懂设计还要指手画脚，在根据管理者的意见修改后，甲方不满意，又将“锅”甩在设计师身上，设计师实在太难了！这便是管理者过度管理的状态，而这种状态不仅会增加员工的工作量，还会限制员工的思考，不利于员工的长远发展。

作为管理者，你的职责是让员工与团队快速成长，你可以通过培训快速提升员工的业务水平与能力，然后管理者就需要学会放手，让员工自己去实践，避免过度管理。如果管理者把员工绑得死死的，员工不需要动脑筋，一切工作都由管理者指派，这会导致员工越来越呆，越来越没有激情，更谈不上成长了。

因此，管理者应该给予员工足够的尊重和足够的空间，再以培训作为辅助，让他们在工作实践中逐渐领悟那些在培训中学到的知识，不断成长，不断进步。

让工作有价值

大多数工作在初始阶段都是非常琐碎，非常简单的，根本看不出来有什么意义。有时候员工会有这样的疑惑：“我做这些事情价值何在？意义何在？”此时管理者要做的不仅仅是诠释价值，还要让员工感知价值，并且实现价值。

比如，公司前台订桶装水看似非常简单，那么公司前台能否从订桶装水这件事情中感知到工作的价值呢？通常是不能的，时间久了，其甚至还会有抵触和厌烦心理。此时管理者要注意到该员工的心理变化，让他学会在订水的过程中，摸清各个部门的订水周期，并详细掌握这一情况。

其他同事就会非常惊喜地发现，饮水机里永远有水，不会出现水没了再去催前台订水的事情了。这位前台就能在订水一事上得到他人的肯定，实现自我价值。

让付出有收获

有许多员工对团队和公司没有认同感和归属感，据美国职务满意度调查企业公布的数据显示，中国公司的员工对公司的好感度在全球企业中位居末游。这一现象正是因为很多企业和管理者没有让员工的付出得到回报。

管理者要让员工的付出有所回报，这种回报可以是精神激励，也可以是物质激励。比如在员工获得一定成就时，管理者对其进行奖励或者颁发荣誉证书，让员工明白自己的付出被团队看到了，员工就会更加积极，努力创造价值。

让团队有情义

阿里非常注重团队情义的培养，希望团队伙伴之间存在两种情义，一种是小情，一种是大义。小情就是团队成员之间互为兄弟姐妹，大义是指团队成员共同拥有的使命和愿景。小情与大义的结合，造就了上下一心的阿里铁军，也为其他企业和团队树立了一个榜样。

在有情义的团队中，员工相处起来会更和谐，矛盾和隔阂也能很快化解。管理者要不断去推进员工关系的建设，并向员工清晰地传达出团队的使命和愿景，让员工在共同为目标奋斗的过程中惺惺相惜，建立起深厚的情谊。

管理者通过培训营造好底层环境，才能激发伙伴对于成长的渴求，才能让团队的每一位伙伴都变成优秀的人，这是管理者必须修炼的一个课程。

员工只有在极度渴望成功的时候，才愿付出非凡代价，勇敢向上，坚决向前。而这个过程，必然是一个痛苦的过程，舒适的环境是无法磨炼心性的，但管理者一定要记住，这是一个破茧而出的过程，痛苦之后，必然化蝶。

第 14 招
员工辅导：实战中言传身教，手把手地教

故事启迪 ‖ 我在阿里辅导新员工的故事

“授人以鱼，不如授人以渔”，作为一个管理者，我们要能使员工青出于蓝，超越伯乐，要学会成就员工。所以阿里管理者基本动作里有很重要的一条：使青出于蓝。所谓“使青出于蓝”，意思是说管理者要用外力促使员工成长。

我在给企业做管理培训时，发现管理者在培养员工方面怪象频出，这些导致辅导作用大打折扣。下面是我总结的管理者在辅导员工时出现的“怪象”（如图 4–14–1 所示）。

怪　象

- 越俎代庖，什么都自己来
- 不陪访客户
- 荣誉是自己的，错误、责任都是下属的
- 高估自己的表述能力，没有给出正确的方法
- 没有给组员分享的机会

图 4–14–1　管理者在辅导员工时出现的“怪象”

我在阿里刚成为管理者时，完全不懂如何辅导员工，也曾陷入怪象中，阻碍了员工的成长。我自己就是“明星”员工出身，专业技能过硬，最初，我在带着新员工出去拜访客户的时候，也会让新员工尝试着与客户沟通，可新员工还没说几句话，我心里就急得不行，因为他的沟通完全找不到重点，被客户牵着鼻子走，继续下去将无法顺利签单。

于是，我立马接过话，掌握了主动权，新员工再也插不上话。在订单拿下来之后，新员工还在一旁“火上浇油”：“老大真厉害！”这让我的虚荣心和满足感暴涨，内心还沾沾自喜，觉得管理也不过如此。

在多次发生这样的事情后，我发现这样的行为其实制约了员工的发展。大树底下不长草，因为枝繁叶茂的大树将一定范围内的水分、阳光和养料都据为己用，所以大树底下，只有低矮的青苔。而我就是那棵“大树”，员工不得已成了“青苔”。

在从优秀员工向优秀管理者转变的过程中，有很多人会不断犯错，陷入一种怪象而不自知。这会让管理者之前累积的一些优势成

了团队发展的阻碍。

因此，阿里认为管理者一定要有“使青出于蓝”的意识，学会成就员工。这便是阿里“九阳真经”中的第九条——超越伯乐。后来，我参考了许多前辈的经验，并在反复实践与总结中，制定了以成就员工为目标的一系列辅导方式，以下是我在阿里辅导新员工的过程（如图 4–14–2 所示）。

辅导新员工的过程

第一天：1. 座谈（介绍团队，文化，消除陌生感）
2. 指定师傅及安排基础类培训
3. 留作业（做两个 PPT，每日过程总结。学习总结日报、学习总结周报）

第二天：1. 拎包陪访（三天的拎包，不同类型的三个人员）

第一周：1. 实战演练（每日回到公司的必备项目）
2. 独自拜访
3. 总结、分享

第二周：1. 陪访（16字方针）
2. 总结、分享

图 4–14–2　辅导新员工的过程

通过上面的一系列辅导过程，我辅导的新员工，能够快速成长，并很快具备独当一面的能力，这就是成功的辅导。对管理者而言，辅导员工也是一门学问，无论是意识形态还是方法技能方面，都需要细致、系统地钻研、学习。

马云曾说：“你刚来的时候可以抱怨你的手下是一群混蛋，但如果过了一年你还在抱怨，那么你才是一个真正的混蛋。”作为管理者，我们要积极地寻求、学习辅导员工的方法，才能成为一个有格局的管理者，这样才能建设一个有力的团队，打造一支如阿里铁军一样的团队。

什么是“员工辅导”

知其然，更要知其所以然，许多管理者都知道要进行员工辅导，却不知道什么是员工辅导以及它的具体作用，因此不重视员工辅导。管理者在进行员工辅导之前，需要先弄清楚“辅导”的概念。

“辅导”分为“辅”和“导”，也就是辅助和指导（如图 4–14–3 所示）。辅助分为两个方面：一是让员工获得技能，二是协助员工展开工作。指导也分为两个方面：一是指出员工的不足，二是帮助员工改进。

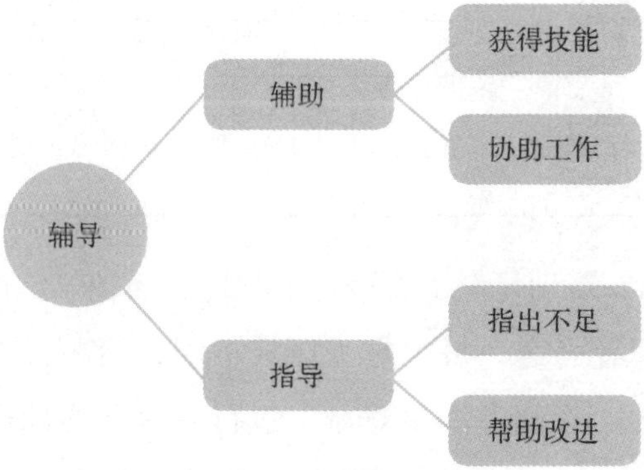

图 4–14–3　辅导的概念

培训与辅导的区别

许多管理者会产生这样的疑问：辅导不就是培训吗？实则不然。辅导和培训在一定程度上虽然存在相同之处，但仍有较大差异。

培训是管理者解决一般化问题的方法，通常是将很多员工组织在一起进行的，是系统的、有计划的、集体的、阶段性的人才培养过程，强调的是赋予员工基本工作能力。公司的每个员工都可以参加培训，培训的主题与内容针对的是全体员工存在的问题，而不是员工的个性化问题。

辅助则是解决员工的个性化问题，辅导是随机的、个别的、非正式课程的指导与训练，是协助学员自我发展，强化员工各种能力技巧的特殊方式。通常辅导是管理者和员工一对一进行的，管理者对员工出现的问题进行针对性的辅导。

表 4–14–1　培训与辅导的区别

培训	辅导
培训解决的是一般化的问题	辅导解决的是个性化的问题
培训是系统的、有计划的、集体的、阶段性的人才培养的过程，强调的是赋予员工基本工作能力。	辅导是随机的、个别的、非正式课程的指导与训练，协助学员自我发展，强化各种能力技巧。

由此可见，培训是解决普遍性的问题，而辅导是解决个性化的问题。对管理者而言，每个员工都有不同的问题，光靠培训无法解决这些问题，管理者需要对员工进行一对一的辅导，助力员工成长。

阿里式辅导：口传心授，言传身教

在各个企业中，最不缺的往往就是培训，“三天一小培，五天一大培”几乎是常态。企业如此频繁地开展培训，却得不到相应的效果。追根到底，是因为管理者太过重视培训，却忽视了辅导。

企业开展的集体培训产生的效果因人而异，有些员工听得很认真，吸收也快，能够掌握相关技能，获得成长；有些员工在培训时听得认真，却难以理解这些知识点，最终无法将培训内容转化为自己的知识；还有一些员工根本不愿意参加培训，在培训时浑水摸鱼，完全无视培训内容，培训对他自然无效。

为了避免培训的效果大打折扣，阿里推出了管理者辅导员工的方式，并且提出了“口传心授，言传身教”的辅导理念，与集体培训相辅相成，共同为员工的成长出一份力。在团队中，有人手把手地教，新员工会成长得更快。“口传心授，言传身教”的辅导，会让员工更加直观地理解辅导的内容，学习到工作技能，也更容易获得前人的经验，“踩着前人的肩膀”往上爬。

我曾经见过一个刚毕业的新人，一次，我让他做一份报表，他说不会，于是我安排了老员工辅导他。过了半个月之后，我发现他依然不会做报表。我与老员工进行了沟通，发现他的辅导方式不对，一直都是他在讲，新员工在听，却没有给予新员工实践运用的机会。

新员工在刚入职时，没有完成工作任务的能力很正常，但如果新员工在进入企业一个月之后，依然没有能力，管理者就需要扪心自问：“我认真地辅导过他吗？”

阿里的管理者为了将“口传心授，言传身教”落到实处，提出了辅导的 16 字方针，即“我做你看，我说你听，你做我看，你说我听”。

管理者在辅导员工时，需要先俯下身来实实在在地做，给员工起示范作用。然后管理者在做的过程中把自己积累的经验详细地传授给员工。管理者在教完之后，可以通过“你做我看”，让员工在实践中接受检验。最后是“你说我听”，管理者可以让员工将自己实践中的想法、困难、经验说出来，并从中判断员工的方式方法用得对不对，有没有抓住窍门。

除此之外，管理者在辅导员工时，还需要帮助员工设置目标。70%的员工缺乏目标感，他们和“明星”员工最大的区别是，“明星”员工往往有着极其清晰的目标感和内驱力，但70%的员工往往缺少清晰的目标设定。所以管理者要逐步帮他们建立目标感，培养他们的结果思维和目标意识，最终形成以结果与目标为导向的习惯。

综上所述，辅导的方式可以帮助员工快速成长，管理者要知之愈明，行之愈笃，将辅导机制落到实处。

现状分析 ‖ 管理者做“辅导”的四大现状

索尼公司的创始人盛田昭夫曾说：“尽管每个人都应有不同的能力，但大多数人都不知道自己拥有何种优秀的能力。”管理者要做的就是让员工的能力显现出来，这需要必要的辅导。

现如今，粗犷而原始的统一培训让员工的成长变得尤为缓慢，员工无法迅速成长为企业的中坚力量。很多管理者已经逐渐意识到，系统的、个性化的辅导是促使员工进步的良方，可在现实工作中，这些辅导还是存在各种各样的问题。

管理者没有时间辅导员工

很多管理者不擅于用人，也不相信员工，总喜欢将大事小事一并揽在肩头，这也就造成了管理者在日常工作中显得异常忙碌。而辅导员工，实际上是一件极其耗费精力的事情，需要管理者投入大量的时间成本，随意的、偶尔进行的辅导并不能对员工产生很大的效用。所以很多管理者不愿意花费时间去辅导员工，他们希望通过进行各种培训来代替辅导，而这也导致员工成长缓慢。

管理者的辅导是一个连贯、持续和系统的动作，管理者即使再忙，也要花时间和精力辅导员工。

辅导了，却看不到业绩提升

大多数管理者认为辅导员工就是帮助员工解决问题，员工提出一个问题，管理者告诉其解决问题的方法，然后员工根据管理者给出的方法去展开工作。

这种辅导方式并不科学，如果管理者没有根据员工的工作现状以及未来的职业规划展开一系列的辅导，员工就无法举一反三，碰到其他问题依旧一筹莫展。

这也就造成了管理者虽然花费了时间和精力去辅导员工，但收效甚微，看不到员工业绩的增长。管理者开始灰心、懊恼，觉得辅导的用处不大。

认为辅导是企业培训部门的事

另外一部分管理者认为，辅导员工是企业培训部门的事情，他们索性将一切赋能员工的工作全部推给培训部门和人力资源部门。而培训部门出于节省成本的考虑，自然无法周全而又细致地顾及每一个员工，因此员工辅导计划就此搁浅。

在管理中，最难的不是管事，而是管人，将人员管理明白，团队效能自然就会有所提升。所以对于管理者来说，首先要将员工的赋能工作归到自己名下，不能推脱责任，放任自流。

管理者担心“教会徒弟，饿死师傅”

“教会徒弟，饿死师傅”是许多老员工的普遍想法，他们认为辅导是将自己多年工作积累的经验直接拱手交付于人，因此感到非常不忿，害怕新员工在学习了经验之后，很快就能超过自己，使自己的地位受到威胁。

不仅是员工，管理者也害怕新员工在成长起来后，会顶替自己的位置，因此在辅导员工时，他们并不会倾囊相授，而是将核心技艺和方法保留下来，作为自己的独家技巧，让自己保持绝对的领先地位。

事虽常与愿违，事却在人为，即便辅导的现状不容乐观，管理者也要及时回头，重视辅导，突破现状，为企业培养更多优秀人才。

方法论 ‖ “三人五步法”

“玉不琢，不成器”，管理者辅导员工的过程是将员工雕琢成美玉的过程，而玉又有“玉养人”之说。可见，辅导员工，对管理者和员工而言都会有不小的收益，是一箭双雕之举（如图 4–14–4 所示）。

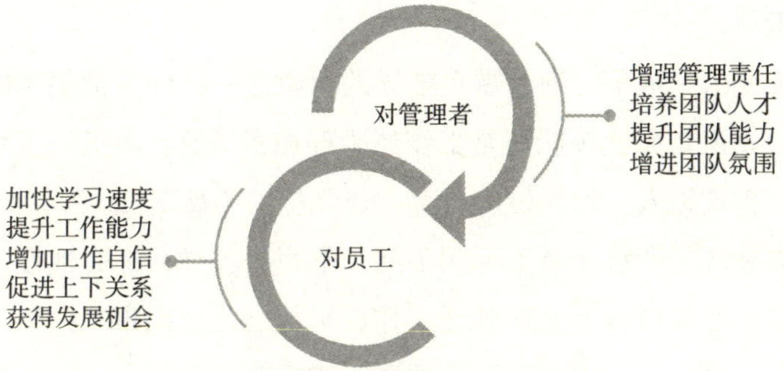

图 4–14–4　管理者辅导员工的好处

尽管辅导员工的好处如此之多，仍有很多管理者不想辅导、不会辅导，导致团队员工成长速度缓慢，效率低下。学会如何辅导员工，是管理者的重要工作之一。根据阿里管理者辅导员工的经验，我们总结出辅导员工的“三人五步法”（如图 4–14–5 所示）。

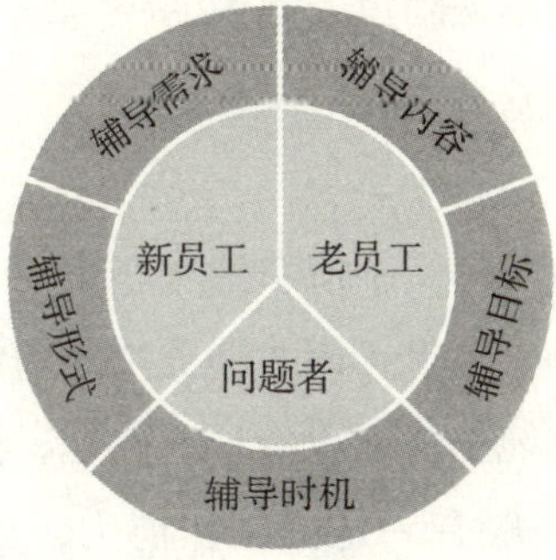

图 4–14–5　“三人五步法”

“三人”

“三人”指的是管理者需要重点辅导三类对象：新员工、老员工和问题者。

新员工

新员工一定是管理者重点辅导的对象之一，因为他们刚刚进入企业，无论是职业技能还是工作经验都相当匮乏。新员工在培训期结束，正式迈入工作岗位前，存在非常多的不确定性。

如果这时候对新员工不闻不问，不耐心辅导，那么他们的成长速度将会非常缓慢，无法胜任工作，可能会为团队带来损失。还有的新员工可能会觉得自己不受重视，随后离职。

对于新员工的辅导，管理者可以从“量”上面来抓。大量的实战演练，是非常有必要的。作为管理者，我们不能抱着“稍微辅导一下，新员工就能熟练地掌握工作技能”的幻想，而是要让员工在实践中积累经验，通过量的积累，达到质的改变。

在这个过程中，管理者还需要有恒心，坚持不懈地辅导员工才能达到预期效果。这也是阿里人常说的：“量、质、恒。”

老员工

有的管理者认为老员工不需要辅导，实际上除了新员工刚入职时流失率比较高之外，老员工因为职业倦怠而流失的情况也非常严重。老员工在职业技能上一般没有什么问题，但其在心态层面需要受到辅导。老员工一般有一定的工作能力，如果管理者不给予重视，那么老员工很可能会另谋出路。

问题者

第三类重点辅导对象是问题者，即在个别问题上存在疑虑的员工，他们急需就某一问题得到辅导，否则工作就难以开展下去。通常这种辅导是有针对性的、临时的辅导，辅导过程不会很长。管理者在帮助其解决相关问题之后，就可以暂缓辅导。“问题者”也分为遇到工作技能上的问题和工作心态上的问题这两种类型。

管理者在辅导员工时，要懂得因材施教，分清员工需要重点辅导的方向。

“五步法”

无论是对于上述三类对象中的哪一类进行辅导，管理者都可以按照以下 5 个步骤进行（如图 4–14–6 所示）。

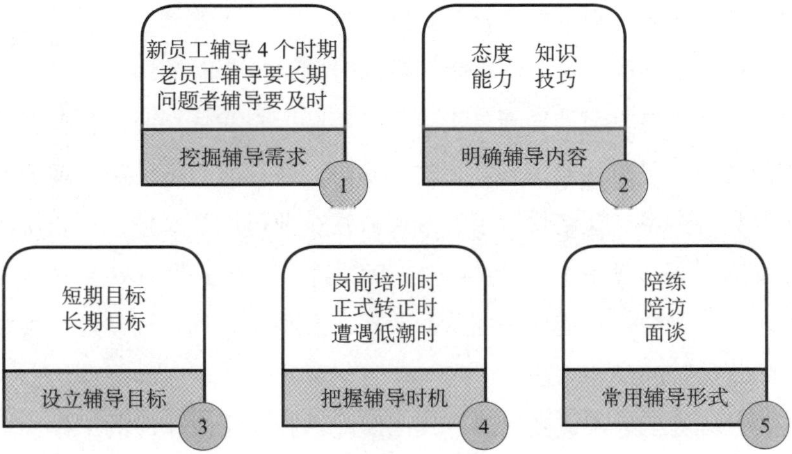

图 4–14–6　管理者辅导员工“五步法”

挖掘辅导需求

三类不同的员工的辅导需求是不同的。

新员工的辅导需求

新员工的辅导需求可以从兴奋期、挫折期、犹豫期和成熟期这4个时期来发掘。每个时期的辅导重点不同，不能一概而论。

兴奋期是员工刚入职的时期，也是员工快速成长的时期。在此阶段，员工对工作怀有强烈的新鲜感和兴奋感。在这段时期内，管理者要迅速投入辅导状态，让员工形成良好的工作习惯，并帮助员工看到成果，让员工能够看见未来。

挫折期是新员工遇到困难的时期，越是在这个时候，管理者越要辅导员工，扎扎实实地帮助新员工练好基本功。让新员工在逆境中成长，从“不会”向“会”前进。

犹豫期是员工对工作产生怀疑的时期，这个时期内，管理者主要应该从心态方面辅导新员工。当员工陷入自我怀疑时，管理者需要帮助员工坚定从业信心。在这一阶段，我一般会帮助员工理清当前的利益关系，让新员工了解继续留在企业可以学到什么、获得什么。随后再以团队榜样的事迹作为案例，让员工明白只要继续努力，用对方法，就能成为团队的荣耀。鼓励是管理者辅导处于犹豫期的新员工的最好方法。

当新员工进入成熟期时，其已经能够独立完成相应的工作，具备了一定的工作技能，心态也趋于稳定。这时候辅导工作的重点就是帮助员工进行职业规划，为他指明前行的道路，让他看到清晰的目标。

老员工的辅导需求

管理者对老员工的辅导，是一个持续而长久的过程。老员工的辅导不像新员工，需要事无巨细。管理者应该结合老员工的心态，在工作技能上对老员工进行点拨，适时地帮助他们提高眼界和见识，让他们能够更加全面地看待问题。

问题者的辅导需求

管理者要注重观察问题者的辅导需求。有许多问题者不会主动提出问题并寻求管理者帮助，这样会导致问题隐藏在冰山之下，是巨大的隐患。管理者应该及时地去发现问题，关注员工的动态，再给予及时的辅导，将一些潜在的风险扼杀在萌芽之中。

明确辅导内容

辅导内容主要从4个方面展开，包括态度、知识、能力和技巧。针对不同类型的员工，辅导内容也要做出区分。

新员工主要需要知识、技巧方面的辅导，更多的是指工作的方式、方法，学术层面的分享等。在能力与技巧的辅导上，管理者要注重强化和考核，通过这些方式，让员工迅速掌握工作技能。

在阿里，管理者会让新员工在三周内掌握阿里巴巴平台上的所有操作。这就是从知识和技巧的层面，对员工进行针对性的辅导。

态度和能力方面的辅导，主要针对老员工。能力层面的东西，多是长时间的积累和沉淀，这样的辅导需要管理者持续跟进。

设立辅导目标

辅导目标分为短期目标和长期目标。短期的辅导目标是解决当前问题，让员工能够独立完成工作；长期的辅导目标，是将员工从被辅导者变成辅导者。在这个过程中，员工不断成长，不仅在管理者的辅导下学习到相关技能，还能慢慢地去教别人，成为师傅。管理者在辅导过程中，要以短期目标为基础，不断追求长期目标。

把握辅导时机

辅导并不是时时刻刻都能进行的，只有找对时机，辅导效果才有可能事半功倍。

比如，员工岗前培训时、第一天上班时、第一次发薪时、正式转正时、心态恶化时、遭遇低潮时、绩效考核时、加薪晋升时、日报周报时、早会周会时等，都是辅导的有效时机。管理者要具备随时随地发现问题的能力，并及时予以指导。员工表现良好，管理者要及时地进行表扬和奖励；员工出现错误，管理者要及时地进行批评和惩罚。

辅导形式多样

多样的辅导形式，可以快速地帮助员工实现全方位的成长。在阿里，管理者最常用的辅导形式是陪练和陪访，我们称之为“Real Play”，即基于真实场景的演练或者面谈。

陪练——模拟演练，用子弹喂出神枪手

在新人到岗之后，管理者必须落实陪练，因为任何一个神枪手，都是子弹喂出来的，老练的员工也是通过陪练与实战成长起来的。

陪练可以理解为陪同新员工进行实战模拟，管理者通过模拟情景，发现员工存在的问题，随后通过共同分析，讨论得出解决问题

的方法。

例如，阿里销售类的员工每天跑完客户，晚上回到公司，还原最真实的现场。如果明天要成功签单 10 万元、20 万元，那么在这之前一定要先做好客户的详细分析，如：老板是谁？第一决策者是谁？客户的反对意见是什么？同行竞争对手是什么样的状况等。然后，管理者与员工轮流扮演销售员与客户，反复进行演练。让员工可以在第二天拿着合同，胸有成竹地上门签单，这就是陪练的优势。

管理者在陪练时要选择有针对性的客户场景，这样才能进行有效的演练。同时，管理者在每次演练结束后，要进行点评，指出员工的优点与问题，并提出改进意见，为下一次演练与实战积累经验，从而促进最终目标的达成。

我通过多年的陪练经验与实践，总结出了“陪练三部曲”（如图 4–14–7 所示），不断为员工赋能。其他企业的管理者也可以借鉴参考，将“陪练”落到实处。

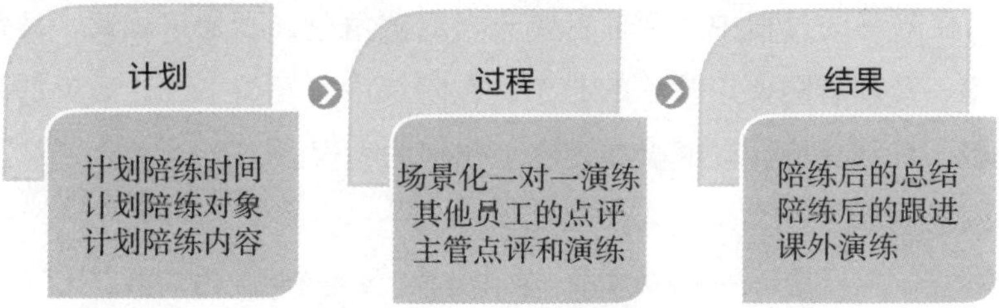

图 4–14–7 陪练三部曲

第一步是预先制订计划，所有的陪练都应当是有计划的，管理者应提前规划好陪练时间、陪练对象、陪练内容等。凡事预则立，不预则废，尤其像陪练这种事情，一定要有详细的计划。

在阿里，如果近期内有新的促销策略出台，或是推出了某个新产品，管理者就会有计划地开展陪练，安排好时间和对象。比如每周三和周五的晚上，会有 1~2 组的伙伴针对新产品上市后，在销售过程中可能会遇到的问题展开深度的产品演练。

第二步是过程。在演练过程中，员工要进入状态，让自己真正融入扮演的角色之中，真实地构建相应的场景，营造实战环境。这种演练要非常细致，细致到真正见客户怎么做，演练就怎么做，就连在进门时与客户交换名片这种细节都要还原。

在单个员工演练结束之后，团队内的伙伴先进行点评，然后管理者进行点评。众多的观点汇聚在一起，能够让演练更加全面和客观。

第三步是结果。结果就是将演练中出现的问题进行总结，督促员工在实际工作中注意类似问题，并在陪练后继续跟进，保证演练内容付诸实践，长期有效。

在陪练的过程中，管理者要充当双重角色：既是陪练者，又是教练。管理者需要以教练的心态，在陪练中启发员工，让员工进入状态，身临其境，以减少在真实工作中的失误。

陪访——上阵实战，言传身教，手把手教陪访

陪访的意思是管理者跟随员工，切身实地地去走访客户。陪访机制就是在团队中实行“老人带新人”的方式，让新员工快速地成长。一般而言，“老人”是指管理者自身，发挥着“导师”的作用。管理者可以在陪访的过程中及时地发现被陪访员工的问题，并帮助他们解决问题。

在阿里，管理者进行陪访要遵循16字方针：“我做你看，我说你听，你做我看，你说我听。”一般在第一家客户，管理者会先让新员工好好观察自己如何与客户交谈。然后在见下一位客户时，管理者会让新员工与顾客交谈，在回到公司后管理者会总结新员工出现的问题。管理者需要帮助新员工不断改进，实现自我突破。

2006年，我在刚开始做跨境电商时，目标是帮助客户做海外出口业务，那时我就见识到了阿里陪访机制的重要性。当时北方市场的客户几乎不做出口业务，我们跑了三四百家钢材客户，发现只有一两家在做出口业务。我们找到这些钢材老板，跟他说：“你需要先从内贸转外贸，再买一个阿里的出口通就能实现出口。”

这是在改变客户的战略，大家可以想象一下：一个刚毕业一两年的小伙子去跟客户谈这些东西，客户肯定是不会相信的。因此，当时的管理者一直陪着我们去拜访客户，一遍一遍上门，有的客户在我们上门拜访了60多次后才签下来。

通过一次次的陪访，我的业务水平突飞猛进。这也让我看见了陪访的巨大作用，在后来带新人的时候，我也会进行陪访。陪访需要注重4个关键点。

一是在陪访过程中，员工才是主角，管理者在大多数情况下要扮演的是配角，不能喧宾夺主，一手包办。管理者要给员工成长的机会，允许员工犯错，让员工在被陪访的过程中有自己的思考，这样才能让员工在改正错误的过程中不断地提升自身的能力。这就是“授人以鱼，不如授人以渔”。

二是管理者在初期陪访时，主要应该从思想和方法上辅导员工；而在后期陪访时，应该以了解细节为主。

三是打铁还需自身硬，管理者自身的业务水平一定要高，否则脱离一线业务去做管理一定会出现问题。

四是陪访就是上阵实战，师傅带徒弟，言传身教，手把手地教。管理者不能怕麻烦，要时刻谨记以辅导员工为主。在进行实战时，管理者还要将新员工的表现记录下来，在陪访后管理者要分析员工存在的问题。我每次在陪访时，都会记录员工的一言一行，并把这些信息制成表格（如表 4–14–2 所示），方便分析，随后还会将分析的结果与大家一起分享、讨论。

表 4–14–2　陪访内容记录表

<table>
<tr><th colspan="3">陪访内容记录表</th></tr>
<tr><td colspan="3">被陪访员工：张华</td></tr>
<tr><td rowspan="2">陪访目的</td><td colspan="2">1. 了解张华的路线安排</td></tr>
<tr><td colspan="2">2. 了解张华的谈判技能</td></tr>
<tr><td rowspan="3">陪访内容</td><td colspan="2">1. 9 点半打电话突击安排与张华见面，并与她一起去见第一个客户。</td></tr>
<tr><td colspan="2">2. 张华认为客户在“产品的现价比其他公司贵”这一问题存在异议，她认为与客户没有谈判的余地，因此没有进入谈判阶段。</td></tr>
<tr><td colspan="2">3. 11 点半，张华到达第二个客户处，但客户已经离开。由此可见张华的时间安排不合理，这样很容易造成客户流失。</td></tr>
<tr><td rowspan="2">陪访评估</td><td>优势</td><td>1. 能够虚心接受和采纳别人的建议，有较强的学习能力和变通能力。
2. 有很强的自尊心，急于表现自己，想向别人证明自己可以做得更好。</td></tr>
<tr><td>问题</td><td>张华在跟进客户时，不能与上次谈判的进度有效连接起来，在判断客户的真实想法方面存在不足，没有完整的工作思路。</td></tr>
<tr><td rowspan="2">陪访建议</td><td colspan="2">1. 在下次与客户面谈前，张华必须注意进行事前的电话约访和路线安排，来提高工作效率。</td></tr>
<tr><td colspan="2">2. 要事先做好计划，确保在跟进客户时不会被打断工作思路。</td></tr>
</table>

有记录、有分享的陪访才是完整且有效的陪访，才能够真正解决员工的问题。管理者在陪访时，最重要的就是做陪访记录，这是开展讨论与分析问题的前提条件。

“纸上得来终觉浅，绝知此事要躬行”，管理者在了解了辅导员工的工作方法后，还需要通过实践将辅导落在实处，帮助员工成长，实现成人达己的目的。

管理力修炼 ‖ 管理者的使命就是培养人

企业战略专家陈春花老师曾说：“数字化时代，时间轴变短，变化的速度在加快，传统的管理方式面临着众多的挑战，沿用多年的管控式管理遇到诸多问题，我们将从命令控制式管理走向授权赋能式管理。”由此可见，为员工赋能已经成为时代大趋势，管理者要学会培养员工。

如今，我们正处于一个非常复杂、充满变数的时代，复杂的外部环境意味着影响企业成功的各种因素结合得更加紧密。就像蝴蝶效应一样，初始条件下微小的变化就能带动整个系统发生长期的、巨大的连锁反应。

而处于这种形势下的员工往往无法立刻、全面地感受到市场的变化，并迅速做出正确决策。所以培养员工的感知力、敏锐度以及各方面的能力，是应对市场突发状况的重要方式。

组织和团队要想走得更好、更长远，必然要学会培养员工。管理者的使命就是培养人。

在阿里的价值观“九阳真经”中，也有对这一点最好的印证，那就是“超越伯乐”。“超越伯乐”就是管理者要知人善用，用人所长，在用人的过程中养人，在养人的过程中用人。用阿里的话说就是：“造接班人，鼓励青出于蓝而胜于蓝。”管理者要善于通过别人拿结果，通过结果培养人。凡是做管理者的人，都应该把培养接班人作为首要任务，要有胸怀去找超越自己的人。

在你成为管理者之前，成功只同自己的成长有关，在你成为管理者之后，成功都同别人的成长有关。管理者不必害怕被超越，不必担心被“后浪”拍在沙滩上。事实上，当你能够站在山脚，帮助员工向上攀登时，你的境界和高度已经达到了很高的层次，其他人在短时间内是难以赶超的。

与其终日忧心忡忡，担心被时代、被企业所淘汰，不如将团队伙伴锻造成更优秀的存在，让团队效率更上一层楼，这才是体现管理者能力的关键所在。

第 15 招
师徒制：最有效的人才成长路径

故事启迪 ‖ 我在和君的拜师仪式

在没有进阿里之前，我只知道相声界有师傅徒弟之说，师傅倾囊所授，徒弟韦编三绝。师傅带徒弟的制度是艺术类行当中最好的教学方法。进入阿里以后，我也有了师傅，这是因为阿里实行的“师徒制”。

在阿里，师傅不仅是徒弟职业路上的引路人，更是思想价值的引导者。

我十分庆幸自己在阿里遇见了许多好师傅。我是技术出身，刚进阿里时对销售并不了解。这时候，有几个非常优秀的师傅带我快速入门，不仅帮助我了解销售知识，还帮助我强化销售层面的技能。

后来，我开始从销售向管理转型，在这个过程中我遇到过许多问题，最终都在师傅的帮助下解决了，让我少走了许多弯路。即便现在我已经离开阿里，我依然对我在阿里的师傅感恩于怀，他们教给我的东西，让我受益匪浅。我在刚进阿里做销售时，主要任务是将理论转为实践，后来转到管理岗，我的主要任务则开始从实践回归于理论。现在我开始自己创业，则又回到了实战的起点。在这一过程中，帮助我的师傅有很多，让我记忆最深的是在和君遇见的师傅。

在和君的开学典礼上，都需要进行拜师仪式。针对拜师仪式，和君还制定了拜师帖，主要内容是拜师仪式的过程，向学员传达尊师重道的观念（如图 4–15–1 所示）。

第一项：呈拜师帖
第二项：敬茶
敬茶的含义是以茶示淡泊清雅，敬示恭敬礼待
第三项：浸礼
以手蘸清水，点学生前额（意为：传递水的精神）请学生行拜师礼
第四项：赠书

图 4–15–1　和君拜师帖

正所谓“一日为师，终身为父”，尊师重教是每个人都应该做到的事情。在和君的拜师过程中，让我感受最深的是拜师帖上的第二项与第三项。

第二项是敬茶，“敬”是“恭敬礼待”之意，茶有淡泊清雅之蕴，敬茶这一项是为了让学员懂得尊重师傅，也是希望学员能有如茶一般的品格。在浸礼这一环节，师傅用手蘸清水，点学生前额，意为传递水的精神。随后学生再行拜师礼，也是为了让学员了解尊师重道的重要性。这也是我经历过的最正式、最有仪式感的拜师仪式，让我记忆犹新。

虽说师傅领进门，修行靠个人，但在和君学习时，我在许多师傅的帮助下，少走了很多弯路，并得到了快速成长。在和君学习的一年之中，我几乎每天都在成长。

有人曾说：“读万卷书不如行万里路，行万里路不如阅人无数，阅人无数不如贵人相助，贵人相助不如高人指路。”确实如此，师傅的存在会让员工快速成长，帮助员工创造更多的价值。

师徒制，员工培养体系的一部分

善之本在教，教之本在师，这不仅适用于教育领域，同样也适用于企业管理。在企业中“善”就是成就员工，其根本在于传授技能方法与价值观，而执行这一任务的就是“老师”。例如，阿里设置师徒制，就是希望员工获得更好的成长。

阿里的师徒制模式

师徒制由来已久，是一种技艺传承的有效方式。今天，无论是大企业还是中小企业，仍在沿用这种师傅带徒弟的培养模式，阿里也不例外。

为何如今大火的培训模式无法取代师徒制？这是因为培训是大面积的传授，无法针对个体员工的情况来制定相关的策略。而师徒制采用的是一对一的形式，师傅通过口传心授、言传身教，来帮助新员工成长。师傅还可以根据新员工的特点来制订特殊的培养计划，让新员工可以更快地成长。

师徒制的定位是“员工培养体系的一部分”，其能够帮助新人成长，传授经验技术，传承公司文化。其中师傅这一角色发挥着重大作用，因此，管理者在指定新员工的师傅时，一定要严格挑选，只有业务能力强，道德品质好，充满责任心，符合公司理念的老员工才有资格承担师傅这一角色。

在阿里，师徒制起到的是辅助作用。在我刚进阿里时，我的师傅帮助我快速成长，给予我支持，他是我职业路上的引路人。由此可见，师徒制对新员工的意义十分重大。

除此之外，实行师徒制，对企业而言也是意义非凡。其可以让新员工更快融入公司，及时跟上团队步伐，形成团队的梯队建设；可以让老员工获得更多职业成就感，有效锻炼他作为师傅的领导力；可让团队更加稳定，使经验得以沉淀，技术得以传递，文化得以传承。

师徒制最好的方式是文化的传承

曾经，我带的第一个新人是应届毕业生。他怀着一腔热血进入了阿里，空有一番冲劲，却没有相应的能力。在我带他的三个月中，从日报的撰写到项目的细节，我都会一一向他讲解，让他慢慢感受、理解，第一个月，他的能力得到了全方位的提升。

第二个月，他开始学习提高工作效率的方法。在这一过程中，他不仅学习了“怎么做”，还彻底弄明白了“为什么这么做”。除此之外，他还根据自己工作与学习的实际情况，结合我传授的经验，总结出自己的经验方法。这样的学习方法，让他能够快速接受新知识。

到了第三个月，他已经成了一个业务老手，有能力解决工作中出现的问题。当他成为“百万荣誉”中的一员时，他对我说：“十分感谢您对我的培养，让我打下了坚实的基础，有了现今的成就！”

其实我和他都是这样一步一步走过来的，我在进入阿里时，也是在师傅的培养下获得了成长。我只不过是将师傅教给我的东西，再教给了他而已。我想，在将来他也会将这些知识再教给他的徒弟……如此周而复始，让阿里的文化得到传承，生生不息。

在阿里，5 年以上的老员工基本上都做过师傅，除了传递技艺，他们还会传递工作方法等内容，这些都是对文化的传承。“师徒制”不光是员工的培养模式，也是文化的传承方式。

阿里良将如云，师徒制功不可没。其他管理者也可以借鉴阿里的师徒制为企业培养更多人才。

企业实行“师徒制”的现状

社会犹如一条船，每个人都要做好掌舵的准备，设置师徒制的目的就是培养新员工，让他们在未来能够承担起掌舵的重任。而如今，在许多企业中师徒制的落地出现阻碍，形同虚设。要解决这一问题，我们就需要先去了解企业的现状与出现问题的原因。

企业：把责任全部放在师傅身上

许多企业认为通过师徒制能否快速培养新人的责任在师傅，企业最多只能给予制度或经济上的支援。这是企业在实施师徒制时在自身层面出现的问题。

有许多管理者将带新人的任务往下一抛，就不再理会，这是不负责任、没有担当的表现。我认识的一位伙伴小赵，主管让他带新人，随后就不闻不问了。在带新人的过程中，小赵发现这位员工的工作与学习能力很强，但是工作价值观与团队不符，于是想与主管商量一下是否录用的问题。可主管只是说："人给你带了，就是你的事情，需要你自己做决定。"

结果，小赵在与整个团队商量之后，选择不录用该新员工。主管知道后，大发雷霆："好不容易招到的一个人，你怎么能把他解雇了！"

这种情况在企业实行师徒制的过程中十分常见，会造成新员工的人事变动频繁，不利于团队的稳定与发展。

师傅：存在"教会徒弟，饿死师傅"的想法

受"教会徒弟，饿死师傅"这种观念的影响，很多老员工会在做师傅时，担心徒弟抢了自己的饭碗，不敢倾囊相授。

我认识一个人，他在进入阿里之前是一家公司的技术型员工，

工龄 5 年。当时，公司招进来一个新员工让他负责带。可在他全心全意地教会新员工后，自己却被公司辞退了，这让他十分气愤。

不可否认，“教会徒弟，饿死师傅”的事例真实存在，却只是个例，不能将其当作行业的普遍规律。师傅将自己在多年的工作中沉淀下来的经验传授给徒弟，只是为了让徒弟少走弯路，而不是让徒弟不需要走路。由此可见，徒弟获得了师傅的经验，也无法一蹴而就，还需要自己去探索实践。

因此，师傅需要用平常心去看待教会徒弟这件事。换个角度想，快速教会徒弟还能让他协助你的工作，提升你的工作效率，岂不美哉！

徒弟：不认可师傅或过于依赖师傅

企业在实行师徒制的过程中，会出现徒弟不认可师傅在专业方面的经验和技能的现象，或者出现徒弟过分依赖师傅，不去创新和实践，甚至无法独立工作的情形。

你可能会发现，如果新招进的员工年龄较大，或多或少有相关的专业经验，而作为师傅的老员工相对年龄较小，那么这时很有可能会出现徒弟不认可师傅的情形。这会让老员工产生挫败感，还会使团队中出现不和谐的因素。

还有一种情况是徒弟过度依赖师傅，徒弟在工作中一有不会的事情就会找师傅来解决。我曾经在带一个员工时，也出现过类似情况。当时他不知道如何绘制表格，就跑来问我，其实这样的小问题在网上一查便知，花不了两三分钟。在平时，不论大事、小事他都会来问我，这不仅影响了我的工作效率，也不利于他的独立成长。

方法论 ‖“三位一体”法

刘易斯曾说：“尽管尽责任有时使人厌烦，但不履行责任，只能是懦夫、不折不扣的废物。”许多企业的师徒制形同虚设，有时不仅不能发挥效用，还会为团队的发展带来负面影响。究其原因，是因为在实行的过程中，相关负责人没有尽到自己应尽的责任。

根据阿里实行师徒制的经验总结，我提出能帮助公司建立有效师徒制的“三位一体”法，让企业、师傅、徒弟、管理者明确自己的责任与义务，并将其落实，从而使“师徒制”真正发挥效用（如图 4–15–2 所示）。

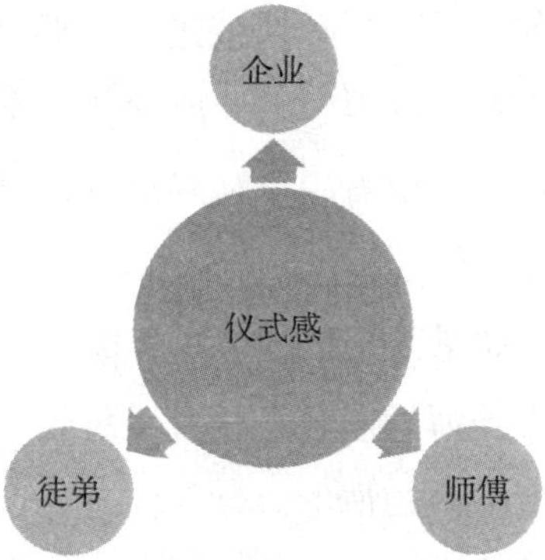

图 4–15–2　建立有效师徒制的“三位一体”法

一位：企业应该明确意义，搭建基石，营造氛围

让师徒制落到实地分为三步：明确意义——搭建基石——营造氛围。

第一步：明确意义

企业应该让所有人明白师徒制的内容和制定的意义。企业在落实师徒制时，需要向全体员工传达一个明确的信息：师徒制是企业人才培养的重要模式，对企业人才后备军的创建，对企业自身的发展有极大的推动作用。

新员工一入职，企业就应该在第一时间为其匹配相应的师傅，并向其明确传达师徒制的重要性，让师徒双方先在制度上接受师徒制，继而在情感上接受，从而推动师徒工作的顺利开展。

第二步：搭建基石

所谓搭建基石，即企业应该建立师徒间的行为制度，为双方权利与义务提供标准与约束，这是为师徒制的落地创造条件。

在这一步时，企业要让作为师傅的老员工明白，其不仅要在技能上指导新员工，还要在生活上对新员工给予支持；企业需要让作为徒弟的新员工积极配合师傅的工作，努力完成师傅分配的学习与工作任务，虚心向师傅请教并严格执行师徒制。

如果企业仅仅设立了师徒制，但没有任何相关的说明、标准、监督和考核，就会让师徒制流于形式，发挥不了真正的作用。

第三步：营造氛围

企业应该积极营造师徒制的文化，让师徒制拥有赖以生长的环境氛围。

阿里在落实师徒制时，将重点放在营造师徒制文化上。例如，我在刚进阿里时，就被分配了一个师傅。在拜访完客户之后，她请我吃了一顿饭，在饭桌上我们聊了很多，这让我开始对阿里产生归属感。后来，我在带新员工时，也会请他们吃饭。这也是一种传承，是师徒制文化中的一部分，能够让师徒制在潜移默化中对新员工、对团队产生影响。

二位：师傅应该尽职尽责，树立榜样，给予帮助

作为师傅，有师德才能教出好学生。因此，作为师傅需要承担身上的这份责任，这也是在落实师徒制的过程中，作为师傅的一方需要坚守的原则。

作为师傅，你需要明白权利的背后更多的是责任和义务，尽职尽责是分内的事；作为师傅，要严于律己，起好带头作用，成为众多新员工学习的榜样；作为师傅，你还需要明白榜样不仅是员工用来学习的，还是用来超越的；作为师傅，你要明白如果徒弟失败，就是你的过错；如果徒弟有困难，你就有责任去帮助他。

在阿里，我在担任师傅这一角色时的主要职责就是辅助。当徒弟遇见重要订单时，我就会陪同徒弟拜访、促单、检查，辅助他完成订单，培养他的业务能力。在平时也需要对他进行辅助，让徒弟能够尽快适应工作，不掉队。在徒弟适应后，我一般会与他进行沟通，帮助他制订发展规划，承担起一个师傅的责任（如图 4–15–3 所示）。

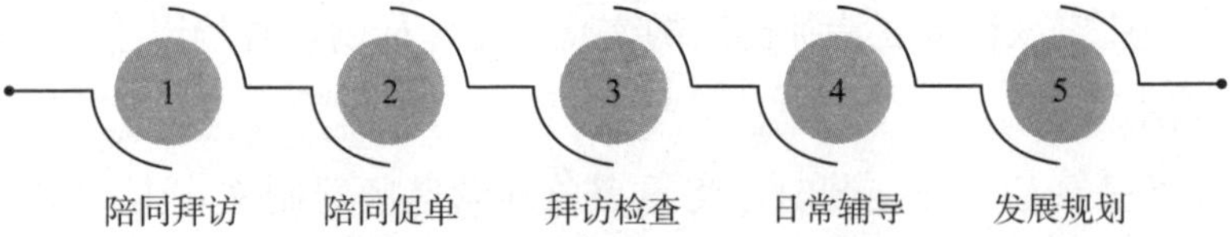

图 4–15–3　阿里师傅的五大职责

在团队中，师徒关系一旦确定，师傅就有责任、有义务去帮助新员工获得成长。在这一个过程中，作为师傅，你需要明白，徒弟的活动量管理 = 师傅的活动量管理；徒弟拜访的量和质（成长）= 师傅辅导的量和质（培养）。师傅帮助新员工的过程也是自己学习的过程，师徒要做到教学相长，共同进步。

在落实师徒制的过程中，师傅不仅需要承担自己的责任，还需要秉承自己的理念和使命（如图 4–15–4 所示），这是帮助新员工通过试用考核的关键。

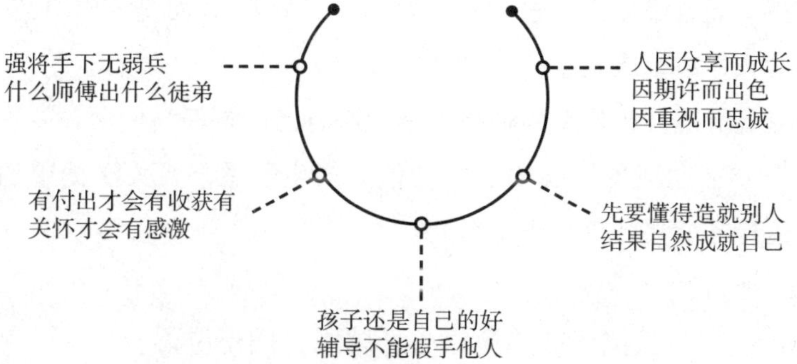

图 4–15–4 阿里师傅需要秉持的理念与使命

上述 5 点就是阿里师傅需要秉承的理念和使命。我在阿里带新人时，都会坚守这些理念与使命，这些会让新员工快速成长，通过试用考核。我带过的许多新人成长很快，在一个月之内就能顺利签单，在三个月内顺利转正，在一年甚至是半年内就可以成为“百万荣誉”中的一员，成为大区里的尖子，最后再慢慢晋升为主管。

在这些新人成长的过程中，我作为师傅只是将上文提及的理念与使命贯彻到各个环节，手把手教，有时还会进行角色互换，让新员工在演练的过程中学习。

师傅还要明白师徒制不是拉帮结派，培养心腹，也不是实行小圈子主义，而是要向新员工传递技能。

对新员工而言，师傅是融入公司的那扇门，这种融入包括文化融入与关系融入。文化融入是要让新员工融入公司，关系融入是要让新员工在团队中产生关系。新员工在入职一周后，如果在团队中还没有一个朋友的话，那么这个员工迟早会离开公司。

从阿里带新人的经历中我发现，合适的师傅是对新人成长最好的支持。而且带新人的过程不是简单的“带人”，而是要以事驱人，以事育人，成事成人。

综上所述，新员工的师傅要承担起自己的责任与使命，要重视徒弟，要辅助新员工在团队中与他人产生联系，要关注徒弟的成长，这样才能让徒弟真正出师。

三位：徒弟应该心怀感恩，摆正位置

“教学”分为“教”与“学”两个层面，即师傅教，徒弟学。正所谓一个巴掌拍不响，光有师傅教，作为徒弟的新员工不愿意学，也会让师徒制形同虚设。企业要将师徒制的效用发挥出来，就需要徒弟配合师傅的教学（如图 4–15–5 所示）。

首先，作为徒弟要坚守正确的理念，要有空杯心态，要心怀感恩，要摆正自己的位置。

其次，作为徒弟要明确自己的职责，并将其落实在日常的工作中，配合师傅进行教学，快速了解公司与团队的业务。

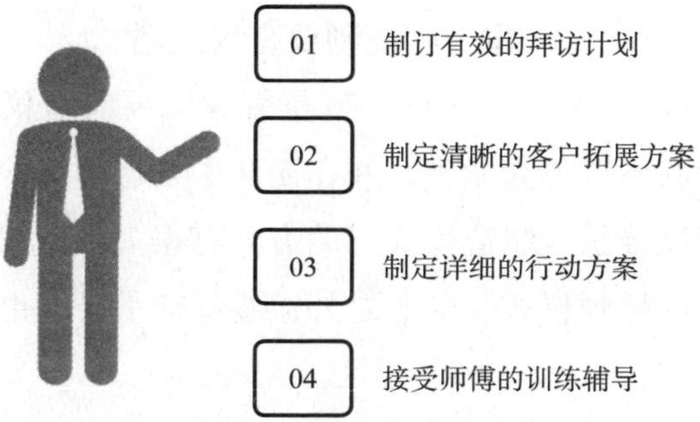

图 4–15–5　阿里徒弟应该履行的职责

例如，我在阿里中供铁军带徒弟时，我会让他自己先制订一个详细的计划，然后我会在日常的工作中按照这个计划，对他进行监督与反馈。徒弟每天的工作日报都是直接抄送给我，我会根据他一天的工作情况进行反馈，找出他目前的问题，并给出相关建议，从而让他快速成长。

除此之外，徒弟还应该树立一个目标来激励自己去主动学习，快速提升自己的业务能力与工作技能水平。

例如，我曾经带过一个新人，他设置了这样的目标：

第一周在师傅的陪同下签第一单；
保证自己在三个月内顺利转正；
转正后以最快的速度晋升主管；
坚持不懈完成每日的有效拜访；
积极主动向师傅和伙伴学习；
尽快成为一名专业的销售顾问；
永远牢记个人梦想和发展目标。

一体：师徒制要有仪式感

“三位一体”中的“一体”就是管理者要制造仪式感，让师徒在精神上联系得更为紧密，并在团队中营造师徒的氛围，让阿里的文化得以传承。制造仪式感的方式有很多，例如在上文中提及的在和君的拜师仪式，除此之外，签师徒承诺书也是一个重要抓手。

下面是我曾经签署过的一个师徒承诺书，可以供众多管理者参考（如表 4–15–1 所示）。

表 4–15–1 阿里师徒承诺书模板

师徒承诺书		
师傅对徒弟的承诺	**徒弟对师傅的承诺**	**主管的追踪评估**
1. 每周陪访徒弟 __ 次 2. 协助徒弟开拓 __ 个客户 3. 日常的一对一训练辅导 4. 帮助徒弟制订梦想计划 5. 在 ____ 天帮徒弟签单 6. 在 ____ 月帮徒弟转正	1. 出勤率达到 ___% 2. 每天有效拜访不低于 ___ 家 3. 接受师傅的日常训练辅导 4. 当月目标上线门店 ___ 家 5. 当月上 __ 单、流水 ___ 万元 6. 梦想计划在第 ___ 月转正	1. 承诺书的执行情况 2. 徒弟目标达成情况 3. 制定师徒奖励制度 4. 定时召开师傅会议 5. 确定好检查的频次
师傅：______ 徒弟：_______	见证人：_______	时间：_______

每个企业的实际情况不同，管理者要根据自己的情况来制定具体的承诺书，并制定相应的奖励机制。

从上述的承诺书中可以看出，师徒制的落实是师傅、徒弟、主管（管理者）三方的责任，仪式感的创建，需要师傅的承诺、徒弟的承诺以及主管的追踪评估三者合力而成。作为管理者，我们不能独善其身，在给新员工指定师傅之后不能放任不管。

管理力修炼 ‖ 时时利他和成人达己

阿里最强的不是产品，也不是运营，而是管理。

马云曾评价阿里“良将如云、弓马殷实”，从中我们能感受到马云对阿里管理的骄傲和自信。他之所以敢在天下人面前说出豪言壮语，就是因为阿里的管理者时时利他，坚持成人达己，其让阿里人才辈出，将阿里推上了如今的地位。

时时利他，成人达己也是师徒制的底色。马云原本的身份是老师，他在教书时，希望自己的学生在 10 年之后能够出人头地，能够超越自己；他在做管理者时，希望员工能获得成长，有更加美好的未来。不管是老师，还是管理者，其本质都没有发生改变，都是时时利他，成人达己，用自己的光芒照亮他人前行的路。这是管理者应该修炼的能力。

在阿里，不是只有马云一个人有老师的背景，例如彭蕾最开始也是老师。因此，阿里最初的管理方式便采用的是“师傅教学生”的方式，这是阿里师徒制的起点，也是阿里成功的关键。

管理者应该像马云一样，扮演师傅的角色，把员工当作学生，帮助他们获得成长，取得成功。作为管理者，如果你的思想与格局还停留在“教会徒弟，饿死师傅”的层面，那么这说明你的思维层次还处于底层，事业注定无法长远。你应该用更高的格局与思维来看待“教会徒弟”这件事情。

在员工成长后，他将会分担你肩上的负担，辅助你完成任务、达成目标，最终受益的还是你自己。最终，你会发现成就员工就是在成就自己。对管理者而言，最好的管理方式就是成就员工，懂得成就伙伴，做到成人达己，使青出于蓝而胜于蓝。

如此，时时利他，成人达己的结果是最终会造就一支上下同心的队伍，阿里铁军就是如此而来。在阿里，当有一个新项目时，公司会将相关的人组成一个团队，当项目完成时，这个团队会解散，团队成员会与其他人组成新的团队，开展新项目。

阿里铁军中的每一个人都能做到“招之即来，来之即战，战之即胜，胜之即散”，这是因为在师徒制下，管理者让每一个员工学会了利他，学会了成人达己，他们愿意通过奉献，达成团队的共同目标。

这也是其他管理者应该学习的地方，不仅是自己要做到时时利他，成人达己，还要将这种思想与精神传承下去，让更多的员工懂得奉献，懂得成人达己。如此，当管理者在面临困境之时，员工才会一起扛起重担，万众一心来打赢一场仗。

第 16 招
复盘：回顾总结，凝练可复制的方法论

故事启迪 ‖ 马云“从错误中学习”的建议

马云曾经不止一次地在公开场合说过：“我们也犯过很多错，很多愚蠢的错，也痛苦过，这是真的。这是我们想分享的，也是我所骄傲的事情。我们来到这个世界是为了度假，回去时可以说‘这是我犯过的错，见过的人珍贵的经历，什么金钱荣誉是带不走的’。”所以马云建议，要多从错误中学习，而不是从成功的故事里学习。

事实上，从自身错误中反思得来的成果，比借鉴他人的成功经验要深刻 100 倍。从错误中学习取得进步，不是为了避开错误，而是为了让自己能够更加从容地面对错误。

马云善于从错误中积累经验。他认为经验都是在做的事、犯的错中一点一点累积起来的。在工作上，我们要懂得不断归因，切忌一错再错。同时，在想清楚后要马上就做，只有做了才能突破混沌。小步快跑，快速迭代，在发现问题、解决问题的良性循环中不断前进、上升。

无独有偶，世界级投资教父、《原则》的作者瑞·达利欧也表达过类似观点。他认为自己成功的重要原因是他善于记录和总结。他在多年前养成这样一个习惯：在做决策时，把决策内容全部写下来。在每次进行交易时，他也会将交易的原因、背景、现状等各方面的情况记录下来。

在事情结束后，他会再回过头来反思当时的决策，反思交易中出现的问题，然后将这笔交易的条件、标准总结成规律。最终他发现，相似的事情总是不断地重复发生着，这也就意味着不断地总结、反思，然后形成自己的处事原则是非常重要的。

网络上曾经有一句很火的话，虽然有些绝对，但不乏一定的道理："如果现在的你不觉得一年前的自己是个蠢货，那就说明你这一年没有学到什么东西。"实际上这句话也是在告诫我们，我们需要不断地反思过去，总结规律。

从马云的经验中，我们可以发现：每一次错误都是重要事件，只是你尚未将它的所有益处变为自己的优势。达利欧则告诉我们：不要懒惰，要学会反思。就像诺亚财富的 CEO 汪静波说的："不重来就是快，可积累就是多！"

那么，管理者要如何把错误的经验转化成能力呢？答案是：复盘。

复盘是把从错误中积累的经验转换为能力的重要工具。在这一招里，我就来讲一下如何做好一次复盘，并收获复利的价值。

现状分析 ‖ 管理者开“复盘会”的两大现状

目前，有许多企业的管理者从不开复盘会，即使有少数企业的管理者开“复盘会”，也没有将它真正的价值发挥出来。这就是如今管理者开“复盘会”的两大现状。

从不开

先来说说第一种现状：管理者从不开“复盘会”。有一次我在为一个企业的管理者做培训时，有一位管理者问我：“什么是复盘？”惊讶之余，我才知道原来还有很多管理者根本不知道什么是复盘以及为什么要开“复盘会”。

什么是复盘

作为管理者，我们就像是一个水池，而水池的墙壁，是由管理者自己堆砌的，砌得越高，能装的水就越多。管理者的管理能力并不是固定不变的，也不是天生就有的，它是可以不断提升的，而提升管理能力最好的方式就是：反复总结，反复思考，这就是复盘。

在阿里，“复盘”通常是一个团队聚集在一起，就某一项工作展开回顾式讨论，也就形成了阿里独特的“复盘会”。

李小龙曾经说过这样一句话：“我不怕练了 10 000 种腿法的人，我怕的是同一种腿法练了 10 000 次的人。”练了 10 000 次腿法并在每一次练习之后，都能找到问题并进行纠正的人，是最可怕的对手。同样的道理，能够不断总结经验的管理者，也必将是一个优秀的管理者。

那些在管理岗位上“努力”了很久，团队效率却始终无法提升的管理者，大多缺乏复盘思维。为什么有的老员工一直得不到晋升机会，正是因为他看起来是一位有着 10 年工龄的老员工，实际上不过是把一年的工作经验反复用了 10 年而已。不复盘的工作，永远在原地打转。

为什么复盘

在工作实践中学习是成人学习最主要的方式。而复盘是团队学习的重要方式，通过集体深度复盘，从过去的经验和实际的工作中进行反思总结，可以超越个人的局限，让团队成员看到整体，进而总结经验，提升能力，改善绩效。我总结归纳了一下，管理者做好复盘主要有以下四大价值（如图 4–16–1 所示）。

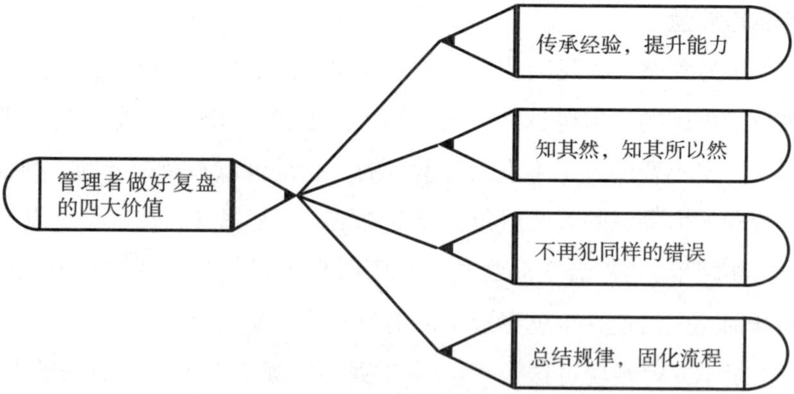

图 4–16–1　管理者做复盘的四大价值

由此可见，管理者从不复盘导致的后果，便是员工的经验无法传承，能力无法提升，错误一犯再犯。而复盘能让管理者捕捉员工每一次微小的进步或是不足，这样不仅能够让员工找到前进的方向，更能在无数次反复中铸就团队的辉煌。

开不好

有的管理者能够清楚地认识到“复盘会”的重要性，也在不断地召开“复盘会”，但即便耗费大量时间去开“复盘会”，员工的成长和进步依然非常微小，甚至止步不前。这就说明管理者开不好“复盘会”。为什么开不好呢？我归纳了一下，主要有以下三种原因。

无场景

管理者对复盘认识不深刻，不知道复盘的特定场景有哪些，从而导致复盘会开得不清不楚，毫无逻辑，员工听得云里雾里，毫无收获。

一般情况下，复盘主要包括以下四大场景（如图4–16–2所示）。

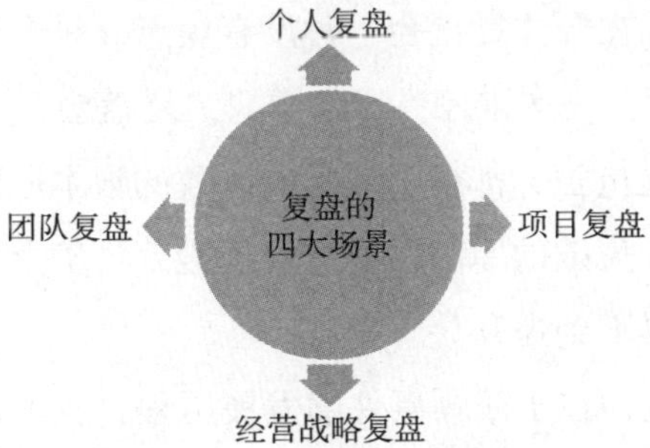

图 4–16–2　复盘的四大场景

个人复盘通常适合个别员工在参与特殊事件或项目后进行，管理者以个人为典型案例，推广该员工的经验为主。

团队复盘适用于团队协作进行的项目，通过团队复盘，团队成员集思广益，共同提升。

项目复盘是有针对性地对某个项目进行复盘，能够有效地解决项目中出现的问题，避免在今后类似的项目中出现同样问题。

经营战略复盘是公司定期组织对企业文化、价值观、发展方向等宏观层面的复盘。

无流程

有的管理者在开“复盘会”时，没有流程，想到哪儿说到哪儿，让“复盘会”变成了针对某一点问题展开的辩论大会，各方观点僵持不下，在你方唱罢我登场的过程中，最终无法达成共识，也没有从中总结出任何经验。关于如何制定正确的复盘流程，在下文方法论中我将详细介绍。

无重点

无重点表现在开“复盘会”时没有焦点，每个环节所用时间相同，所有的分析“一视同仁”。这样的“复盘会”在开完之后，无论是管理者还是员工，都找不到影响成败的根本原因，成功的经验无法得到复制，失败的原因无法有效规避，员工个人的能力与团队的竞争力依旧得不到提升。

复盘的重点，在于回顾事件的发展历程，找出影响事件进展的关键因素，并针对关键因素进行发扬或改进。复盘不仅仅是单纯地看过去的成绩，更重要的是让团队收获经验和教训，从而收获复利。所以在复盘时不必纠结究竟是谁的功劳或是将错误归咎于谁，而是要通过结果，反思方法。

最后，总结一下：复盘无场景、无流程、无重点，会导致员工找不到成败的根本原因，无法复用成功的经验，无法规避曾经踩过的坑，会导致个人与团队缺乏竞争力，更会导致项目与企业止步不前。所以，管理者要想让复盘真正有价值，就要把复盘这一管理基本动作做好、做实。

做好复盘的“五步骤三角色”法

人们常说“在我们的主观世界和客观世界之间有条沟，你掉进去了叫挫折，你爬出来了叫成长”，而复盘就是让人爬出“这条沟”的必要途径。复盘会让我们明白自己掉进沟里的原因，找到从沟中爬起来的方法，在下次看见沟时及时避开。

根据在阿里数千次的“复盘”经验，我总结出“五步骤三角色”法（如图 4–16–3 所示），助力管理者做好复盘。

“五步骤”

管理者要做好复盘，需遵循 5 个步骤：复初心、复目标、复结果、复原因和做迭代。每个步骤的复盘内容与侧重点不同，我将在表 4–16–1 中详细展开说明。

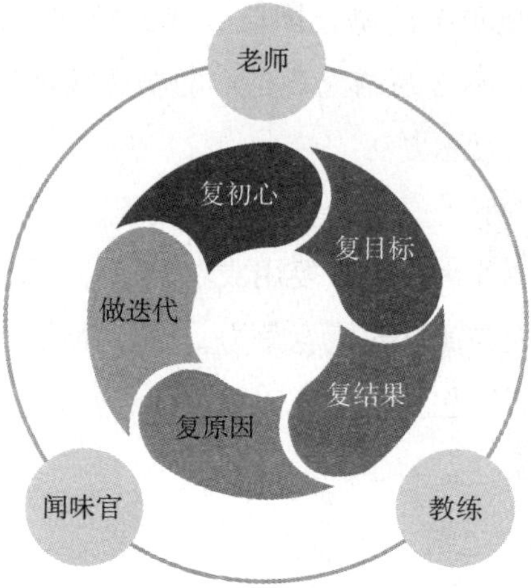

图 4–16–3 “五步骤三角色”法

表 4–16–1 项目复盘流程

项目复盘流程					
步骤	复初心	复目标	复结果	复原因	做迭代
主要内容	①初心是否明确？ ②初心是否被共同看见？	①事件 / 项目想要达成的目标是什么？ ②关键环节或工作计划是什么？ ③各环节的预期目标是什么？	①实际发生了什么事情？有哪些环节？各环节具体发生了什么？ ②每个环节的亮点有哪些？不足有哪些？	①实际与预期目标有无差异？ ②如果有，是哪些因素造成差异的？ ③未能成功的关键因素是什么？	①从中学到了什么？接下来可以做什么？ ②近期的一小步计划是什么？谁来负责？什么时候完成？

（续表）

项目复盘流程					
步骤	复初心	复目标	复结果	复原因	做迭代
关键点	项目初心一定要跟伙伴共识，让大家共同看见，知道项目的价值和意义。	目标必须符合SMART 原则，具体的、可衡量的、可达成的、相关的并有一定时间限的。	还原事实真相，每位参会伙伴开放分享自己的所见所得。	既有客观原因，也有主观原因，把握关键核心，不要限于细节。	总结出开始做什么？继续做什么？停止做什么？

复初心

复初心是复盘的第一步，也是复盘的基础。复初心主要从两个问题入手：一是初心是否明确；二是初心是否被共同看见。

很多时候，我们会发现自己并不清楚做事的目的和原因。而目的和原因正是我们工作的初心。我们常说“不忘初心，方得始终”，如果不明初心，又何谈始终？所以，我们在开展一个工作时，要记录下工作的出发点以及工作的价值所在，这些就是初心。

初心是最纯粹的力量，支撑着我们努力奋斗的往往就是初心。作为管理者，我们要在初心层面与团队成员达成共识，让大家共同看见，知道工作的意义，以此来鼓励大家朝着共同的方向奋进。成功，从某种意义上来说，就是把初心做到极致。

所以，管理者在复盘时，首先要检视初心是否明确，团队内所有人是否都清楚地知道我们的初心是什么。倘若在这一步骤出现了问题，那么将会给后面的工作带来很大隐患。

在阿里，有一个“目标宣讲”环节，管理者通过将目标明确到每一个人身上，并反复宣讲目标，让员工就目标达成共识。这便是确定初心的环节。在复盘时，阿里的管理者会从目标制定、宣讲环节开始，确定初心是否明确。表 4–16–2 是我现在团队的“项目复盘表”，里面就有“项目初心”一栏。

表 4–16–2　项目复盘表

项目复盘表			
项目名称			
项目时间		项目负责人	
项目概况			
回顾目标	回顾最初目标与最终达成情况		
最初目标			
最终达成			
评估结果	找到亮点与不足		
亮点之处			
不足之处			
分析原因	找到其中做得不足的地方的原因		
不足原因			
总结经验	总结其中做得成功的地方的方法论		
成功心得			

复目标

在明确初心之后，管理者接下来要做的就是复盘目标。在复盘目标时，管理者需要思考三个问题：我们要达成的目标是什么？关键环节或工作的计划是什么？各环节的预期目标是什么？

以这三个问题为切入点，进行全面的目标复盘，找出在达成目标的过程中出现的问题，并加以分析。一般而言，目标不清晰或者目标不坚定，是导致我们最终达不到预期目标的根本原因。因此，目标复盘不可或缺。

如何进行目标复盘？目标复盘的关键点就是管理人员要检查目标是否符合 SMART 原则，具体可参照月报里的 SMART 原则进行。阿里经常会举办客户论坛活动，并要求员工邀请客户前来参加，每个人的目标是 30 个客户。员工邀请的 30 个客户是管理者还是普通业务人员，这其中有很大的区别。虽然都完成了目标，但完成目标的质量有天壤之别。因此，在复盘目标时，管理人员也需要复盘目标的完成标准。

目标和标准是最容易被忽视的，也是最容易出现问题的地方，需要引起管理者的重视。

复结果

复结果就是回顾员工的目标达成情况，主要分为两个维度：一是目标的达成指数；二是完成的目标是否达到了标准。

管理者在复盘结果时，可以从以下三个问题入手：实际发生了什么？取得了什么样的结果？每个环节中有哪些亮点和不足？

用结果对应目标，管理者就可以清晰地看到员工的目标是否达成。对于达成的目标，管理者要注意沉淀成功方法，形成可共享的经验。

复盘结果的关键点是还原事实真相，让每位员工分享自己的所见所得。

复原因

预期目标与实际结果总是有差异的，对于未达成目标的部分，管理者需要细究其成因，进行针对性的总结，也就是复原因。

管理者在复盘原因时，可以从以下三个问题入手：实际结果与预期目标有无差异？如果有，是哪些因素造成的？如果没有，成功的关键因素是什么？

复盘原因的关键点在于：既要有客观原因，也要有主观原因，应把握关键核心，不要局限于细节。

做迭代

做迭代就是管理者对本次复盘进行总结，让员工积累经验，总结得到的收获和对未来工作的启迪。管理者在做迭代时，可以从以下三个问题入手：员工从中学到了什么？接下来，可以做什么？近期的一小步计划是什么？谁来负责？什么时候完成？

做迭代的关键在于：要总结出开始做什么？继续做什么？停止做什么？

事实上，复盘的前 4 步都是为做迭代服务的，这是复盘工作中的关键点。管理者通过复初心、复目标、复结果和复原因等一系列流程，整合出一套工作框架和体系，将成功的经验和方法分享给其他的员工，供他们学习借鉴，帮助提升他们成功的概率。通过复盘总结出的经验与方法，是员工今后工作的重要参考资料。

在阿里，我们在进行复盘时会把复盘内容记录下来，方便留存，为其他员工提供参考资料。记录的内容包括目标、结果、问题、分析总结。复盘记录是辅助复盘工作落地的重要工具。

我在工作中，不仅会记录复盘内容，还会记录项目启动的各个阶段的内容，方便在复盘时拿出来做比对。在阿里，有许多员工在复盘时都会带上项目启动表（如表 4–16–3 所示）与复盘表，并准确填写，这是阿里复盘效果显著的重要推手。

表 4–16–3　项目启动表

项目启动表				
项目时间		项目总控		
项目名称				
项目目标				
项目成员				
项目进度	任务名称	截止时间	达成标准	负责人
准备阶段				
推广阶段				

（续表）

项目启动表				
项目进度	任务名称	截止时间	达成标准	负责人
项目进行				
项目复盘				

“三角色”

管理者在整个复盘过程中的角色不是一成不变的，在复盘的不同阶段，管理者分别扮演着老师的角色、教练的角色和闻味官的角色（如图 4–16–4 所示）。

图 4–16–4 复盘中管理者扮演的三个角色

老师

在复盘的第一个阶段，因为团队刚接触复盘，对复盘的流程和方法一知半解，无法巧妙地运用复盘这一工具去总结经验、规避错误，这是初级复盘的典型特质。此时管理者要扮演老师的角色，在团队中占主导地位，去控制流程、定角色、把握重点，引领员工进行复盘。

在这一阶段，管理者最关心的问题，应该是如何避免再犯低级错误，或者我们以后怎么样能减少这样的错误，而不至于错过下一次机会。在这种状态下，管理者要唱主角，要发挥主导的作用，核心工作就是：定角色、控流程。

在这一阶段，管理者进行复盘的核心目标，就是让团队伙伴学会如何复盘。此时需要管理者像一个老师一样，手把手地去教员工，带领员工一步一步地做好复盘。

管理者不仅需要教员工复盘，还需要给员工做复盘示范。例如，在 2019 年的“双 11”大战之后，作为阿里掌门人的张勇率先进行了活动复盘，找到了今后“双 11”的发展方向——技术创新。这种有效的复盘活动，可以成为员工复盘时的学习对象，让员工对复盘有更加深刻的理解。

教练

当复盘到了第二阶段，也就是团队在进行过几次复盘的实践后，员工已经基本了解了复盘的流程和方式，但由于各种原因不能从复盘中得到理想的效果。

在这个阶段，管理者要从主导者变成辅导者，把复盘的舞台交给团队成员，成为一名教练，把控关键环节，集思广益，在关键时刻给予员工方法，帮助他们拓展思路，这是教练的工作内容。同时，由于员工对于复盘理解得不彻底，他们有极大可能会在复盘中“卡壳”，管理者需要从旁点拨。

在这一阶段，管理者进行复盘的核心目标是：通过辅导和推动复盘，在不断地调整中让团队将复盘做得更好。

我在阿里时，每月、每周的复盘都是由团队成员轮流开展的，每个员工都能在实践中掌握复盘的流程，锻炼自己的组织能力。在复盘过程中，我还会鼓励员工互相分享复盘的经验，相互借鉴学习，让复盘越来越好。作为管理者，我们需要懂得放手，让员工自己去学习、去超越，这样才能让员工快速成长，帮助员工提升能力。

闻味官

当复盘进行到第三阶段时，团队已经能够熟练运用复盘这一工具了，管理者此时需要从关注复盘的方法转变到关注团队，关注整体氛围，关注团队的味道，关注每个员工的状态。

此时，员工是复盘舞台上的主角，而管理者要站到台下，成为一名闻味官，复盘从“管理者讲，员工听”转向“员工讲，管理者听”。在听的过程中，管理者要能够“闻”到员工身上的问题，练出强大的嗅觉。这就要求管理者具有强大的判断力，能够抓住关键节点。

什么是关键节点？有人欲言又止的时候就是关键节点。欲言又止说明员工内心是有想法的，而此时的想法是最真实的，讲述出来更有利于管理者了解员工的工作状况。因此，管理者要关注员工的动态，在发现有人有表达的意愿时，应及时让他发表见解。

长此以往，企业内部就能逐渐培养出一种真诚的文化氛围，员工会敢于并且愿意说出自己的真实想法，这样更有利于揭露问题。

如果管理者能够自如地根据现实情况切换角色，复盘将会发挥出巨大的价值，最终复盘的作用将不再局限于管理者与团队之间的会议，而将成为一种员工自发反省的方式，成为一种随时随地都能够启动的成长工具。

管理力修炼 ‖ 具备收获复利的能力

曾经有人问过爱因斯坦："世界上最强大的力量是什么？"爱因斯坦回答道："是复利的力量。"复利实际上是一个经济学名词，是指以利生利，用某一周期内投资产生的利息再进行投资，最终累计所得的利息，也就是我们常说的"利滚利"。

完成财富积累的过程，一定是财富重复获利的过程。同样的道理，要想让团队效率不断提升，管理者也必然需要具备收获复利的能力，即通过复盘，不断积累经验，让员工获得成长。

上面我说的"五步骤三角色"法是管理者做好复盘的核心招式，是"术"的层面。但每个企业的情况是不同的，这就需要从"道"的层面，提炼出做好复盘的核心心法。但是万变不离其宗，不管招式如何变化，其核心心法是不变的。

复盘的心法：人的层面——总结经验、提升能力；事的层面——总结规律、完善框架（如图 4–16–5 所示）。

那么，管理者要如何具备收获复利的能力呢？

一是建框架。只有建好框架，才能沉淀方法。

二是做复盘。通过不断复盘，通过点、线、面的思维，形成标准的作业程序，要做事有优先，做最重要的事，不断地总结、迭代。

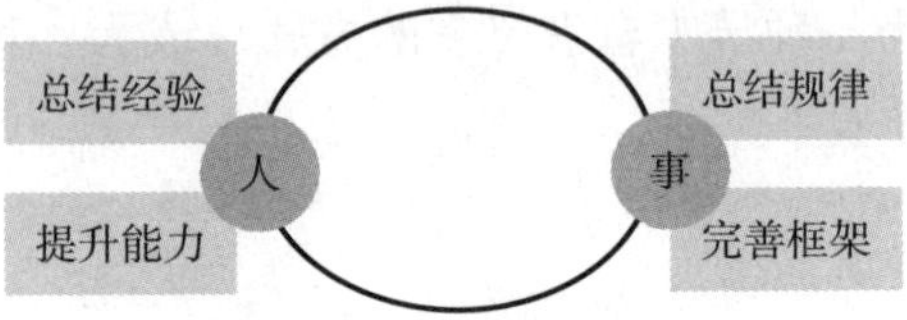

图 4–16–5 复盘的“心法”

三是收复利。任何一个项目初始就是一个点，这个点就是一个框架，然后一步一步迭代。一年下来，日日为功，水滴石穿，这就是收复利。

复利效应是个很神奇的东西。只要每天保证比昨天好 1%，两年之后就是 1 428 倍的收益；三年之后，就是 53 000 多倍的收益，远远超过了单利的计算方式。“日拱一卒，功不唐捐”大抵就是这个意思。

第三篇
团队打造

今天的阿里良将如云、弓马殷实。阿里铁军的打造体系是一套科学化、数据化、精细化、效果化，可复制、可传承的体系，已经在诸多企业得到验证，是目前打造企业团队的不二选择。

第5章　团队建设

阿里对团队的定义是：一群有情有义的人，共同做一件有价值、有意义的事。要打造出这样的团队，需要可以落地的团队建设的方法。阿里的团队建设有五大招：思想团建、生活团建、目标团建、团队执行、人才梯队建设。

第 17 招
思想团建：种下梦想的种子

故事启迪 ‖ 钢七连的入连仪式

许三多："马小帅，钢七连有多少人？"

马小帅："钢七连有 57 年的历史，在 57 年的历史中有 5 000 人成为钢七连的一员。"

许三多："马小帅，你是钢七连的第多少名士兵？"

马小帅："我是钢七连的第 5 000 名士兵，我会为我自己感到骄傲，我为我之前的 4 999 人感到骄傲。"

许三多："马小帅，你还记得钢七连为国捐躯的前辈吗？"

马小帅："我记得，钢七连为国捐躯的 1 104 名前辈。"

许三多："马小帅，战斗到最后一人，是否有勇气扛起这面连旗？"

马小帅："我是钢七连的第 5 000 名士兵，我有勇气扛起这面连旗，更有勇气第一个战死。"

许三多："马小帅，你是否有勇气为你的战友而牺牲？"

马小帅："他们是我的兄弟，我愿意为我的兄弟而死。"

许三多："马小帅，无论是将军还是士兵，只要你还是钢七连的一员，你都有权力让他记住钢七连的前辈。"

马小帅："我会要求他记住钢七连的前辈，我更会记住我今天说的每一句话……"

这是电视剧《士兵突击》中钢七连的入连仪式，这一幕让很多人记忆犹新。这样的一个入连仪式，让所有新入连的士兵都能在宣誓中不断感受钢七连的精神，记住钢七连的魂。

事实上，钢七连的入连仪式就是在做思想团建。

2019 年 8 月，我在为一个企业的管理者做培训时，听到这样一句玩笑话："好挖百度人，难挖阿里人，易走腾讯人。"

为什么阿里人难挖走呢？答案就是：团建做得好。

每一个在阿里待过的人都会深刻地了解阿里有多重视团建：新人入职要团建、管理者上任要团建、员工生日要团建、员工工作一周年要团建、员工转岗要团建、员工离职要团建、员工业绩好要团建、女员工怀孕要团建，甚至连员工家的狗生崽也要团建，以至没什么理由好久没团建了也要团建……用一句现在比较流行的话来说就是："一言不合就团建。"

总结起来就是：没有什么事情是一次团建解决不了的，如果有，那就团建两次。

阿里的团建分为三个部分：思想团建、生活团建、目标团建。而思想团建，就像是钢七连的精神建设一样，能够帮助管理者建立一个有序的精神团队。阿里的“中供铁军”便是由此而来。

中供铁军成立于 2000 年 10 月，它帮助阿里走出谷底，熬过世纪之交的互联网寒冬，并为阿里和互联网江湖输送了众多高管。

当年的中供铁军，战斗力非常强，定的目标拼死也要完成，业务员每天拜访十几个客户，保安不让进去，想方设法都要进去。几个人挤在一个小房间吃泡面……现在互联网人，恐怕很少再有这样的铁血血统了。这群人用后来的成就，证明了当年吃的苦可以有巨大的回报。

这群人之所以能够帮阿里打出互联网的半壁江山，是因为他们的心在一起，有着共同的理想和目标。让一群有情有义的人，共同做一件有价值、有意义的事，便是思想团建的魅力所在。

什么是“思想团建”

共同的事业、共同的斗争，可以使人们产生忍受一切的力量。这便是思想团建的效用。许多管理者虽然了解了思想团建的重要性，却依旧不清楚：究竟什么是思想团建呢？

思想团建，就是通过各种方式让团队在思想层面达成一致，团队成员拥有共同的使命、共同的愿景、共同的价值观。这一点无论是对于企业还是对于团队，都是共通的。

使命、愿景、价值观等抽象的东西，从团队层面可以具体为团队的符号、团队的名称、团队的 Logo（标识）、团队的口号和关键词等。

阿里有的团队为了激励员工，经常组织聚餐团建。其团建的背景都会带有阿里的字样、Logo，或者是能代表阿里的标志。这样的背景布置让整个团队有了一家人的氛围，为员工的沟通提供了一个更加舒适、温馨的平台，加强了成员之间的联系与默契。从而让团队能够一条心，将其“一面旗、一块铁、一个家”的团队精神落在实地。

思想团建就是跟员工讲使命、愿景、价值观，但大多数员工不喜欢赤裸、直接的方式，所以管理者要去解读使命、愿景、价值观的本质，本质是什么？就是带大家看远方，利他。德鲁克说过一句话，我深以为然：管理的本质就是激发一个人的善意和良知。

管理者只要是在带领员工看远方，激发他们的善意和良知，实现利他，就是在做思想团建。思想团建的主要内容是让团队有自己的语言、符号和精神，包含团队的名字、Logo、团队成员之间彼此的专属称呼、团队独特的激励口号等内容。这些是员工在日常工作中感知最深刻的内容，也是其他人感知你的团队最好的方式。有了这些，团队就有了骨血，有了情绪，有了自己的精神气。

管理者做思想团建的核心意义，就是让一个团队凝聚起来，鲜活起来，让团队有共同的语言，共同的符号和共同的理念，让团队通过共同的经历和故事沉淀出浓厚的团队文化。思想团建没有什么秘诀，如果说有的话，那就只有一个：“坚持说，反复说。”思想团建最忌讳的就是半途而废，这样反而让团队成员的感受更加不好。

我在带团队时，经常会向我的团队分享这样的一个故事：NBA（美国男子职业篮球联赛）有一支非常著名的球队——圣安东尼奥马刺队，这支球队取得过非常辉煌的成绩。这支球队里有三个核心人物，叫作“GDP 组合”。到 2013 年总决赛时，球队的核心成员蒂姆·邓肯已经 40 岁了，他打完这场总决赛就要退役了。在这场球打到最后一分钟的时候，圣安东尼奥马刺队还落后 4 分，这时球队的老教练波波维奇叫了暂停。按照以往的经验，教练在暂停时，会详细地布置战术，比如谁来投篮，谁来挡拆等，但这次暂停，老教练没有进行任何战术的布置，只是对球队的所有成员说了一这样段话：

> 我们在一起打球 20 多年了，这有可能是我们的最后一战。到球场上，把自己的后背交给你的队友吧！

分享这样的故事便是思想团建，是为了让员工明白：“人是要有帮助的。荷花虽好，也要绿叶扶持。一个篱笆打三个桩，一个好汉要有三个帮。”从而让整个团队的员工拧成一股绳，共同面临困难挫折，达到任尔东西南北风，我自岿然不动的境界。

现状分析 ‖ 管理者做思想团建的两大现状

得道者多助，失道者寡助。思想团建便是管理者得人心的关键。可如今，许多管理者陷入了误区，无法将思想团建的效用发挥至最大。要突破误区，我们需要先了解管理者做思想团建的现状。

从不做：不知道其作用和意义

根据我的调研数据显示，60%~70% 的团队从未做过思想团建。不做思想团建的后果就是团队伙伴之间无法相互交心，员工没有团队意识，这对企业、团队造成了不利影响。

没有团队意识的团队成员只为个人业绩努力，从不考虑团队发展状况，当个人利益与团队利益出现冲突时，员工会毫不犹豫地选择抛弃团队利益，维护个人利益。整个团队犹如一盘散沙，团队无法形成共同的愿景，无法看到共同的未来，没有共同努力的思维，甚至不配成为团队，而应被称为“团伙”。

管理者为何从不做思想团建，原因有二：一是不知道思想团建的作用与意义；二是不重视思想团建。管理者做好团队的思想团建，至少有三大意义（如图 5–17–1 所示）。

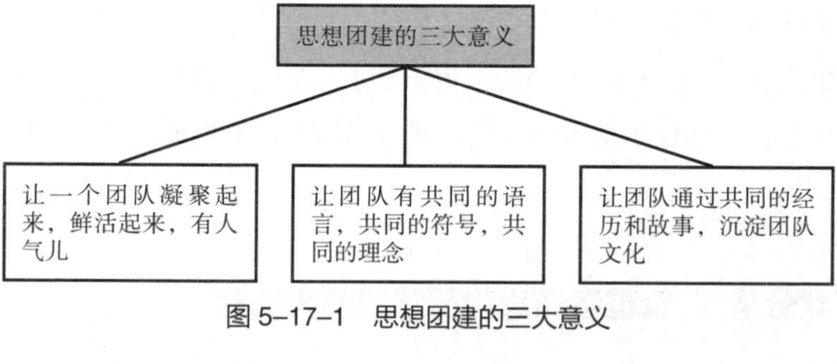

图 5–17–1 思想团建的三大意义

如今那些能够留住员工的知名企业都很重视思想团建。作为管理者，我们要去学习知名企业的优秀之处，不要因为不了解一个事物而直接放弃。

做不好：没有掌握思想团建的精髓

正所谓："画龙画虎难画骨，知人知面不知心。"有许多管理者问我："员工的想法太多不好管，怎么办？"

其实，"想法太多不好管"这句话本身就是错误的。有这样想法的管理者一般不知道要管什么。如果一个管理者什么都想管，没有重点，那么他自然管不好，也管不了，还劳心劳力。

有的管理者在做思想团建时，力图将企业价值观填鸭式地灌输给员工，不让员工有其他想法，对员工的异议视为洪水猛兽，甚至不让员工发声。以至管理者成了思想上的"暴君"，形成了思想上的"独裁"。

出现这种现象，究其根本，还是因为管理者没有掌握思想团建的精髓，管理者真正要去管，要去统一的应该是团队自己的语言、符号和精神，这些是团队的愿景、梦想，管理者要让员工明知道"大饼"是画出来的，却都渴望上去咬一口。就像马云身边的人，也是因为在马云的身上看到了希望，才共同取得了阿里今天的成就。

马云曾说："最大的失败是放弃，最大的敌人是自己，最大的对手是时间。"作为管理者，不要因为不了解或不会做，就放弃思想团建，而是要不断挑战自我，打破现状，带领员工向美好的未来前进。

方法论 ‖ 一个核心三个方法

我在阿里近 10 年，组织并参与了不少思想团建活动，根据过去的经验，我总结了阿里思想团建的具体方法，旨在帮助管理者做好思想团建，统一团队思想，让团队内部成员达成共识，同心协力，在一张图上打仗。

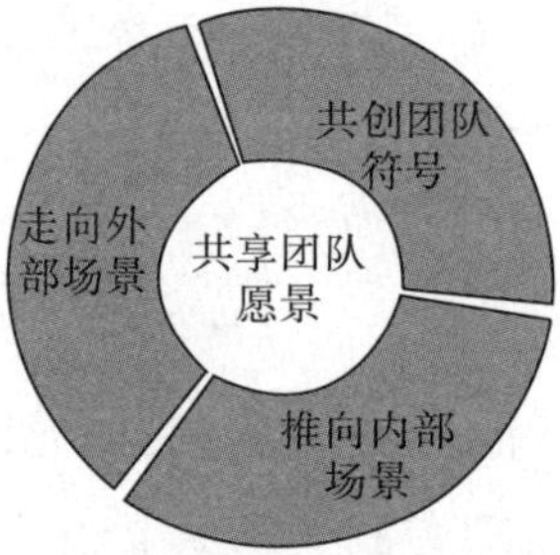

图 5–17–2　一个核心三个方法

一个核心：共享团队愿景

纵观如今的几大互联网巨头，有的创始人是技术出身，例如百度的李彦宏；有的创始人具备产品思维，例如腾讯的马化腾。而马云是一位英语老师，他是一个不懂产品也不懂技术的人，那么他为什么能够成功呢?

答案便是“梦想”。马云将阿里变成一家有梦想的企业，也让自己的团队变成追逐梦想的团队，让梦想成为成功的基因。而思想团建的中心便是共享团队梦想、愿景。

团队的愿景与梦想不是管理者赋予的，而是员工在接纳企业文化与价值观的过程中产生的具有共性的东西。共享团队的愿景，要求管理者遵循以下 4 个原则。

原则一：管理者要有清晰的梦想和愿景，要相信梦想，并饱含激情地去追求它。

一个团队思想团建的最高水平就是把我的梦想变成我们的梦想。这是每个管理者都渴望达成的目标。共同的梦想是团队的驱动力，它能够提升团队效率，提高业绩。

管理者可以通过下面的“灵魂三问”来确定自己是否做到了这一点。

①我有清晰的梦想和愿景吗？

清晰的梦想与愿景是团队一切的出发点。管理者的梦想与其身上的特质决定了这支团队的特质。

正所谓“王侯将相宁有种乎”，马云难道天生就是成功的？在阿里创建之初，马云就提出了要让阿里再活 80 年，将阿里巴巴做成全球前 10 的梦想，在为这个梦想努力的过程中，马云也走过不少弯路，但他始终坚信着“因为相信，所以看见”的想法。

在 2014 年 6 月，阿里巴巴正式在纽交所挂牌交易，股票代码为 BABA，成为美国史上融资规模最大的 IPO（首次公开募股）。阿里能获得这样的成就的起点就是马云的梦想。管理者拥有了梦想才会拥有方向。正如网络上流传的一句话：“梦想还是要有的，万一实现了呢？”

②我相信梦想吗？

大脑决定手脚，作为管理者，要拥有坚定的梦想才能带领团队向一个明确的方向去努力奋斗，才能让梦想成为达成目标的驱动力。

相信梦想，是每一个合格的管理者都必须做到的事情。有许多管理者问我："王老师，你在阿里收获最多的是什么？"思来想去，见证并且参与了梦想的成真是我在阿里最大的收获。这个收获让我发自内心地相信梦想。

10年前，马云还在天津和我们坐在一起吃饺子，现在的马云已经今非昔比，不是当年的"吴下阿蒙"了；8年前，程维还在和我们一起开会，如今却走向了更广阔的天地。在经历过这些变化后，我发自内心地相信梦想。

带有坚定信念的管理者是企业、团队的主心骨，这不仅会让企业中的个人向更好的方向发展，还会促进企业的向上发展。

③我饱含激情地追求梦想了吗？

管理者在明确了梦想，相信梦想后，还需要用实践行动去证明自己在追求梦想，这样才能用梦想的力量去感染、去鼓励每一个员工。

思想团建就是通过物理的接触促成化学反应。管理者在饱含激情地追求梦想的过程中，会取得许多鼓舞人心的成就，赢得大大小小的胜利，这会让团队成员在接触到管理者的梦想时，产生共情，将管理者的梦想变成共同的梦想，并一同为之努力奋斗。

原则二：让团队伙伴的个人愿景与团队愿景进行深度对接。

当个人愿景与团队愿景深度对接时，员工就会与企业命运相连，荣辱与共，企业中的每个人都成了"一根绳子上的蚂蚱"。换句话说，就是整个团队形成了命运共同体。

管理者要建立命运共同体，应该首先明确你的团队是利益共同体，还是事业共同体或者是命运共同体，因为这三种关系的性质是完全不同的。

利益共同体是公司以利益为纽带将员工联系起来，在公司面临较大的挑战时，利益共同体可能会立刻瓦解，员工纷纷“大难临头各自飞”。

管理者要想让团队一条心，光靠利益是不行的。事业共同体就是通过建立合伙人制度，搭建价值共创、风险共担、收益共享的团队机制。事业共同体加强了员工与企业、与管理者之间的联系。命运共同体包含了利益共同体与事业共同体，是企业通过引导员工建立文化认同，树立企业忠诚，激发创业激情与工作热情，实现企业发展与个人利益的团队机制。

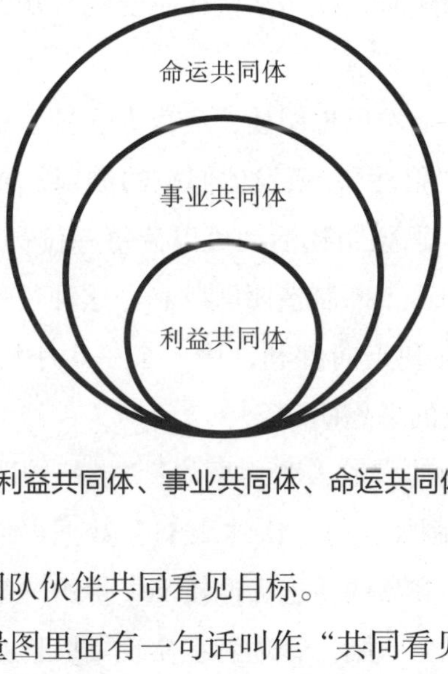

图 5–17–3　利益共同体、事业共同体、命运共同体之间的关系

原则三：让团队伙伴共同看见目标。

阿里组织能量图里面有一句话叫作“共同看见，因为看见，所以相信”，这是阿里让员工看见梦想，看见希望的方式。作为管理者，我们一定要引领团队去实现团队共同的目标，然后带领员工一起为之奋斗。

在阿里不管是 1 000 万元的目标还是 1 亿元的目标，都不是管理者一个人的目标，管理者需要做的就是让每个员工看到这个目标，然后将这个大目标一一分解成员工可以达成的小目标，让员工去实现自己的小目标。这不仅让员工共同看见目标，也会让他们共同为目标奋斗。

共同看见，让每个员工在实现共同目标的同时也能收获自身的利益。通过共同看见，可以促进团队形成一种“生成一系列战略——团队执行和客户反馈——改进战略”的良性循环。

原则四：带领团队随时随地庆祝胜利，从胜利走向胜利。

在进行思想团建时，让团队伙伴感受到成功的喜悦是必不可少的过程。

我曾经参加过一次思想团建，负责人安排了狼人杀游戏，目的在于唤醒员工的“狼性”，激发他们赢的欲望，而赢也是每一个团队、企业的梦想。思想团建活动可以让每一位员工共同坚持梦想，随时随地庆祝胜利，不断制造团队胜利。这种过程就是一个不断打胜仗的过程，从胜利走向胜利，用一个一个小胜利铸就整体的胜利。这也是最有效的思想团建。

正如阿里如今的掌舵人张勇所说：“最好的团建方式，就是从胜利走向胜利。”例如，每一次“双 11”数据再创新高，大家都会欢呼雀跃，以更加高昂的斗志去迎接下一年的“双 11”活动。

通过坚守这 4 个原则，管理者在实现团队愿景共享时，让团队伙伴意识到，我们是一群有情有义的人，在为了共同的愿景奋斗、努力，团队就会充满了激情，充满了干劲儿。

第一个方法：共创团队符号

管理者做好思想团建的第一个方法就是共创团队符号。团队符号包括团队名称、团队 Logo、团队口号和关键词。团队名称应该是由团队所有的人共同决定的，是团队凝聚力的体现。好的团队名称对团队有激励作用，并寄托着团队共同的目标、理想或者想法。

例如我在阿里带的 4 个团队："滨海时代""赢""大航海""大北辰"。这些团队名称都是团员一起决定的。团队中的每个人都想 4~5 个名字，然后通过筛选，投票，最终，团队成员达成一致。

"滨海时代"承载着每个团员希望通过自身的努力奋斗，为团队、为企业的发展开辟一个全新的时代；"赢"直接表现出团队成员对争夺第一的渴望与必胜的决心；"大航海"这个名字是因为团队建立在天津，滨海，这个名字一看就是与海、与船有关系，而且一提到"大航海"，就会有人想到大航海时代开辟了新航路。这一团队名称寄托着团队的理想，即通过团队共同的努力，为团队的业务开辟一条新航路；"大北辰"这一团队名称的来源是团队成员的共同期望：众人齐心，再次创造辉煌，打造不败的王者传奇。

在团队名称确立之后，团队口号也呼之欲出，比如"大航海"这个名称对应的团队口号就是"大航海，这是我们的船"。

那么与团队名称相对应的关键词又该如何设定呢？关键词设定的原则就是：团队内部缺什么补什么。当时我们团队业绩倒数第一，执行力非常差，目标感不强。同时，团队内新成员很难存活，人员流动十分频繁，团队内老客户也难以维系，说断约就断约。这是我们团队当时存在的最严重的问题，于是我帮助团队确立了三个关键词：执行力、言出必践、不抛弃不放弃。

在确立了这些团队符号后，我找了一张图片，上面是一艘航行的船，我在上面写上标语："大航海，这是我们的船！"并且在图片底下配上："乘风破浪会有时，直挂云帆济沧海。"

管理者通过不断对关键词进行强调和实践，潜移默化地影响员工的思维方式，提升员工的干劲儿，从而提升员工的工作效率，做到日事日毕，日清日高。

有一次，我们团队的目标是 100 万元，结果到了最后三天发现还差近 30 万元，如果在以前，大家很可能就放弃了，但当大家念出"言出必践"这一口号时，每个人都不愿意放弃，在三天内，大家拼命拜访客户，最终达成了 100 万元的目标。通过共创团队符号，反复强调团队符号，我们团队的新签率和续签率从区域排名垫底变成了第一名。

团队符号除了具有激励作用之外，还承载着每一个成员对团队、对企业的使命，它能够帮助员工提升责任感。

综上所述，共创团队符号可以促进团队成员统一思想与战线，使每一位员工为团队的共同理想艰苦奋斗。

第二个方法：推向内部场景

管理者做好思想团建的第二个方法是推向内部场景。常常有管理者问我："我的团队也有口号，可为什么员工都不按照口号去做，让口号成了空喊呢？"这种情况并不少见，究其根本，就是管理者虽然制定了口号，但并没有把口号的内容全面地推到内部场景中，没有让团队成员达成共识。简言之，就是没有做好口号、关键词的内部推广工作。

管理者需要把握一切时机，不断地、反复地提起我们的口号和关键词，让团队成员有一个根深蒂固的印象，然后不自觉地按照这个标准去做。在阿里，我常常会在以下场景中强调团队符号。

邮件、短信

在带“大航海”团队时，我把写有团队名称、Logo、口号、关键词的图片贴到我内部邮件的开头。邮件是工作沟通中最频繁使用的工具，我每天都要发至少 8~9 封邮件，发给团队内部、其他区域伙伴甚至全国的伙伴。而在阿里的工作中，邮件是必备的，大家每天都会看，员工每看一次邮件，就会加深对团队符号的印象，这样的传播效果最佳。

短信是另外一种使用频繁的通信工具，我在每天早上给团队统一发短信的时候，最后一句话一定是：“大航海，这是我们的船。”一开始团队伙伴没有反应，但在两个月后，这句话发生了化学反应，团队内的伙伴只要是群发短信，最后一句话也一定是：“大航海，这是我们的船。”

后来，我们团队的荣誉越来越多，这让我们开始走上了大区的舞台分享经验，每一个伙伴在舞台上都会说：“大航海，这是我们的船。”管理者通过在内部推广团队符号，可以让员工认可团队的文化，让团队凝聚，上下一心。

“三报”“四会”

日报、周报、月报和早会、晚会、周会、月会，是管理团队最常使用的工具，也是非常好的向内推行团队符号的场景。

我曾在早会上问过伙伴："你们相信团队的梦想吗？"大多数人沉默不语。后来，我经常在会议中强调团队符号，让伙伴一起喊口号。三个月后，我发现有成员开始在早会上做有关"梦想"的分享，在该员工说完后，现场响起了雷鸣般的掌声。这就是团队符号的魅力，它可以增强员工的认可感与归属感。

培训、分享大会

在培训、讲课的过程中，我会多次强调我们的团队符号，让团队成员形成共识。在团队中，分享非常重要，除了我自己非常喜欢分享之外，我常常授意团队伙伴，但凡进行分享，无论是在团队内部还是区域舞台上，都要将我们的团队符号展示出来。

在不断将团队符号向内推行的过程中，这些理念在团队内部形成了影响力，这种影响力比它实际带来的价值更有意义。

第三个方法：走向外部场景

管理者做好思想团建的第三个方法是走向外部场景。我在阿里带团队的过程中，带领团队做了很多客户活动，包括客户论坛、客户沙龙、交流会和上门走访等，在这些活动中，我们发出了大量的海报、邮件、短信，其中必不可少的元素就是"大航海，这是我们的船"。

最好的营销就是思维理念的营销，我们通过在各式各样的场景中营销我们的团队口号，让客户对我们留下深刻的印象。以前客户可能知道是某位员工在为他们做事，却往往不清楚是哪个团队在做，如此一来，我当时负责大区的客户都清楚地知道是"大航海"

团队在为他们服务。

后来，阿里有一次举办年会，邀请了很多客户和我们一起参加，总共有 1 600 人。当时我们的团队获得了一个奖项，当我们上去领奖时，其他区域内的伙伴和客户一起在下面为我们加油，大喊："恭喜大航海，大航海，这是你们的船。"

我们的团队符号就此在客户心中留下了深刻印象，让客户在有需求时，瞬间想起我们的团队。

思想团建就是通过一个简单的名称，一个简洁的口号，一张简单的图片，一个内部场景，一个外部场景，让团队凝聚起来。这些都是我们要做到的，让这些东西凝聚伙伴内心，"大航海，这是我们的船"，每一个人因我们的团队而骄傲，我们的团队因每一个人而精彩。

"轻霜冻死单根草，狂风难毁万亩林"，作为管理者我们一定要去落实思想团建，让团队成为一个整体，做到"人心齐，泰山移"，让团队能够走得更远！

管理力修炼 ‖ 管理就是说 100 遍、做 100 遍的过程

马云曾经说过一句话："什么是伟大的事情？伟大的事情就是无数次平凡、重复、单调、枯燥地做同一件事，就会做成伟大的事。"

实际上，随着社会的发展，人们变得越来越浮躁，渴望"一夜成名""一朝得势""一步登天"，这种思想并不是个例，而是广泛存

在于大众心中。

有些人可能没有那么大的企图，但也非常希望不费吹灰之力，轻而易举地实现自己的目标。很多管理者也同样如此，他们不愿去反复做同一件事情，他们认为新鲜的事物才能够带来新的技能，也无法忍受做同一件事带来的枯燥和乏味。

作为管理者，我们应该明白，很多事情不反复去做是达不到效果的。

阿里从 2009 年开始举办“双 11”狂欢购物节，当时的成交额只有 5 000 万元，险些胎死腹中。但阿里坚持了下来，后来，“双 11”的逻辑没有变过，2019 年“双 11”的成交额达到了 2 684 亿元。这 10 年来，阿里一直在重复这个逻辑，一直在不断地执行这个策略。

重复是管理者容易忽视的一个重要工具。对于你想要强调的事情，你需要重复，你要在不同的时间重复，用不同的方式重复，一定不要放弃重复。

腾讯高级执行副总裁、微信创始人张小龙，也是非常重视“重复”的力量的人，他从不追求所谓的“经济热点”。有人曾经统计过张小龙在一次长达 4 小时的演讲中，反复提及的都是普通的词汇，比如如何做好一个产品的概念，而现在比较火的诸如“思维模型”“底层逻辑”等词汇，一个都没有。

管理大师肯·布兰佳曾经问赫曼·米勒公司前CEO德普雷：“你认为领导者在组织中的角色是什么？”德普雷回答说：“你得像个教小学三年级的老师一样。你必须一遍一遍地重复愿景，直到人们理解。”

通用电气公司总裁韦尔奇也强调重复："在领导力中，你必须夸大你做出的每一个声明。你必须重复上 1 000 次，而且夸大。所以，我会说这样的话：'任何没有得到六西格玛绿带的人都不能升职。'这样的夸大其词对于撼动一个大组织是必要的。然后，你的人事变动必须支持你这个声明，来告诉大家你是严肃认真的。"

在这方面，除了阿里，小米也做得很到位。小米不仅将"为发烧而生"的口号放在内部进行传播，还让每一人在听到小米后就能想到他的口号。我们可以从小米的背景布置、每一次会议、公告、产品包装等发现这些的口号。管理者要在不知不觉中让员工去记住口号，去了解这些口号，从而将口号变为行动，为客户提供更好的服务。

国内外众多名企都在强调"重复"的力量，可见"说 100 遍、做 100 遍"的过程十分重要。作为管理者，我们每天需要去做同样的事情，虽然收获可能只有一点，但日积月累，我们和别人，我们的团队和其他团队的差距，会如同地表裂缝一样大。

有时候管理者说一遍，员工不会将你的话放在心上；说三遍，员工也不见得能够领悟其中的道理；说 100 遍，无论是谁都会对这件事情印象极深，这就是重复的力量，管理其实就是重复、重复再重复，管理就是说 100 遍、做 100 遍的过程。

第 18 招
生活团建：营造“家”的氛围

故事启迪 ‖ 阿里的“裸心会”

阿里有一句话：“因为信任，所以简单。”可信任的建立并非易事，如何让员工与管理者之间心无芥蒂是很多管理者面临的问题。

为了解决这个问题，阿里建立了一个独特的“裸心会”机制，提倡“赤裸相见”。为的就是让员工和管理者能够敞开心扉地聊天谈事，讲讲自己是如何成长起来的，管理者只有了解了员工的故事，才能真正认识员工。

阿里“裸心会”的逻辑是让团队成员把自己的内心敞开，在团队里做互动和分享，把自己心里最真实的东西表达出来。如此，团队成员之间，管理者与员工之间才能够相互包容和接纳，团队只有充分信任，才能共同做事。

事实上，“裸心会”并不是阿里独创的，它是有管理理论支撑的，其原理来自“约哈利窗”理论（如图 5–18–1 所示）。

	他人知道关于我的事情	他人不知道关于我的事情
我知道关于我的事情	公开	隐私
我不知道关于我的事情	盲点	潜能

图 5–18–1　“约哈利窗”理论

运用“约哈利窗”理论，是为了让管理者通过“裸心会”找出团队成员的信息盲点。根据“约哈利窗”理论，一个人的信息可以分为以下 4 种。

公开：大家都知道的事情，即别人知道，管理者也知道的部分，比如员工的学历、长相、肤色、体型、性别等。

盲点：别人知道，管理者却不知道的部分，比如员工的缺点、局限，自认为对员工很好实际上员工却不这样认为的部分等。

隐私：别人不知道，但管理者自己知道的部分。比如，发生在员工生活中不为人知、也不愿意让别人知道的一些事件。例如，埋藏于潜意识最深处的过去曾经受到过的伤害、痛苦、身体上的特殊疾症、奇怪的喜好等。

潜能：别人不知道，管理者也不知道的部分。比如，员工将来能取得怎样的成就，未来能释放的光彩与能量等。潜能是任何人都不清楚、蕴藏在生命深处最卓越的能力。

团队成员告诉管理者并不清楚的事情，这样的方式叫“回应”；员工公开管理者不知道的信息，这样的方式叫作“披露”（如图 5–18–2 所示）。当团队成员和管理者都这样做的时候，就会激发团队的活力，让团队彼此信任。在团队中，最可怕的就是沟通黑洞，不响应信息，屏蔽自己的信息不告诉他人。

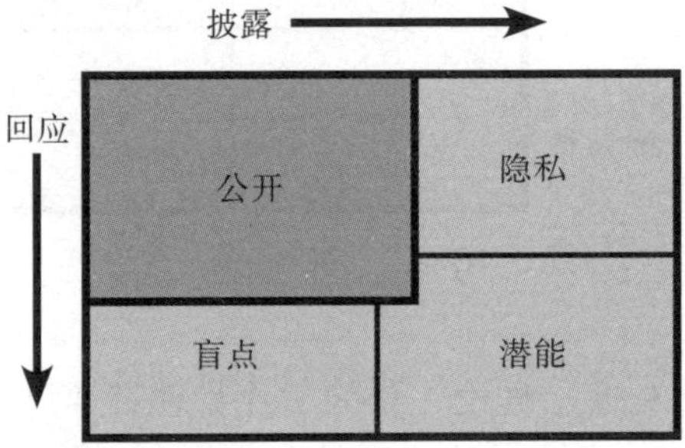

图 5–18–2 “约哈利窗”理论

通过“裸心会”，团队成员坐在一起，彼此交流倾听，不必过于小心或戒备，在交流中表达自己真实的想法；团队成员之间能开些小玩笑，彼此不至于生气；基于团队成员弱点的信任，不害怕承认自己的真实情况，不隐瞒自己的弱点；做到以上这些，员工就不会卷入那些浪费个人时间和精力的办公室政治……要做到这些，管理者首先要能够搭得起“场子”，让团队成员彼此敞开心扉。这个“场子”就需要管理者走进每一个团队成员的内心，知人心，懂人性，识人欲。更重要的是，管理者也要让员工走进你的内心，这也是一种信任，信任的建立是相互的。

一个组织想要不断地扩大，前提是伙伴之间互相了解；一个团队要想打胜仗，前提是团结互助。让团队成为相亲相爱的大家庭，让员工成为可以把后背交付出去的兄弟，是管理者工作的一大重点，也是团队建设中的一大难点。

“赢”的状态是团结，团结之前是“裸心会”。作为管理者，我们应该明白，“裸心会”的最好状态是团队成员既能因一个观点而争吵，也能一致对外，并肩作战。要做到这一点，管理者就需要做好团队的生活团建这一基本动作。

现状分析 ‖“生活团建”的三大现状

曾有人在网上开贴抱怨道：“职场人都逃不过一次团建。”各路人马纷纷留言，对生活团建进行吐槽，吐槽之声如同黄河之流水滔滔不绝。为何会如此？

因为，大多数管理者对“生活团建”的认知还停留在吃饭、喝酒、唱歌上，例如，在我们团队中曾有一个政委的生活团建安排是：7月吃粤菜，8月吃湘菜，9月吃火锅。虽然进行了生活团建，但管理者扪心自问：这样的生活团建达到目的了吗？

在我为企业做管理培训时，我常常会问一些管理者：你们觉得生活团建有用吗？

大多数管理者都会思考一会儿，然后摇摇头，开始讲述各种各样、五花八门的生活团建的状况。我总结了一下，如今管理者做生活团建，主要有以下三大现状。

人在，心不在

人在，心不在，这是很多团队团建活动的现状。在吃饭或者唱歌时，并不是所有人都能侃侃而谈，总会有人抱着手机在玩自己的，甚至在有些团建活动中，所有人都在低着头各自玩手机。管理者有心组织活动，却无法让每个人都融入进来，少数活跃分子非常投入，更多的人则默默无言。还有一部分员工，只与相熟的人互动，与其他人零交流。

有些团队的生活团建不设立在工作时间，占用了员工的休息时间，导致员工心存怨言，自然无法热情地参与活动。吃完饭、唱完歌，大家各自鸟兽散去，第二天问题仍然存在，不熟悉的员工依旧不熟悉，这样的生活团建毫无意义。

玩不到一起

有的管理者说组织员工爬山、踏青，本想让团队具有凝聚力，没承想反而听到员工抱怨说："跟同事出去爬山，还不如在家睡觉。"除了言语上的抱怨，很多员工甚至以生病、有事等各种理由推脱户外拓展活动。即便户外拓展活动到场的员工，对于管理者组织的游戏、活动，也是勉强接受，敷衍完成。

我自己在组织生活团建时，很少允许员工请假，除非真的有特殊情况，因为团队的完整性是生活团建的基础。马云说："能玩到一起，才能干到一起。"若是连玩都不能一起，如何做到一起"征战沙场"呢？

目的不单纯

还有更为严重的一种情况，就是员工怀揣着各种目的去参加团建。许多员工将生活团建看作是与管理者“搭线”的方式，在活动中对管理者鞍前马后，嘘寒问暖，希望借此机会在管理者心中留下一个好的印象，为自己的晋升铺平道路。

他们不屑于与同事交谈，全程围着管理者转，管理者去哪儿他去哪儿，想尽一切办法逗管理者开心。尤其是在团队聚餐中，这种现象最为常见，很多时候聚餐成了“敬酒大会”，员工争相向管理者敬酒，表示自己对管理者的忠心，这让团建失去了原本的味道，成了“恭维大会”。

方法论 ‖ 做好生活团建的三个关键点

管理就是管人，管人就是管心，生活团建便是管理者走进员工内心的“桥”。通过生活团建管心，如同酿造美酒“一年香，三年醇，五年陈”，需要长期开展才能发挥效用。

生活团建的价值是创造“赢”的状态，其前提是团结。而造就团结的方法就是一起生活，或者有共同的经历。作为管理者，我们要想办法让团队共同经历一些事（这些事可以是吃饭、唱歌、爬山、聊天等），如果一个团队之间共同的经历太少，那么是无法沉淀出感情，好好“打仗”的。

比如，我在阿里带团队时，就曾把整个团队拉到健身房踩动感单车。劲爆的音乐，一直在调动情绪的教练，极致的体能挑战，大声喊着鼓励彼此，练完之后大家一起躺在地上，那种感觉真的很棒，大家的心莫名其妙就近了，生活团建的价值就是通过物理的接触达到化学的反应。

在阿里，做好生活团建有三个关键点（如图 5–18–3 所示）。

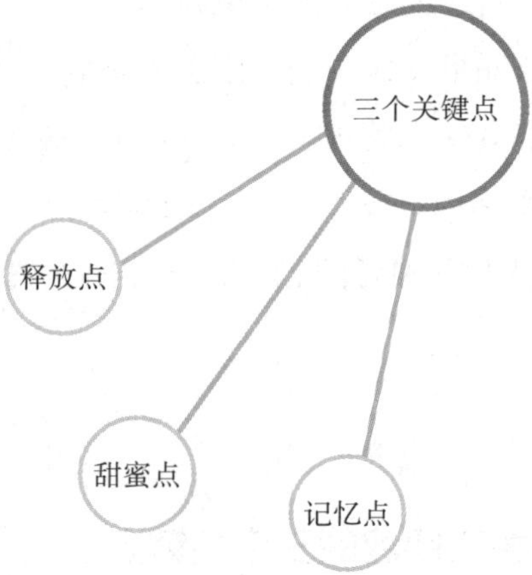

图 5–18–3　做好生活团建的三个关键点

释放点：让团队成员互相“裸心”

做好生活团建最关键的一点是让团队成员的真情实感释放出来。而要做到这一点，前提就是要“裸心”，管理者要让团队成员能够“裸心”。所谓“裸心”，就是让彼此走进对方的内心。如果团队成员之间无法“裸心”，那么管理者无法了解员工的内心世界，无从得知员工的真实想法，更无法根据员工的想法改进管理，这将导致生活团建完全失效。

阿里习惯把一个团队、一个组织称作“道场”和“情场”。管理者通过“道场”，砥砺员工成长；通过“情场”，促使员工之间彼此共情。共情在阿里经常被提到，尤其是在团队生活团建、思想团建中。彼此共情，就是彼此走进对方的内心，将每个员工的真情实感释放出来。

这种释放点分为两个层面：第一个层面是从管理的层面，管理者要走进员工的内心；第二个层面是从员工的层面，员工走进管理者的内心（如图 5–18–4 所示）。

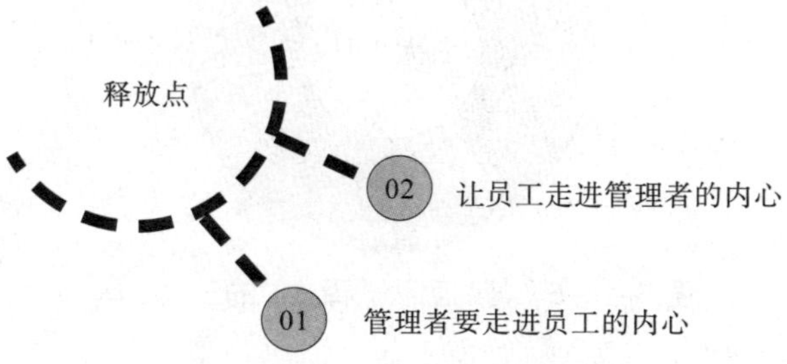

图 5–18–4　释放点的两个层面

从第一个层面看，管理者要想走进员工的内心，就要知人心、懂人性。管理者要清楚地知道员工对于工作的需求，渴望从工作中得到什么。员工的家庭背景、生活状态等各方面的不同，会导致他们对公司的期许不同，管理者要了解员工，要能够扣动他们心灵的扳机。

从第二个层面看，让员工走进管理者的内心，也需要管理者从自身的角度去努力。管理者要简单、开放、坦诚，这样才能让员工敢于也愿意去接近管理者，让他们能够对管理者敞开心扉。同时，管理者还应当建立彼此信任的团队关系，让团队伙伴之间能够相互信任，彼此之间有一定的了解，将彼此共情定为团队的主色调。

那么，管理者应该如何做好团队的"释放"，让团队成员彼此"裸心"呢？

在团队的"释放"上，有三个很好的工具可以介绍给大家，帮助大家将"释放"落地（如图 5–18–5 所示）。

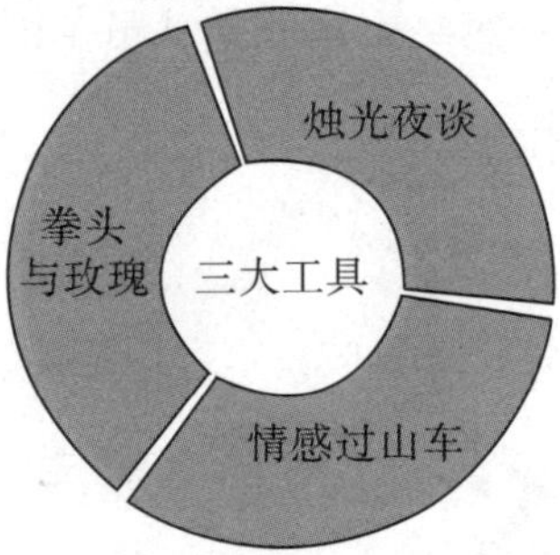

图 5–18–5 帮助团队"释放"的三大工具

烛光夜谈

"烛光夜谈"就是管理者挑一个时间，让团队成员坐在一起敞开心扉地聊聊天。在这个过程中，管理者一定要管住自己的嘴，认真倾听团队成员内心的声音。"烛光夜谈"不光是让员工说工作中遇到的问题，更多的是管理者倾听员工的心路历程，了解员工的成长路径。通过这样的形式，管理者可以走进员工的内心，了解他们的真实需求。

有一次，我们的团队成功拿下了区域第一名，我用庆功宴做了一次生活团建，这一次我们没有去高级餐厅，而是去吃了烧烤。当时，大家围坐在一起，在烧烤和啤酒的神奇催化下，成员开始敞开心扉，述说着这段时间的感悟。团队成员的心在这次交谈中更近了一步。

由此可见，交谈类的生活团建可以打开员工心扉。当然在组织谈话时，管理者也要讲究方式方法。开场不能过于生硬、直白，直接就让员工开始陈述问题，这样通常是很难让员工打开话匣子的。管理者可以从生活中的趣事开始聊起，慢慢地让大家放下心防，再引导团队伙伴进行更有深度的沟通。

管理者不用害怕听到员工的抱怨，如果员工愿意抱怨和倾诉，那么说明他对这个团队仍然抱有希望，他期许能够看到团队的改变，并渴望团队朝着更好的方向进发。

情感过山车

“情感过山车”（如图 5–18–6 所示）的具体做法有以下几步：

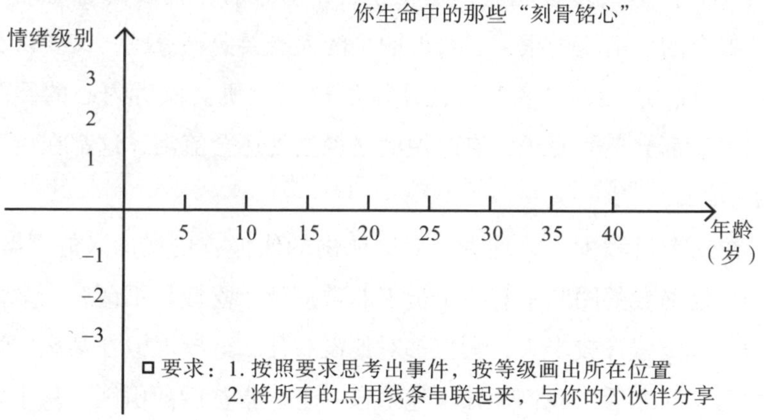

图 5–18–6　“情感过山车”示意图

第一步：管理者给每位员工发一张白纸，让其在这张白纸上画一个轴，上面是正数，下面是负数，中间轴是员工从出生到今天的经历。

第二步：告诉员工，从他有记忆的那一刻开始，当他觉得某一时间点是人生高潮的时候，就把它标记在正数上；当他觉得某一时间点遇到了人生的低谷的时候，就把它标记在负数上。

第三步：把标记的这些点连起来，形成一个人的人生情感和经历的折线图，我们称之为“情感过山车”。

第四步：在做好前面几个步骤后，管理者把团队成员聚在一起，让每个员工根据自己的“情感过山车”讲述自己的经历。

这个工具能够很快地让大家了解对方，团队成员之间一些不为人知的秘密会慢慢浮出水面，让大家的心渐渐靠近。

管理者需要注意的是，在坐“情感过山车”时，一般原计划是两小时，但大多会超时，这很正常，管理者不需要特意压缩时间。如今的生活压力很大，身处职场的人既要照顾家庭，又要认真工作，往往生活在“苟且”之中。所以当有机会倾诉内心的委曲时，大家都会感慨万千，有时说到情深之处还会流泪，这都在情理之中。

在这个过程中，管理者会对团队内的伙伴有更加深入的了解。比如，之前我的团队中有一个员工非常抠门，吃饭从不请客，常常因为三五块钱计较半天，大家都对他没有什么好感。但在某次“情感过山车”之后，我们才知道他来自一个非常贫困的山区，从小到大都生活得非常艰难，所以他异常节俭。我们在了解了这些情况之后，自然不会再去苛责他为了几块钱斤斤计较，大家会自觉站在对方的角度去思考问题。

除了上述方法，管理者还可以利用“酒后吐真言”“真心话大冒险”，让员工吐露情感，坦诚地说出心里话。

“情感过山车”是一个让团队成员彼此之间“裸心”的非常好的工具，不管我是在阿里带团队时，还是如今带自己的创业团队，我都会使用这个工具让大家彼此“裸心”。只有“裸心”，团队成员之间才能真正彼此感知，真正共情。

拳头与玫瑰

团队中的每一个成员，都分别拥有一个“拳头”和一朵“玫瑰”。管理者将员工组织起来，让团队成员自由支配自己手中的“拳头”和“玫瑰”。

“拳头”是指你认为某些伙伴在工作上存在的问题，你可以将问题指出来，并给了他相应的改正方法。“玫瑰”表示赞赏，如果在工作中，你非常认可某一位员工或者某位员工的某种品质，你可以表达出来，并将“玫瑰”送给他。

将“拳头”与“玫瑰”应用到位，能够让团队内的成员更加了解自己的长处，并持续发扬自己的优势，也敢于正视自己的不足，并获得改正的方法。

我在阿里带团队时，会有一说一，有优点的，就拿出来表扬；有问题的，就及时指出并帮助改正。不吝惜表扬，也不隐藏问题。在这样的理念下，我们的团队得到了快速发展。

阿里一直认为，团队不仅仅是一个职场，更是一个情场。如果每个人都只把这里当作职场，那么每个人都只会关注自己的目标，把其他伙伴当成可利用的资源，当面临危机时，所有人都会想着尽快离开。可若是将团队当成情场，那么我们将时刻关注伙伴的成长，牵挂伙伴的喜怒哀乐，当危机到来时，大家一定会同舟共济、患难与共。总而言之，做好情感释放，是最基础的生活团建方式。

甜蜜点：设计能够让团队成员感动的环节

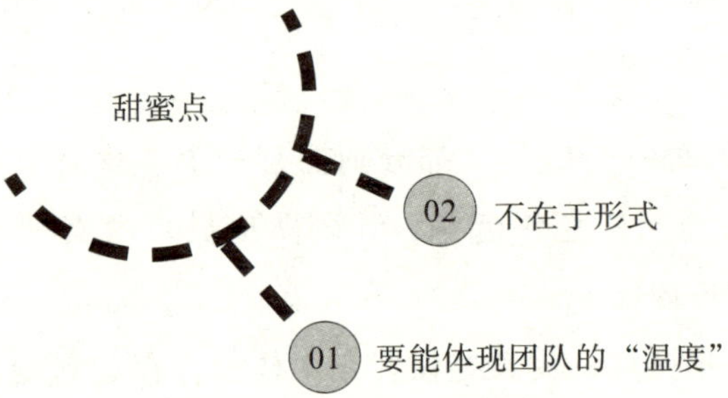

图 5–18–7　甜蜜点的两个层面

“甜蜜点”是一个能让团队成员感动的环节。“甜蜜点”最好的工具就是给员工过生日。

事实上，如今很多企业也会使用这种方式来做生活团建，但往往做着做着就变成了一种形式。给员工过生日，看似简单，但其重点不在于形式而在于用心，在于甜蜜的情感。即使没有蛋糕也没关系，可以用任何物件来代替，重要的是，要让过生日的员工感受到情感，感受到温度。

我在阿里带团队时，有一次，团队里有一位员工过生日，我们每人凑了 10~20 元钱买了一个小小的礼物寄给他的母亲。大家可以想象一下，这位员工的内心会受到什么样的触动？

在制造“甜蜜点”的过程中，我们常常会使用“五个一次”（如图 5–18–8 所示）。“五个一次”很好理解，就是管理者在一年的时间里，至少要带着团队成员做一次体育活动、做一次娱乐活动、做一次集体聚餐、和每一个员工做一次深度沟通、做一次感人事件。我在阿里时力求每个月都能做一遍“五个一次”，如果实在完成不了，那么两个月内一定要完成。因为这些方式，能够让大家真真切切地感受到团队的关怀。

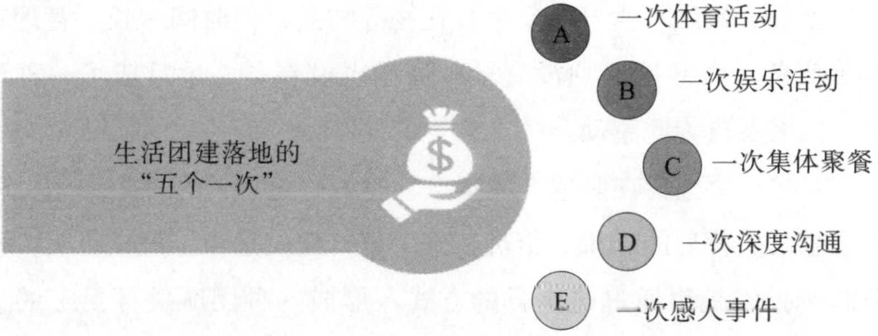

图 5–18–8 生活团建落地的“五个一次”

从某种意义上讲，和员工做一次深度沟通是最有效的感情投资。管理者在与员工进行深度沟通时，至少要花 80% 的时间去倾听，20% 的时间去反馈，让员工明白你将他的话听进了心里，从而让员工敞开心扉。随后管理者再运用同理心，站在员工的角度去思考，做出反馈。

一次感人事件，事件不在大小，关键要做到员工心里。例如，阿里为员工的父母支付体检费用，为员工提供 30 万元的买房无息贷款，为员工举办集体婚礼等，这些都是令员工感动的事，是阿里抓住员工的心的方法。

管理者组织团队做一次体育活动，就是要让员工感受到奋斗的力量。例如，我曾经带我的团队爬长城，员工在成功爬上长城后，产生自豪感，感受到奋斗的力量，激发“赢”的欲望。

娱乐活动通常与集体聚餐连在一起，目的是让员工能够打成一片，没有隔阂，能够玩在一起。

我相信很多团队都曾通过“五个一次”制造过“甜蜜点”，比如生日会。管理者会尽量给每位员工过生日。一开始，员工在生日时有蛋糕、蜡烛、生日歌、生日礼物等物品，但时间一长，管理者开始疲惫，慢慢地蜡烛没有了，蛋糕也没有了，生日成了一种形式，员工不再为此感动。

因此，管理者在制造“甜蜜点”时，一定要遵守一个原则，就是注意结果背后的结果。给员工过生日，仅仅是为了过生日吗？不是的。我们是想通过过生日的方式，形成一种团队关怀员工的氛围，让员工知道公司和管理者对他的关心和重视，这就叫结果背后的结果。像过生日这种小小的团建，其重点不在于形式而在于用心，在于甜蜜的情感。

再比如培训，培训的目的并不是培训，培训背后的结果是通过培训去营造一种成长学习的氛围，激发员工对成长的渴求，并不断地学会自主学习。所以在做“五个一次”时，管理者不能简单地为了进行一次沟通而去沟通，为了进行一次体育活动而去活动。而是要通过组织这样的团建活动，让员工感受到温暖，让员工更能融入团队。

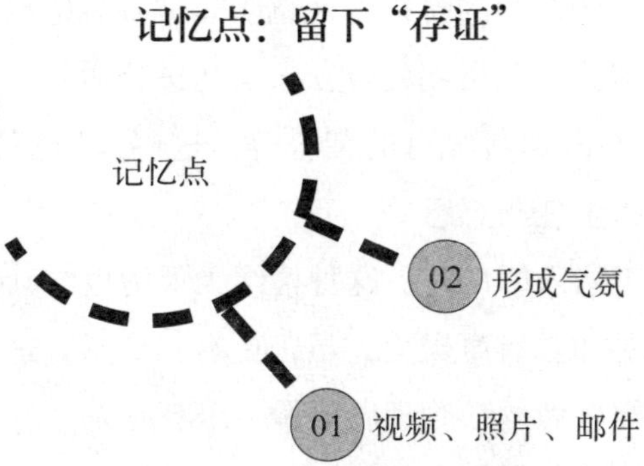

图 5–18–9　记忆点的两个层面

“记忆点”就是通过一场团建让团队成员留下长久的记忆存证，比如视频、照片等。没有存证就没有回忆，没有回忆就没有发生。

虽然如今有很多企业也会留下各式各样的团建照片或视频，但大多只是挂在文化墙上吸灰，为什么这些没有达到生活团建的目的，不能引起团队成员的回忆呢？

主要是因为生活团建没有让团队成员之间形成互相关怀、互相帮助的氛围，如果没有这种氛围，那么团队的生活团建就是失败的。

我在阿里带团队的时候，会每个月带团队做一次生活团建，比如带有活力的成员集体去踩动感单车；带文艺青年去大海边散步；带年轻的成员去打羽毛球；带年长的成员去爬山……每一次团建，每一个地方，我都会存下照片，回来后我会写上一封“情义绵长”的邮件，发给每一位团队成员。这些照片，我到现在都还保留着。

当一个员工在一家公司工作三年之后，无论你送他什么礼物，都不如将他这三年生活中的点点滴滴做成视频、电子相册等放映出来。当他看到这些东西的时候，他就能非常直观地感受到自己一路走来付出过的努力以及得到的收获。从初进公司时的青涩，到签第一单时的快乐，再到获奖时的荣誉等，这些经历都见证了他的成长，让他更懂得责任与感恩。

当这位员工陷入回忆时，这种情绪无形中也给其他员工带来了感动，让团队更加具有凝聚力，员工更有归属感。这些都是我们在生活团建中需要去做的，管理者要做一个有心人。

以上就是管理者做好生活团建的三个关键点，一场生活团建能有这三个关键点，就能达到团建的目的。

管理力修炼 ‖ 管理者要简单、开放、坦诚

团队氛围对于工作状态的影响不容小觑，团队氛围直接影响着团队的合作关系和默契程度。良好的团队氛围会让员工心无旁骛地工作，不必受人际关系所累，这能够让员工充满安全感，从而激发员工的积极性、主动性和创造性。

团队氛围的直接决定者就是管理者。要想营造良好的团队氛围，管理者就必须将“简单、开放、坦诚”的理念传递给员工，要与员工互为“土壤”、互为“空气”，共同打造、维护良好的团队氛围。

“简单”就是简单真实。管理者的风格基本上代表了团队的风格，所以管理者一定要真实，不能矫揉造作，也不粉饰太平。阿里有一句话：“因为信任，所以简单。”这种简单实际并不简单，在阿

里，每一个看似简单的背后，都有着强大的内心与严格的自我管理。如此，管理者才能降低自己被情绪左右的概率，不因私人原因影响到对团队伙伴的印象。

“简单”就是说到做到。首先必须自己做到，小到迟到、早退，大到战略布局，做你所说，说你所做。如此，管理者在员工面前才有威信，才能带领上下一心的团队共同奋斗。

“简单”就是奖要奖得心花怒放，罚要罚得心服口服。奖励不能服众，团队会土崩瓦解。惩罚不能服人，不该罚的受了罚，该罚的没有罚，或处罚力度宽松不到位，都会在团队内引起非常大的动荡。在阿里，所有的奖励与惩罚都有相关的制度规定，管理者秉公执法即可。

“简单”背后是相信自己简单的信念。管理者要相信团队每个人都是有能力的，相信大家是可以成长的，而成长过程如果有痛苦，作为管理者就要拥有勇敢的心。

“开放”就是管理者要开放胸怀，让沟通更加顺畅。职场中最可怕的就是沟通“黑洞”，管理者如果一直让员工去猜自己的心思，会让员工变得非常紧张，充满不安感，互相猜忌必然会造成团队关系的不和谐。

“坦诚”就是管理者以一颗真心去管理员工，用真心换真心，毕竟世界上没有任何道路通向坦诚，坦诚本身是通向一切的道路。现如今，有很多人将职场变成了战场，钩心斗角、阴谋层出不穷，硬生生将职场奋斗记玩成了宫斗剧。如此，员工的心思都在旁门左道上，又怎会在工作中取得好的成果呢?

“简单”可以帮助管理者与员工建立信任，“开放”和“坦诚”

能够激发员工的表现欲，集思广益。当员工发表自己的见解时，哪怕员工的想法有时候并不成熟，管理者也应该摆出鼓励的姿态，证明自己并不因员工思考得不全面，而对其产生负面评价。这样一来，更多的想法就会在团队中冒出来，员工会敞开心扉、互相交流、互相学习。在阿里，我们常常通过这种思想交流的方式，迅速获取更多想法，抢先建立优势。

更重要的是，“简单、开放、坦诚”能够大大降低管理者的管理成本。一旦员工开诚布公地将想法表达出来，团队迅速展开讨论，进行补充和改进，然后将讨论结果予以落实，这就大大缩减了工作时间。

在互联网高度发达的今天，如果员工因为团队气氛不合适，不敢表达想法，很快就会有其他团队将这个想法付诸实践，这对团队来说是一种非常大的损失。

与此同时，管理者坚持“简单、开放、坦诚”的理念与原则，可以让团队成员不必拘泥于各种各样的形式主义，能够直观地表达自己对于冗杂而无效的会议、报表等事物的不满；让员工不必碍于管理者威严，不敢对管理者工作上的失误提出看法，也不必因为“看起来好看”，付出大量精力去做华而不实的幻灯片……

总而言之，管理者需要坚守“简单、开放、坦诚”的理念，让团队中充满简单又真实的对话，让整个团队朝着工作目标前进，激发更多想象力、创造力，走上一条前景广阔的康庄大道。

第 19 招
目标团建：从胜利走向胜利

故事启迪 ‖ 华为的红蓝军对抗

在华为，有一个充满神秘感的部门——蓝军参谋部。直到 2013 年，任正非在一次内部讲话中，才让这支潜伏长达 10 余年的部队浮出水面，并让更多人了解了华为团队成长的关键机制——红蓝军对抗机制。

“红军”代表着华为团队，“蓝军”就是竞争中的假想敌，其站在客户、竞争对手的立场审视华为，指出华为的不足和缺陷，是专职“唱反调”的部队。让二者对抗，可以激发团队成员“赢”的欲望，并通过这种方式将一些不合时宜的思想屏蔽掉，消除员工身上的惰性。

这就是华为利用“战争”PK来修炼团队“狼性”的方法，其造就了华为“胜则举杯相庆，败则拼死相救”的英雄观与团队奋斗者文化。

2019年，任正非在战旗交接仪式中说出了自己近年来的目标：“在艰难困苦中完成队伍建设，建立一支迎接胜利的铁军。”这支铁军的凝聚点便是团队作战精神。任正非认为如今华为的团队口号不应该是“生存”，而是“胜利”，他需要有野心的人才、有团队精神与奋斗精神的人才组成一支所向披靡的队伍，他们坚信胜利一定属于华为的队伍。

前不久，任正非还带领着华为的高管喊着“3年1 000亿元，5年1 500亿元”的口号，用目标去唤醒高管“想要赢”的欲望，从而让他们带领团队奋战到底，取得最终胜利。

阿里也是如此。管理者会先制定一个目标，然后唤醒员工“赢”的欲望，从而让团队上下一心，共同朝着目标前进。

作为管理者，你在带团队时，要懂得激发团队的士气，唤醒“赢”的欲望，并让团队爱上“赢”的感觉，从而用一次又一次的胜利，带领团队走向更加辉煌的明天。这便是阿里铁军所言的：“一帮兄弟，一段故事，一个传奇，一生回忆，从胜利走向胜利。”

现状分析 ‖ 管理者做目标团建的两大现状

“春天不播种，夏天就不生长，秋天就不能收割，冬天就无法品尝”，目标团建就如同种子，管理者需要在春天播种，才能在秋天和冬天收获果实，为团队带来收益。让我感到惋惜的是，到目前为止，很多企业要么从不做目标团建，不知道目标团建能给团队带来什么作用和意义，要么做不好目标团建，没有掌握目标团建的精髓和要点。这就是目前大多数管理者做目标团建的两大现状。

从不做

“日日行，不怕千万里；事事做，不怕千万事”，有时，人们会因为不了解某个行为、某件事的作用与意义，因此便不去做，目标团建就是如此。有的管理者不知道目标团建的作用与意义，认为目标团建无非就是喊喊口号，做做游戏，即使做了，也不能鼓舞员工的士气，所以便放弃了目标团建。同时，有许多管理者甚至将团建当成“万能神药”，有事无事来一次团建，根本不去考虑团建的意义与价值所在。

目标团建对于团队来说，至少有两个层面的意义（如图 5–19–1 所示）。

图 5–19–1　目标团建的意义

做不好

与从不做目标团建相反，有的管理者已经意识到了目标团建的重要性，却在实施时做不好目标团建。出现此种情况的根本原因在于管理者没有掌握核心精髓和关键要点。

我认识一个企业的管理者，他做目标团建就是让员工上台去讲自己的目标，并让团队成员互相监督目标的完成情况。这是目标团建吗？根本不是。目标团建的目的是在团队里燃起成员想要赢的欲望，而不是公事公办地设置一个任务目标，这只是在走过场，只是做到了目标团建的皮毛。

作为管理者，如果我们做不好目标团建，那么轻则浪费时间和精力，重则打击团队士气，影响团队的信心，最终使团队达不成目标，拿不到业绩结果。

以上便是现今企业中目标团建的现状，作为管理者应该及时判断，制定相关策略，突破现状。

什么是目标团建

查理·卓别林曾说："要记住，历史上所有伟大的成就都是由于战胜了看来不可能的事情而取得的。"而这些看起来不可能的事情就是目标。

阿里是一个有梦想的企业，并根据完成梦想的路径制定了一个又一个目标，让每一个阿里人能够在达成目标的过程中获得成就感。这便是目标团建，让大家用一颗心去打赢一场仗。

团建的最高表现形式

企业是为了满足客户需求从而实现商业价值而存在的，最终我们的行为还是需要拿到业绩结果，所以目标团建才是最完美的团建，也是团建的最高表现形式。

一个团队打胜仗有三个重要的过程，我将它们分别定义为唤醒赢的本能，创造赢的状态，实现赢的目标。它们分别匹配三种不同的团建方式：唤醒赢的本能用思想团建，创造赢的状态用生活团建，而实现赢的目标用目标团建。

团队成员在一起吃喝玩乐是一种团建方式，最完美的团建是一起去达成目标。阿里很多顶级销售员在转型成为管理者时，总喜欢带领团队拼到老天感动的一刻，这不仅能够增强团队的凝聚力，还能鼓舞士气，这就是最好的目标团建。

人性是懒惰、自私的，我们很难改变一个人的本性，但我们可以通过目标团建，去激发团队成员的集体感荣誉感，让成员凝聚在一起。就如同唐僧师徒四人取经，从最开始频频出现矛盾，到后来为了“取经”这一共同目标而团结一致，共同对抗妖魔鬼怪。由此可见，对于团队而言，目标团建必不可缺。

战争是最好的目标团建

阿里最常用的目标团建形式是“战争”。需要注意的是，这个“战争”不是让管理者带着团队成员去和竞争对手打架，而是带着团队为了目标奋斗的过程。

时至今日，已经没有人能准确地说出“战争”这个词是通过哪件事以什么样的形式进入阿里，其实这个词很多企业也在用，特别是很多企业的销售团队在冲业绩时，常常会用这个词来为自己的团队造势。只不过，阿里把“战争”这个词落到了团队状态、团队成长的层面，这才是“战争”的本质，也是目标团建的目的。

比如，阿里的“双 11”战役始于 2009 年，直到今天销售额突破 2 684 亿元。“双 11”战役就这样慢慢迭代过来，每一次迭代都是产品和技术的升级。阿里的“双 11”战役不是一两个团队在打，而是整个技术团队、运营团队、前线、后台、政委等所有部门共同完成。对阿里来说，“双 11”战役就是每年最大的一次目标团建。

说到这里，可能有的人会问：“为什么一定要用‘战争’的形式来做目标团建呢？”这是因为“战争”形式的目标团建至少有两个重大意义。

第一通过“战争”，帮助团队成员找到最真实的自我，突破极限，让梦想和激情永续。

试想一下，如何让一个业绩普通的员工有所突破？如何让一个员工的业绩从 30 万元提升到 100 万元？这不是管理者简单地说几句话就可以实现的，如果管理者不能让员工拥有燃爆的状态，那么员工是不可能实现从 30 万元到 100 万元的跨越的。

所以在“战争”形式的目标团建中，管理者要搭起舞台、营造氛围，让伙伴在这个舞台上充分地表演，充分地绽放，让他们用业绩去铸就成就感。

我在前文里说过阿里有各种各样的团建形式，这些就是为了营造一个“战争”的场景，点燃员工的激情。虽然这些形式从表面看颇有点江湖气息，但我们既然是“铁军”，就要有铁军的血性，这个血性就是中供铁军的魂。

第二通过“战争”，创立一个精神，塑造一个军魂，构建一片土壤，使其成为文化。

这是战争的关键，战争的意义就在于此。团队精神、团队的魂就是靠不断的“战争”铸就的，它是从团队开始成立慢慢沉淀下来的。

如今业内很多人说到阿里的“中供铁军”，都会竖起大拇指，然而“中供铁军”的精神不是现在的阿里人铸就的。阿里规定，工号两万号以后的员工不能再称为“中供铁军”。因为这些员工没有经历过残酷市场的淬炼。

2006 年，我在刚开始做跨境电商时，目的是帮助客户做海外出口业务。当时北方市场的客户几乎不做出口业务，我们跑遍了三四百家钢材客户，发现只有一两家在做出口业务，而这两家还是通过南方的外包公司来做的，当时的市场真的很难做。所谓“艰难出英雄”，“中供铁军”就是这样一步步历练出来的。

由此可见，没有这样的“战争文化”，就没有“中供铁军”的魂，没有“中供铁军”就没有今日的阿里。战争就是最好的目标团建。成功不是说出来的，也不是做出来的，而是拼出来的。是一群人，放下所有杂念，奋不顾身，用汗水和血泪闯出来的。

正如克劳塞维茨写道：“胜利源于所有物质和精神方面的优势总和，一场完美的战役也是基于此策划的，只有战场才能让一个人成为将军。”

方法论 ‖ “战争三部曲”

既然“战争”是最好的目标团建，那么管理者应该如何带着团队打好一场仗呢？我根据自己在阿里几千次“战争”的经验，总结出“战争三部曲”（如图 5–19–2 所示）。

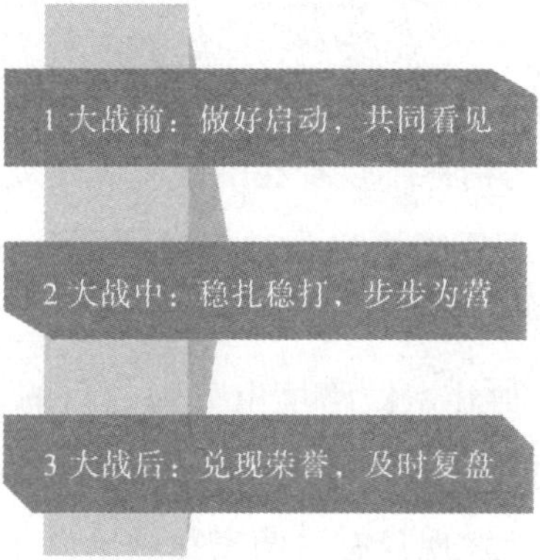

图 5–19–2 “战争三部曲”

大战前：启动会“四件宝”，让员工共同看见

看过前面内容的人都知道阿里每年的 3、6、9、12 月是大战月，大区与大区，主管与主管，小到一个团队里的个人与个人，都要轮番开展各种会战，激情无比。

在大战之前，我们会详细策划，准备大战的各个环节，开各种各样的会议。以 12 月最后一个季度的大战为例。我们的会议时间列表如下所示：

10 月初：大战正式启动；

10 月中旬：整个大区经理会议；

11 月中旬：大区主管论坛；

11 月底：百万启动会。

为什么要开这么多会议呢？目的是让团队的所有人通过各种会议共同看见目标。这是大战前的核心。

启动会“四件宝”

从 2007 年开始（也就是我进阿里的第二年），阿里的启动会从提升培训与演练销售能力逐渐加入模板化的销售说词。在大会上的启动以激情、血性、执行力为核心，启动会成为激情宣泄的舞台。每个区域的启动会都热火朝天。

这里需要特别指出的是：大战前的启动会一定要有仪式感。管理者一定要把大战的仪式感通过各种各样的仪式传递给团队的每一位成员。那么，管理者具体如何开展这些启动会呢？在阿里，启动会有“四件宝”（如图 5–19–3 所示）。

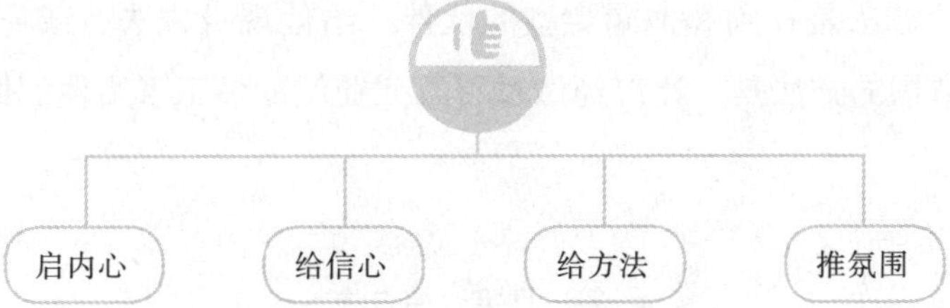

图 5–19–3 启动会“四件宝”

第一件宝：启内心

启动会要能够启动员工的内心，让团队成员发自内心地拿下这场战役，拿下目标。要想启动员工的内心，就要触动员工的心灵，将心注入，这就需要管理者“走心”的、有温度的工作。阿里常用的方法是：看视频、做拓展、量目标和争荣誉。

值得注意的是，在早年的阿里，一些团队会采用“扎头巾”“喝鸡血酒”的方式来启动员工的内心，但放在现在，恐怕已经行不通了。在今天，每个人在台上疯狂喊目标，这种“打鸡血”的铁血方式，对很多员工来说，只能启动表面，启动内心的作用不大。很多员工可能碍于情面，表面上应付配合，内心其实是拒绝的。

所以，如今管理者在启内心的动作上，还是要根据员工的内在需求。比如对于 90 后员工、00 后员工，要多找一些关于青春、关于梦想的内容去做启动。这些内在的东西是最容易被激发的。

第二件宝：给信心

大战前的启动会最重要的是给团队成员增强信心，做到这一点最好的方法是找到和他同类型的伙伴，给他现身说法、亲身分享。阿里常用的方法是：让曾经做过百万元业绩的员工来给他们做真实的分享。

第三件宝：给方法

大战前的启动会除了内心动力和信心之外，还要有可落地的有效方法作为支撑。管理者要给团队成员一条能实现目标的康庄大道。包括产品的介绍、促销的解释等，管理者一定要把这一动作做得扎扎实实。1米宽，100米深，一把钢尺一定要量到底，确保每个团队成员在上战场的时候他的武器是擦亮的，子弹是充足的。

第四件宝：推氛围

在大战启动时，团队一定要把氛围推到极致，阿里叫营造氛围，促进攀比，勇于突破。阿里在这一点上有很多方法可以参考，比如报目标、对赌、授旗等。

我在阿里近10年，见过的启动会不计其数，其形式也是各种各样。除了正常的报目标、下军令状、分享外，有的团队还会做一些活动，比如手携手、肩并肩闯关，拔河比赛。启动会上常用的工具有：锣鼓、红头绳、“战争”视频，这一类工具一般出现在大战月；对个人的采访、家人的录音、感人的视频，这一类工具一般出现在需要宣扬团队感和目标驱动时，比如春节后的大周会等。

不管什么样的启动会，使用什么样的工具，管理者一定要让它具有仪式感，让团队成员在这种仪式感中燃爆状态。事实上，“老阿里人”打仗打多了会感到疲劳，这时需要管理者把“战争”的氛围营造起来，让他们进入状态，充满激情。

大战前要达成三个目标

启动会在整个战役中至少会影响成败的30%，其核心在于：放大荣耀和扩散痛苦，所以在这两个动力中找到“为何而战”的理由，音乐、视频和演讲的完美结合可以填补语言的苍白，同时管理者要谨记不管什么样的仪式，都是为了达成三个目标（如图5–19–4所示）。

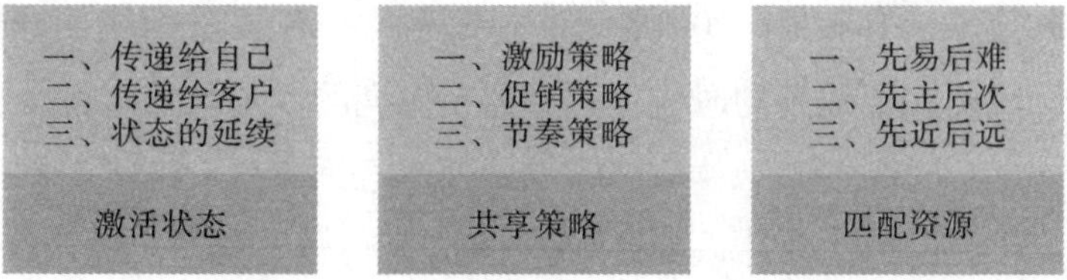

图 5–19–4　大战前需要达成的三个目标

我记得在天津打“千万战役”时，我带领的团队的业绩仅仅是 400 多万元，如果要在一个月内将业绩冲到千万元，那么我的团队需要在一个月之内实现两倍多的增长，任务很艰巨。当时，我们团队中有很多人都不相信这个目标可以实现，因此士气低迷。

为了达到激活状态、共享策略、匹配资源的目标，我做了一次别开生面的启动会。我带着 70 个人去爬居庸关长城的最后 13 个烽火台。当爬完第一个烽火台时，有人出现低血糖的症状；当爬到中间时，有人犯了高血压，但最终我们连背带扛，连拖带拽，没有让一个成员落下，最终登上了第 13 个烽火台。这让团队成员明白，虽然一个人可以走得很快，但一群人可以走得很远。

在到达第 13 个烽火台后，我正式开展启动会。在这次启动会中，我主要讲清楚了一件事，即：我们为什么要打这场仗？我告诉他们，打这场仗是为自己、为家人、为兄弟。当时，我们北方所有的团队业绩都没有达到过千万元，我们要争第一个过千万元的荣誉，为兄弟赢得荣誉。通过此次启动会，团队上下一心，干劲儿十足，这便是启动会的目的。

大战中：黄金五阶段，步步为营

在大战正式拉开帷幕后，整个团队都在前线拼杀，作为管理者，我们同样不能掉以轻心。那么在大战进行的过程中管理者要做哪些工作呢？

在阿里的大战中，管理者要做的是“黄金五阶段”（如图 5–19–5 所示）。

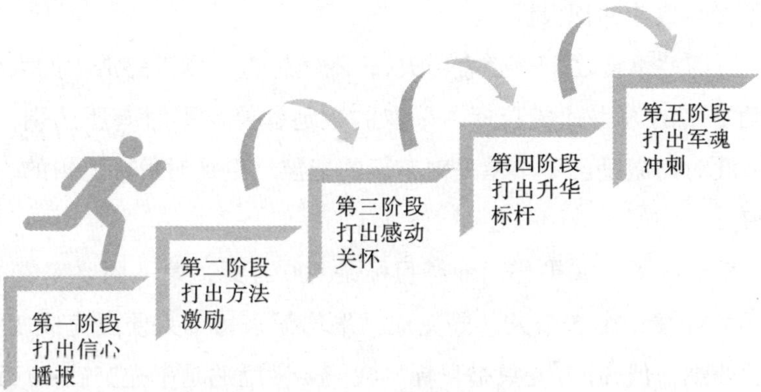

图 5–19–5 “黄金五阶段”

第一阶段：打出信心——播报

在阿里，第一阶段打出信心的方式是播报数据。当团队成员不相信可以达成目标时，这种认知会降低团队士气，让成员没有激情，无法全力以赴，因此建立信心极为重要。阿里会通过不断播放实时数据，营造氛围，让员工去相信目标可以达成。

例如，在“双 11”战役中，阿里就会不断播报数据，告诉他们零点多少亿元，一分钟多少亿元，5 分钟多少亿元，10 分钟多少亿元等。在这一过程中，让员工看见结果，帮助员工建立信心，以更好的状态投入接下来的战役。

第二阶段：打出方法——激励

在第二阶段打出方法主要采用的是激励的方式。管理者要给团队成员更多的激励，并根据实际情况去设计激励的策略，充分调动员工参与战斗的积极性。

所谓“重赏之下，必有勇夫”，既然想打一场声势浩大的大仗，激励更多的人去达成目标，采取的激励就要与平时有所区别。再者，此时的激励已不单单是对节奏的把控，更是对目标逻辑的一个分解。

举个例子，如果部门业绩目标是 600 万元，第一周要完成 150 万元的业绩，由 5 个人共同完成，平均下来每个人便要完成 30 万元的业绩。但 30 万元只是目标，我们要激励的是率先突破 40 万元业绩的人，对他们予以重赏，这样才能让其他人在重赏之下不断突破，勇创佳绩。

如果把“战争”比作是对大客单的一种激励，是为了将整个激励政策贯穿始终，那么我们就要想方设法将激励转化为一根指挥棒，让这根指挥棒去带动员工的立场和力量的转化。具体而言，我们可以从个人、团队、破单率、大单、快枪手、业绩 TOP（最高）、破历史新高、某一个业绩高点（如百万元，百个客户数）等方面入手实施。当然，再好的激励也不要先斩后奏，一定要秉承先宣布、后实行的策略，且兑现激励的速度越快越好，这样才能产生立竿见影的效果。

第三阶段：打出感动——关怀

在第三阶段打出感动，就需要做到团队成员互相关怀。此时战争已经进入白热化阶段，作为管理者你需要将团队中互帮互助的事例进行宣传，让员工感动，激发员工的积极性。

比如我听说中供最知名的团队“大圣战队”为员工找了三个保姆，一个负责做饭，一个负责做卫生，一个负责洗衣服，目的就是让团队成员放心在前线“打仗”。再比如我带的团队，每天我都会带着团队一起娱乐一下，缓解白天“打仗”的辛苦，那时整个团队在一起的氛围特别好，团队成员像一家人一样。刚要刚到骨子里，柔要柔到内心去，前线拼死而搏，管理者在后方要做到无微不至的关怀。

第四阶段：打出升华——标杆

在第四阶段要打出升华，这也是设置标杆的阶段。管理者要及时分享“战报”，把团队成员中拿到业绩的成员分享给团队里的其他成员，树立标杆。需要注意的是，HR 发的战报是真实的，管理者自己发的战报“根据需要”而定，可谓虚虚实实的战报，主要目的是激发一线“战士”的斗志。发“战报”的标准格式是：“干掉某某（对手名），我们又贡献了 ×× 业绩。”

第五阶段：打出军魂——冲刺

第五阶段是打出军魂，是一个冲刺阶段。

在天津“千万战役”的最后一天，我们团队还没有达成千万元的目标，所有人都还在全力拼搏。最后一个千万元的订单是一个姑娘拼下来的，当时，我们整个团队都在帮助她，过程比较曲折。例如在付款时出现账上没有钱的问题，她只好重新和财务谈判，一直拖到晚上 9 点，才终于完成订单。

在拿下千万荣誉之后，我们写了这样的内容："共饮黄河浪滔滔，万里江山独弄潮，津门千万英雄志，不看前朝看今朝！"

这就是阿里大战中管理者的"黄金五阶段"，通过这些阶段中的动作，步步为营，最终实现目标。

大战后："四大模块"把荣誉带给团队

有始必有终，大战后也需要进行扫尾工作，主要分为四大模块（如图 5–19–6 所示）。

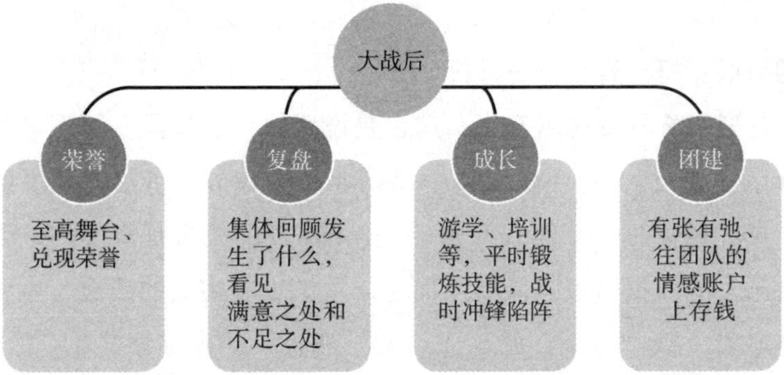

图 5–19–6　大战后的四大模块

大战后最重要的是及时兑现荣誉。在阿里，在每一场大战结束后，我都会带着我的团队找最豪华的五星级酒店，红毯铺地，让团队业绩最好的成员站在舞台中央、聚光灯下，让他在整个团队和家人面前，把大战的目标感和激情全部释放出来，去感染每一个人，让团队的其他成员感受到在至高舞台上接受荣誉时的仪式感、荣耀感。

一场大战的结束是另外一次大战的开始。在员工站在聚光灯下感受仪式感和荣耀感后，他会在接下来的战役更加努力，争取再一次站在聚光灯下接受鲜花与掌声。这就是阿里重视战后兑现荣誉的原因。

在兑现荣誉之后，团队就需要对本次战役复盘，分析其中出现的问题与不足，寻找更好的解决方案，为今后的大战积累经验。随后，管理者便要根据复盘的结果，找出员工存在的问题，通过培训等方式让他们获得成长。最后，再次通过团建，让他们放松一下，调整状态。

以上就是一个目标团建的完整过程，也是一个管理者在带领团队“打仗”时，需要在大战前、大战中、大战后做的工作。

以我在阿里近10年的经历来说，打好一场仗不是一两次就能做好的，阿里之所以在每场战役中都能出成绩，也是因为打了十几年。俗话说“一口不能吃个胖子”，想要打好一场仗，管理者要不断地重复，不断地实践，不断地总结才能掌握其中的精髓。

最后说一点我的感悟：现在的我，很感谢在阿里的那一场场大战，感谢我的对手，感谢我的团队。我们身处和平时代，没有硝烟的战场，做业绩就是我们的战场。感谢阿里，带给我和平年代无法带给我的战斗血液。这样的血液使我现在面对任何困难都不做“逃兵”，奋勇直前，越战越勇。

管理力修炼 ‖ 借假修真：修人、修事、修机制

如今，有很多企业也在做“打仗”，不仅效果不理想，反而会在目标达不成时伤了团队，原因有两点。

一是管理者在“打仗”的过程中只注重目标的达成，只关心市场的突破，不关注员工的成长，只停留在“事儿”的层面。

二是管理者在设定指标时往往会上浮一倍甚至更高，希望以此调动员工的积极性，完成保底指标。这样会让团队感到天花板，团队非常疲劳，但是仍没有完成指标，也没有达到管理者期待的高度，这样会让团队成员产生挫败感甚至想放弃。

那么管理者要如何做才能既带领团队打好一场仗，又能让团队得到成长呢？

在阿里，我们经常会说到一个词——借假修真。这是道家的一个词，意思是在一个道士修炼成真人之前，会有智人、贤人这样的阶段，这些都是假，唯有修炼成真人才是真。

通俗地说，“借假修真”就是通过假的东西去达成真正的目的，这一概念，同样可以应用到目标团建中，即借打好一场仗的假，修追求业绩的真；借取得业绩的假，修团队成长的真；借团队成长的假，修个人成长的真。借尊重人性、回归本质、挖掘真善美的领导方式去修团队文化。

要想真正实现目标团建里的“借假修真”，就需要去修人、修事、修机制。

“修人”就是让员工修炼自己的业务能力、目标感和结果思维，不断突破极限，激发潜能。

在阿里，我们常说：“我们只想创造这样的一个月份，那就是今后无论何时何地，当我们遇到多大困难的时候，回想起在这个月里我们奋斗的场景就能得到激励和希望，这就是我们这个月最大的原动力。”通过这种来自外在的压力和内在的动力，让员工突破自我，获得成长。

作为管理者，你应该明白：一个团队其实应该是一个道场，这个道场要能够真真正正砥砺员工成长。只有让员工感受到自身的成长，他们才能全身心地投入进来，让团队精神得到升华，让团队成员真正成为一帮兄弟，留下一生的回忆。这就是修人的过程。

“修事”就是用战役这一事件，推动员工的成长与超越。例如，员工的业绩优秀，作为管理者，你应该奖励他，让他以更好的状态投入接下来的工作中，不断激励他成长。

“修机制”就是管理者用企业中的机制来激励员工，让员工不断突破极限并激发自身潜能，例如阿里的“271”机制。

管理者在借用“271”机制借假修真时，要让“1”知道自己哪里出了问题，让他知道自己哪里应该成长，让他真正感受到最后一名的痛，让他真正感受到团队对他的期望和鼓励，不到最后一刻，你决不能抛弃和放弃他。同时，管理者要拿出40%~50%的激励盘子去奖励超出期望的“2”，去激发大家的战斗状态，让员工去突破极限，去自我超越。这就是“修机制”。

总而言之，管理者需要通过一场战役看到它的本质，打完一场仗会有很多的结果，事的结果，人的结果，团队的结果，甚至还有搭建机制、体系的结果，然后根据结果把“战争”真正做成我们团队成长路上最好的燃料和管理者借假修真的载体。

不论是人生、管理，抑或是我们自己，借假修真，是透过表象看本质，是主次的分离，是内修，也是自省。

最后，我想说的是：真正的将军都具有非凡的人格魅力、威信、统率力，他将身边无数普通人培养成了像他一样的战士，只有战场才能让一个人成为将军。希望你能通过借假修真成长为一个真正的将军。

第 20 招
团队执行：打造高效执行力的团队

故事启迪 ‖ 彭蕾的故事

马云曾说："一流的想法，加三流的执行力，不如三流的想法加一流的执行力。"执行力对企业、对团队而言至关重要。阿里能够获得如今的成就，高执行力的团队、员工功不可没。彭蕾便是阿里高执行力的代表。

彭蕾在 2018 年正式卸任阿里巴巴蚂蚁金服的董事长，在其卸任时，关于她的介绍一时间席卷各大媒体、网站。其中，最抓人眼球的就是彭蕾曾经说过的一句话："无论马云的决定是什么，我的任务只有一个，帮助这个决定成为最正确的决定。"

彭蕾是这样说的，也是这样做的。在阿里巴巴，彭蕾是马云的左膀右臂，具有超强的执行力，阿里巴巴最难啃的骨头，最难打的攻坚战，基本上都是彭蕾去解决的。在阿里，关于执行力有这样一种言论：今天老板布置了一个任务，下面的员工会出现两种截然不同的态度。

一类员工认为，老板发表的言论毫无事实依据，完全不考虑员工的执行难度，就是在“空口说大话”，所以这类员工，他们往往不相信管理者，并且执行力不够，他们不去证明这件事情是对的，而是不断地为“这件事是错的”找借口。

与之相反的另一类员工，他们就像彭蕾一样，相信老板，同时也相信自己的能力。他们全力以赴地去证明老板言论的正确性，坚持完成老板布置的任务。

作为管理者，当老板给出一项任务时，我们就应该在达成共识的情况下，全力以赴地去证明这件事情是对的。一个具备强有力执行力的管理者，一定是努力去帮企业领导者达成决定的有力支撑，而不是反复质疑领导者决策的人。这也是阿里巴巴之所以成功的一个核心底层因素。

马云极具领袖魅力，他的演讲极具感染力，充满着激情和憧憬，也有无限创意和遐想，能振奋人心。虽然马云的演讲在当时看来，可能是夸大其词，但阿里员工的执行力让这些看起来“不可能”的事件成为现实。

还有很多企业领导者，在各种场合夸夸其谈，结果只是在搭建空中楼阁，员工不愿相信，也不想为之努力，他们认为自己不必为领导的言辞买单，害怕做无用功。

阿里有一支战无不胜、攻无不克的铁军，将领导者的话语视为行事方向和准则，力图将领导者发布的任务实现，这就叫作“1 米宽，100 米深，一把钢尺量到底”，阿里巴巴中供铁军真正做到了知行合一。

正如杰克·韦尔奇所说：“好多事情你们都知道，但是我们做到了。”团队的执行力是实现团队创意的重要保障，是达成团队任务的首要前提。一个优秀的管理者，不仅要自身具备执行力，还要打造出具备超强执行力的团队。

现状分析 ‖ 管理者缺乏执行力的五大现状

“没有执行力，就没有竞争力”，对团队而言，执行力至关重要。

管理者的执行力是指管理者贯彻企业战略意图，完成企业或团队预定目标的能力。管理者的执行力集中表现在管理者完成团队任务的意愿、能力，是企业将战略、规划等书面内容落地的关键所在。然而目前很多管理者缺乏执行力，无法将企业规划付诸实践，无法为团队发展贡献力量，主要表现在为以下 5 种状态。

不聚焦：什么都想做，什么都做不好

有较高执行力的管理者会盯住一件事，做好一件事。很多管理者思维非常跳跃，每天想很多事情，脑海中有无数个想法，憧憬着从某个项目中一鸣惊人，一飞冲天。可正是因为想法太多，他们每日都处于一种非常纠结的状态，不知道该从哪件事情入手。无论多

少想法，只有行动了，才能变成现实，否则就是空谈。

而真正有执行力的管理者，在内心萌生出一个想法或者接收到高层管理者信息之后，会快速进行风险评估，然后制订达成计划，并一步一步开展行动。在整个过程中，管理者都没有迟疑，没有借口，没有退缩。

没方法：以罚代管，只有惩罚与严苛

没有经过系统培训的管理者很容易陷入管理误区，他们认为自己是员工工作的监督者，主要职责就是监督员工及时完成工作，并对未完成工作的员工进行惩罚。管理者没有花心思在提高团队效率上，而是专注于监督员工，这会导致管理者自身执行力的虚耗。

员工不是“犯人”，管理者应该给予其信任和一定的自由，让他们能够在开放的环境中成长。如果管理者严防死守，一直盯着员工，对员工只有惩罚，那么这会使员工逐渐丧失工作的积极性，进而让员工对管理者产生逆反心理，这种心态会影响到工作，使得员工的工作质量下降。

不认可：对要做的事情认可度不够

有的管理者抱有守旧思想，认为企业不该冒险，应该稳定前进，而这恰恰与领导者的思想相悖，领导者希望开疆拓土、大展宏图，于是开始发布一些管理者不太认可的政策，让管理者去做自己不相信的事情。

而这种“不相信”“不认可”，恰恰阻碍了管理者发展执行力。当你相信你能把一件事做好的时候，在做这件事的过程中，你一直鼓励自己，加倍努力，结果真的如你所想，你把这件事做好了，这就是相信的力量。当管理者不相信某件事时，其会丧失完成目标的信心，以消极的态度对待，这必然会对执行过程产生负面影响。

作为管理者，要足够相信自己目前在做的事情一定是有成效的，无论最终结果如何，既然这件事情已经摆在我们面前了，那便是“箭在弦上，不得不发”了。与其抱着怀疑的心态去做，不如转换思路，坚信这件事情能够成功，专注于这件事情，那么成功的概率会更大一些。

不投入：对要做的事情投入不够

由于“不相信”“不认可”等心态的存在，管理者在做事时，就会“不投入”。这也导致他们不会耗费太多心力去完成这件事，敷衍地对待工作。

我曾经遇见过一个管理者，他一直很忙，忙着开会，忙着与客户交谈，忙着管理员工。在我与他交谈后，他才发现自己在做一件事情时，都在想着其他工作，导致内心慌乱，无法平静，也无法全身心投入其中。最后，所有的工作都没有完成。

管理者不投入，是缺乏执行力的表现，不利于团队的发展。

不落地：方案不够客观，没有可执行性

具有强劲的执行力并不意味着管理者要凭借蛮力横冲直撞，一听到任务就心急如焚，马上开始行动，不管行动方式是否正确。实际上，管理者拥有强劲执行力的表现之一，就是管理者在实践之前有章法、有计划。

除此之外，这个计划、方案，还应当符合实际规律，具有可行性。很多管理者之所以无法达成团队目标，并不是他们没有相关的行动计划，而是他们往往把精力放错了地方，在根本完成不了的事情上大费周章，这也就导致一些行动在一开始时，就注定要走向失败。

方法论 ‖ “一个核心五个要领”法则

“小成功靠自己，大成功靠团队”，团队执行力是取得重大胜利的关键。阿里能够占据互联网领域的半壁江山，与其超高的团队执行力密不可分。我根据在阿里多年的工作经验，结合多年参与企业培训的经验，总结出打造高效执行力团队的有效方法，即“一个核心五个要领”法则（如图 5–20–1 所示）。

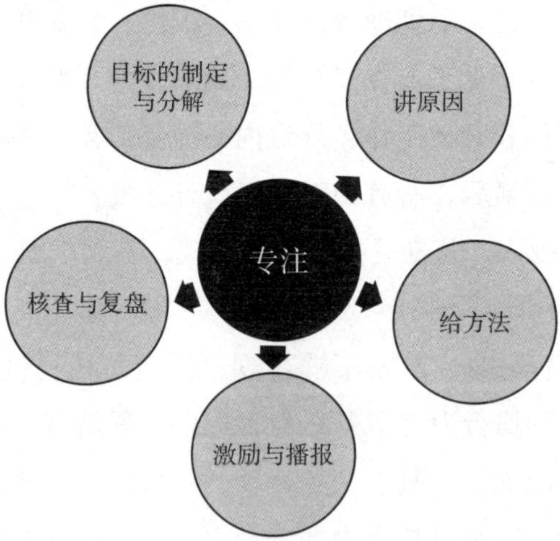

图 5–20–1 “一个核心五个要领”法则

一个核心：专注

管理者培养团队执行力的核心是“专注”，也就是前文中提到的“1 米宽，100 米深”。

管理者要打造高效的团队执行力，要相信并发挥专注的力量。管理者在带领团队做一件事的时候，就需要将这件事做到极致。在阿里，每个人都相信专注的力量，即便是在面对看似不可能的目标时，他们也不会放弃，而是全心全意地投入工作当中。

我在阿里培养团队执行力时，会反复给员工讲《把信送给加西亚》的故事：

> 19 世纪，在美西战争中，美方需要给盟军将领加西亚送一份重要的信。可当时加西亚正在丛林作战，没有人知道他的具体位置，所有人都认为这是无法完成的任务。这时一名年轻军官挺身而出，徒步行走三周，经历千难万险，把信送到加西亚手中，完成了这项“不可能的任务”。这名年轻军官专注于任务，不畏艰险，将不可能变为可能。

在我反复地讲这个故事后，员工从中感受到了专注的力量，并在之后的工作中始终坚守专注的原则，为团队带来了许多荣耀。

由此可见，管理者需要让员工明白：唯有专注，才能确保团队高效的执行力并拿到预期结果。除了阿里，华为也非常重视专注的力量。华为曾推出的瓦克达人捕鱼广告，就在强调专注，在湍急的水流中，管理者如果不专注、不聚焦，就会连人带渔具被河水冲走。

在培养团队执行力时，管理者要锻炼伙伴的专注度，让他们各自专注于一个维度或者一个点。阿里对此有一个专业名词叫“撕皮子”，如果管理者要将皮与肉撕开，就要专注于一个点下手，慢慢扩大面积，如果这里撕一下，那里撕一下，那么整张皮会很难撕下来。

既然专注的力量如此之强，管理者应该如何使团队成员变得专注呢？实现专注有一个固定公式：专注 = 工作态度 + 不断反思 + 高度自律。

在阿里，我们经常会通过“复盘会”让员工进行反思，反思自己的工作态度，反思自己存在的问题，并通过高度自律，养成良好的工作习惯，从而在今后的工作中不再犯同样的错误。如此，员工更容易在工作上做到专注。这是管理者培养团队执行力的关键。

我非常喜欢一句话，在此与大家分享：“人生如棋，我愿为卒，行动虽慢，可谁曾见我后退半步。”在不断专注于一件事情，并不断反思、不断累加的过程中，将一件事情做到极致，既是我们的工作态度，也应该是我们的人生态度。

目标的制定与分解

管理者培养团队执行力的第一个要领是目标的制定与分解。团队的执行能力强与不强，主要看团队目标的达成情况。团队成员达成目标的前提便是制定目标与分解目标。

制定目标

在制定目标时，管理者要根据团队的综合能力来制定合适的目标，这需要遵循具体性原则、挑战性原则、可达成原则。

例如，我曾经在号召全员健康跑步时，制定了这样的目标：在每天下午五点半，全员在某街道跑步 20 分钟，在一个月内达到三分钟跑完 800 米的目标。这样的目标清晰具体，可以让人一目了然，是坚持具体性原则的表现。

管理者根据挑战性原则制定的目标，必须是团队成员跳一跳才能够得着的目标。目标不能没有任何挑战，必须稍微超出员工的能力，这样在达成目标的时候，员工才能得到成长。

管理者在制定目标时，不能定得太高，目标一旦超出员工能力的边界，就很容易让员工产生挫败感，打击他们的工作热情。例如，阿里坚持“团队目标必须是每个员工目标的总和”的理念，让员工自己制定目标，保证目标的可达成性。

对团队而言，管理者制定合适的目标，可以不断提升员工的执行力，从而提升团队执行力，推动团队发展。

分解目标

目标制定完成后，管理者要协助员工分解目标。分解目标就是细化目标，将大目标分解到每周、每天、每时，并进行达成分析，帮助员工达成目标。

比如，我的团队一个月要做 100 万元的业绩，存量有 50 万元，另外 50 万元怎么办？这 50 万元要根据员工的业务水平来考虑，包括员工每天的客户接待量、订单的转化率、需要拜访的客户量与沟通电话量等。最后分解目标的结果是：每人每天的保底业绩是 3 000 元左右。这便是分解的目的：千斤重担人人挑，人人肩上有指标。

管理者通过分解目标，与员工达成了目标共识，并通过设定检查标准和奖惩标准来督促员工达成目标。员工为了达成目标，会不断提升自身执行力。当每个员工致力于提升执行力时，团队的执行力自然会得到提升。

讲原因

讲原因是管理者提升团队执行力的第二个要领。简单来说就是分析制定目标的原因。讲原因是进一步夯实员工的目标忠诚度的过程，讲原因的好坏直接影响到员工对目标的认可度，同时这也极其考验管理者对于目标的理解、消化能力。所以在讲原因之前，管理者一定要清楚地知道目标设定的前因后果，先说服自己接受目标，再说服团队伙伴，让他们能够理解和接受目标。

讲原因可以从 4 个层面进行。

公司业务层面

2012 年，我带领的团队刚刚起步，我们的主要业务集中在线下，线上运营基本处于空白阶段。可当时线上公众号的运营已经成了一种趋势，各个企业也开始利用线上平台来进行宣传推广。

为了不落后于人，我需要从团队中安排人手去做公众号运营。当时团队的资金有限，无法雇用一个专业的运营人员，我只能在团队中挑选一位员工，让他既做运营，又跑业务。当然，我并不是将公众号的事情直接丢给员工，而是晓之以理、动之以情，让员工充分明白他去做这件事情的目的和好处。

我对员工说，公众号的业务是公司转型的关键，公司要从原有的线下模式慢慢地转变为线上、线下相结合的运营模式；从简单的销售驱动型公司向服务驱动型转变，所以线上运营将会变得至关重要。做运营不仅可以帮助员工提升执行力，还能增加员工的竞争优势。通过我不断向员工讲解业务，员工开始踊跃报名参与新开展的公众号的运营工作。

团队现状层面

从团队层面来说，管理者应该让员工明白这项工作对团队的发展尤为重要，所以作为团队的一分子，应该先行一步做出尝试。管理者一定要告诉被选中的员工：这不是一个可有可无的工作，这是团队未来的发展方向，是团队一定要走的一步棋，而你就是我们的“先锋军”。从而激发员工的工作动力。

个人业绩层面

对员工而言，个人收获才是影响他工作情况的重点。管理者一定要站在员工的角度，让员工明白他可以通过这项工作达成怎样的业绩目标。例如，我在说服员工接受公众号运营工作时，会告诉员工：自媒体是未来发展的趋势，学会做线上运营，将会成为他未来工作中一项非常重要的核心竞争力。能够熟练掌握引流、留存和激活，并能够让流量变现的员工，无论在哪里都能大有所为。

员工收入层面

管理者需要让员工明白这项工作将会给自己带来的利益，管理者需要告诉员工这项工作可以提升自身的核心竞争力，薪资待遇和晋升机会自然会水涨船高，对收入的提升和未来的发展来说，都将有所裨益。从而让员工愉悦地接纳地这项工作，并将这份工作圆满完成。

管理者通过上述 4 个层面讲好原因，这对于提高员工和团队的执行力都是非常有帮助的。如此一来，员工不仅明确了目标制定的原因，还知道了开展工作的意义，更能从讲解的过程中得到参与感和满足感，这将更利于目标的达成、团队执行能力的提高。

给方法

管理者提升团队执行力的第三个要领是“给方法”。员工在明确开展目标并知晓达成目标的意义之后，管理者就需要给出切实的方法来帮助员工完成任务。

让员工知道怎么去做，是管理者工作的重点之一。在决定结果的各种因素中，员工的工作状态和工作方法是最关键的因素。管理者要针对目标，给出高效完成目标的方法，让员工充满信心。工作中“给方法”的场合层出不穷，形式多种多样，管理者要在不同的阶段、不同的时间给到正确的指导方法。

早会、晚会、陪访、陪练、沟通总结等，都是“给方法”的合适场合。管理者自身应该具备相应的专业水平，给出的方法一定要有所帮助，不能为了凸显自身的工作能力，盲目地给予员工不合适的方法。在各种会议，尤其是周会、月会中，管理者可以根据员工遇到的共性问题，给出解决的方法，这样会更加省时省力。

激励与播报

及时地激励与播报是管理者提高团队执行力的第四个要领。

激励

激励分为内在激励和外在奖励，内在激励是给员工责任、成绩、价值或荣誉等精神上的刺激，外在奖励则是工资、股票、期权、奖金、晋升机会等物质层面的奖赏。管理者将精神层面和物质层面的激励相结合，可以提升员工达成目标的决心，进而激励员工不断提升自己的执行力。

在阿里，除了如物质奖励的正面激励之外，还会实行负面激励。当员工没有完成业绩目标，绩效考核被评为“1”时，其就会面临被解雇的风险，这就是负面激励。正面激励能够让员工在目标落地的过程中更加积极，负面激励能够激发员工的危机感，让员工看到与团队成员之间的差距。管理者将两种激励结合，可以促进团队执行力的提高。

播报

“播报”在销售团队中更为常见，它是对销售进度的展示。“播报”是在员工的工作过程中起到督促作用的一种工具。管理者要对团队工作的进度、数据等情况进行实时播报，让大家进入比赛的状态，形成一种竞争压力。例如，两个人打篮球，如果没有比较，那么双方都会比较随性，打得也不起劲儿，但若是现在开始计分，双方就会开始认真，想赢得比赛。

由此可见，“播报”可以让排名靠前的员工感受到压力，更加努力，以防后面的人追上来；处于中间层的员工，也会想尽办法让自己排名靠前；处于末尾的员工，则会感到羞耻，于是开始快马加鞭地追赶。“播报”可以让整个团队形成良性竞争的氛围，并让员工在竞争中，通过不断提升自己的执行力，来增强自己的竞争优势。

激励与播报，都是重要的外部力量，是管理者伸出的一双手，托举着员工向上。

检查与复盘

“检查与复盘”是管理者提升团队执行力的第五个要领。“检查”是管理之父，“复盘”是管理之母。所有结果的推进，都需要检查来控制，所有员工的信任也源于“检查”。管理者需要制定相应的制度，检查员工的工作状况，确保目标的达成。

管理者要让员工明白，检查并不是对员工不信任，而是通过检查员工工作的方法，判断员工在达成目标时是否出现了困难。只有及时检查，管理者才能发现员工的优缺点，针对优点进行鼓励，针对缺点进行帮扶，让员工更加高效地完成工作。

管理者检查的方式有很多，例如查看员工写的日报、月报，与员工进行面谈等，都可以有效地检查。强有力的检查是提升团队执行力的有力武器。

“复盘”是提升团队执行力的重要抓手。通过复盘，管理者带领团队回顾目标、评论结果、分析原因、总结经验，让团队制定出更优的工作方法，形成标准化动作，方便今后工作的开展。除此之外，“复盘”还可以帮助员工养成反思的习惯，不断地去沉淀经验，不断地迭代，做到“日日为攻，水滴石穿”。有关“复盘”的具体方法，在前文中已经进行了详细阐述，在这里就不再加以赘述。

以上就是打造高绩效、高执行力团队的“一个核心五个要领”。管理的经验有很多，最重要的是管理者要去落实，去反复实践，用结果说话，用结果验证管理，让团队工作卓有成效。严师出高徒，高效执行力的团队的建设任重而道远，管理者定当不辱使命，不断前行。

管理力修炼 ‖ 管理者要具备“思辨”的执行力

对管理者来说，执行力不是一朝一夕就能获得的，这里说的执行力，不是不管不顾，听到命令就埋头苦干，无视周遭客观环境，而是要求管理者在“思辨”的基础上执行。

何为“思辨”？就是管理者要用辩证的方法去思考问题。换言之，管理者在执行一件事之前，一定要进行辩证思考。管理者“思辨”的执行力主要包括以下4个层面。

有广度的信心

管理者在充分地分析外部环境，了解相应数据之后，需要建立广度的信心，并让团队成员达成共识。受各种因素影响，团队内部成员包括管理者自身，都很有可能对企业下达的决策存在质疑，这会让团队没有足够的信心将决策落实下去。这时候管理者首先要树立信心，并引导团队成员相信这项决策，并为之努力。

有深度的思考

受到行业态势、经济发展状况等因素的影响，企业做出的决策也并不都完全正确，所以管理者要保持深度的思考。千万不要说干就干，一定要三思而后行。管理者需要留出足够的弹性空间，将所有的可能性都考虑到，然后按照阶段，一步一步地去落地执行。

有质量的对话

沟通无处不在，在执行任务的过程中，管理者要与团队成员保持真实、有效的沟通。保持真实才能让管理者真正有机会面对问题。在沟通中，员工若是有所欺瞒，为了“面子上过得去”而撒谎，那么最终结果一定不会达到预期目标。沟通的目的是发现问题，管理者要善于引导员工讲真话，讲实话。

有持续的追踪

管理者不仅要注重员工对于结果的执行情况，还要持续追踪。阿里追踪的方式包括观察员工动向，进行述职或者复盘，让员工的执行力从个别任务的完成中脱离出来，形成一种习惯，始终保持高效。

管理者保持“思辨”的执行力，是团队成就事业的重要保障，管理者要不断提高这方面的能力，提升个人和团队竞争力。

第 21 招
人才梯队建设：排兵布阵更有力量

故事启迪 ‖ 阿里巴巴的职业发展“双轨制”

阿里实行了针对员工发展的双轨制，员工可以根据自己的特长、偏好，来选择未来的发展道路。员工可以选择两个序列，即 P 系列（专业序列）和 M 序列（管理序列），员工在选择发展路径之后，可以得到专业的培养。

P 序列中最高等级是 P12，M 序列中最高等级是 M9，即曾经的马云和现今的张勇。P 序列中的 P12 和 M 序列中的 M9 是等同的，工资、奖金等各方面都相同。员工可以根据自己的优势、喜好，综合评估来选择最适合自己的岗位发展路线。

其中，M 序列是管理者需要着重注意的一条发展路线，那么 M 序列有哪些特点呢？

后备军机制

在阿里，如果一个管理者想要在 M 序列上晋升，除了需要绩效考核成绩优异之外，还需要培养接班人。如果一个人要从 M1 升迁到 M2，他必须在 M0（预备管理者）中培养后备人才，这样他才能够成功晋升到 M2；如果一个管理者想从 M2 晋升到 M3，他就必须培养 M1.5 做后备军。每一层晋升，都需要培养后备人才，这就是阿里在双轨制基础上发展起来的后备军机制。

后备军机制给各个层级的管理者设置了晋升标准，让管理者愿意给其他人一个升职的空间，并重视对后备人才的培养，这也是阿里良将如云的重要原因。

管理者专业管理培训

在阿里，针对不同级别的管理者，设置有不同的管理课程、学习计划与目标。管理也是一门科学，作为管理者我们也需要进行长期的思考与修炼，不断提升自己的领导力与管理力。例如阿里巴巴的“三板斧”针对底层管理者、中层管理者以及高层管理者都制定了不同的修炼内容，并给予相应的培训机会。

允许人才流动

M 序列的最后一个特质是允许人才一定的流动。如果一个管理者不能给人空间，不能真正培养自己的团队成员，帮助他们获得成长，那么他们可以自己选择更好的团队。这样会使许多团队伙伴向“钱”发展，大家只能同甘，无法共苦。

阿里的管理者都希望自己的接班人能够超越自己，获得成长，这不仅是因为阿里有着“成人达己”的精神，鼓励员工青出于蓝而胜于蓝的文化氛围，更是因为阿里有着强大的保障机制，确保人才培养落地。

马云在退休前，当着天下人的面说阿里“良将如云、弓马殷实”，可见马云十分相信阿里的后备军机制带有的能量。许多企业也开始向阿里学习，设置人才后备军机制，并用实战去培养人才。越来越多的企业管理者开始“以客户为中心，以结果为导向”，去培养人才，并对员工提出具体的要求。

在这样的大环境中，管理者可以通过真实的业务场景，去培养员工的实战能力。在这个过程中，管理者和员工一起实践，一起为了一个目标奋斗，管理者提高自己的管理能力，修炼自己的领导力，并带动员工一起成长。

什么是人才梯队建设

“江山代有才人出，各领风骚数百年”，企业要向前发展，需要人才辈出，引领企业从一个辉煌走向另一个辉煌。阿里为了拥有更美好的明天，秉持着“人能尽其才则百事兴”的理念，进行人才梯队建设，不断为阿里铁军带来更多的新鲜血液。

未雨绸缪地去培养接班人

人才梯队建设就是当现在的人才正在发挥作用时，未雨绸缪地培养他们的接班人，为的是当现在这批人才变动时，接班人能及时补上去，避免人才断层，避免企业中出现人才青黄不接的情况，这也是许多管理者培养接班人的原因。

马云虽然在2019年退休，但其早在2008年便已经提及接班人的话题。当时日本最负盛名的经营大师稻盛和夫直接问马云："是否会在未来退位让贤？"马云回答说："一个人不为未来做准备，就很难做好今天，为自己负责才能为别人负责。"在2010年，又有人谈及这个问题，马云说希望能培养一个能够超越自己，带领阿里更好发展的接班人。

作为阿里的灵魂人物马云十分注重接班人的培养，因为他能够从接班人身上看见阿里的未来。在阿里，培养接班人甚至已经成为制度的一部分。

作为管理者，我们应该也如马云一般，用更长远的眼光去看待培养接班人这件事，只有如此，企业才能真正重视人才梯队的建设，将人才的培养计划落地。

排兵布阵是管理者的主要管理抓手

对企业而言，成也在人，败也在人。管理者在建设人才梯队、培养接班人时，主要需要思考三个问题：

我应该选什么样的人？

我应该把这些人放在什么位置上？

如何保障在排兵布阵时选择合适的人？

为了明确这三个问题，阿里提出了“排兵布阵”的方法，并将其作为主要的抓手。那么管理者在进行排兵布阵的过程中需要注意什么呢？

选合适的人

思考“选什么人”是管理者排兵布阵的重要环节，管理者需要去选合适的人。

所谓“不是一家人，不进一家门”，合适的人就是价值观与企业契合的人。如果管理者选择的人的价值观与企业不相符，那么最终会为企业的发展埋下祸根。选择价值观契合的人，并考虑他们未来的发展路径，然后让其在对应的岗位上实践、成长，这是阿里排兵布阵的方式。

在阿里，有专门的“闻味官”来判断人才的“气味”是否能与阿里味儿相融。“闻味官”不是随便一个人就能胜任的岗位，只有在阿里工作 5 年以上的老员工才有资格，他可以不具备专业的招聘知识，但一定要懂得聊天，能够发现人才的特质。“闻味官”是阿里在排兵布阵时设置的重要角色，可以帮助管理者选择合适的人进行培养。

将人放在合适的位置

有许多管理者不知道如何才能将人放在合适的位置，阿里为了回答这一问题，制定了双轨制，每一个阿里人都可以根据自己的优势、能力来选择合适的发展线，有的人领导力优秀，则可以选择管理序列；有的人有强大的业务能力，则可以选择专业序列。

新员工在进入阿里后，会有一段时间的试岗期，在试岗期结束后，管理者会对他进行综合评估，判断他在哪方面有优势，可以往哪个方向发展。这样排兵布阵的方式可以保障把人才放在合适的位置。

保障排兵布阵时有合适人选

如何保障在排兵布阵时选择合适的人，是阿里一直在思考的问题。

一般而言，组织内部有两条发展线，一是业务线，二是组织线。大部分管理者只关注到了在明处的业务线，却很少去关注暗处的组织线。在企业扩张后，员工规模从 300 人发展到 800 人甚至是 1 000 人，管理者可能会发现，企业中没有足够的管理人才，无法支撑起一个较为庞大的组织的运行。由此可见，管理人才才是支撑团队向前发展的重要力量。因此，阿里在建设人才梯队时，十分重视管理人才的培养。

巩固底层力量，加强腰部力量，打造头部力量一直是阿里坚持的人才梯队建设策略，不断为阿里的发展输送不同类型的管理人才，让阿里永葆生机与活力。

现状分析 ‖ 企业人才梯队建设的六大现状

“不解决桥和船的问题，过河就是一句空话”，管理者不解决当今企业人才梯队建设的问题，培养人才就是一句空话。要解决这一问题，管理者就需要了解现状，找出问题的根源。

人盯人

在有的企业里，只有当上级升迁或离开时，接班人才有机会晋升，这种“人盯人”的现状会导致许多年轻员工看不到出头之日，有的会跳槽寻找新机会，有的则会在企业中“混日子”，这些都会给企业带来不利影响。

很多人同情历史上的“老太子”，例如康熙的儿子胤礽，经历了“三废三立”，在太子岗位上坚守了 40 年，最终没能当上皇帝。如今无法得到升迁的年轻员工何尝不是一样，上级不挪位，年轻员工只能在小岗位上等待机会。有的人能够“守得云开见月明”，但有的人在上级挪位之后，年岁已大，等到的是更加年轻的员工上位。

这样是无法激发员工的工作热情与高昂的斗志的。作为管理者，我们应该思考新员工的晋升问题，这样才能让新员工有盼头。

烂标准

企业人才梯队建设的第二个问题是：管理者将模棱两可的词汇作为后备人才评价标准，换言之就是在企业中没有标准的制度，这让后备军人才培养成为空谈。

在企业之中，有的管理者认为培养人才的标准是专业技能的提升，有的管理者认为是团队思想建设的强化，还有的管理者认为是企业价值观的传递，每个人都会按照不同的标准培养人才后备军，这会导致最终培养起来的人才不是价值观不符，就是专业技能不强，无法承担起未来推动企业发展的重任。

旧机制

有的企业采用“上级推荐”的旧机制来创建人才梯队，这很容易出现上级不公正，人才长期被埋没的情况。这在历史中，是有前车之鉴的。

例如，在汉武帝时期实行了察举制，由地方长官考察、选取人才推荐给上级或者中央，虽然这在前期取得了较好的效果，但这项举措在后续的执行过程中变了味儿，最后演变成九品中正制，从重视人才变为重视门第。

这就是采用推荐制的弊端，不公平、暗箱操作会成为常态。上级推荐自己信赖的人，将其发展成自己的心腹，形成自己的利益圈子，这会使企业中的各方人马各自为营，使团队四分五裂，为企业的发展埋下祸根。

无意识

我曾经遇到过一个管理者，他平时不注重人才的培养，在老员工辞职后才发现在企业中无人可用，于是急急忙忙招聘，不论合适不合适，都让新员工先做着。新员工对当前的业务不了解，在工作一两个月之后便离职，管理者花费的大量培养成本打了水漂。

出现此种状况的原因，便是管理者没有人才梯队建设意识，没有培养后备军，导致企业出现人才断层，影响整个团队的运行，造成大量培养成本的浪费，加速企业中的人员变动，不利于稳定军心。

不重视

管理者对人才梯队建设一点儿都不重视，也是如今的现状。与上述的“无意识”相比，“不重视”会带来更多的负面影响。管理者了解人才梯队建设的重要性，却不重视、不愿意去培养人才，主要有三个层面的原因：

一是害怕新员工上位，挤走自己；

二是自大，认为自己的企业很厉害，不需要引入新鲜血液；

三是舍不得，觉得培养后备军会花费大量资源。

有这些心态的管理者一般都不会进行或者不重视人才梯队建设，这最终会导致企业内部的老化，使企业无法跟上新时代的步伐。

受局限

团队伙伴在其职业发展通道上存在局限性，这也是当下企业人才梯队建设的现状。例如，一个员工成为行政前台，那么她可以选择的发展路径就只有：前台接待员——前台组长——行政部组长——行政部部长、主管。

这样单一的发展路径，会让员工的发展受到局限，无法学习更多技能，也无法为企业创造更多的价值。管理者应该让员工多接触不同的岗位，让他们能够根据自己的优势选择最合适的岗位，最终担起企业未来发展的大任。

扬汤止沸，不如釜底抽薪，解决企业人才梯队建设问题也是如此，管理者应该去寻找根本方法，打破现状，解决问题。

方法论 ‖ 四步阶梯法

“野火烧不尽，春风吹又生”，如果无法从根本上解决问题，问题会一而再，再而三地出现。“四步阶梯法”（如图 5–21–1 所示）便是釜底抽薪的方法，可以从根本上解决问题，帮助企业打破现状，建设人才梯队，让企业良将如云。

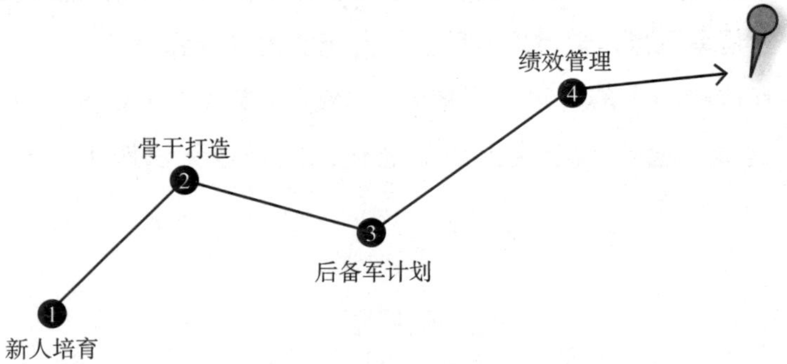

图 5–21–1 人才梯队建设“四步阶梯法”

第一步：新人培育

新人强则团队强，新人的培育与选拔至关重要。作为管理者，要选择合适的人，选择那些与团队价值理念相合、特质相似的人，因为只有价值观相似的人才能组成一个真正的团队。

在培育新人之前，管理者要在新员工的心中埋下一粒种子，激发员工想赢的欲望，因为“没有冠军的心，就没有冠军的命”。由此可见，培育新人，需要从传递理念出发，随后再帮助新员工打牢专业基础，最后再通过业务实践来将理念与技能的培养落到实处，并加以检查，形成一个教辅闭环。

在培育新人的闭环中，管理者应该将新人的“破蛋速度和破蛋率”作为衡量新人能力的关键指标。“破蛋”是指新员工完成整个签约交付闭环，即成功签单。“破蛋速度”是指新员工从入职到完成签约第一单的时长。从新员工的“破蛋速度”中，管理者不仅可以看出新员工的学习能力，还可以看出新人对工作的关注程度。

在新员工“破蛋”期间，管理者要围绕“破蛋”设置团队游戏、激励等来帮助新员工成长。例如，阿里设置了新人“特训营”，让新员工可以得到全面的、系统性的培训学习。

在此期间，管理者还需要时刻关注新员工的成长速度、学习能力，从而判断他是否可以在后期成为管理者或者成为专业技术人才。在确定了解新员工适合发展的大致方向后，管理者可以对员工进行针对性的训练，让其能够快速成长、独当一面。

例如阿里十分关注新员工的成长。每一个进入阿里的新员工，都会经历“百年大计”培训环节，随后其会进入市场进行实战演练。在第二个月时，管理者会与新员工一起述职，解决前段时间出现的问题，并对新员工的喜好、优势、劣势进行复盘，然后，管理者对新员工进行综合评估。最后管理者根据评估结果，让新员工参加“回炉”培训，同时还会为新员工指定师傅，让新员工少走弯路。

第二步：骨干打造

骨干打造就是在团队中打造标杆，让那些成绩优异的、与企业价值观匹配的员工成为团队的榜样，换言之就是打造“明星”员工。这类员工是团队中最好的 20% 员工，管理者要给予他们包括奖金、期权、表扬、培训以及其他各种各样的物质、精神奖励。

阿里铁军中的一项主要的职能是销售，而销售十分考验销售员单兵作战能力，其需要销售员能够像特种兵一样以一敌三。阿里铁军中的管理者十分重视提升员工的业务关键指标。阿里解决这一问题的普遍方法就是培养“兵王”。

在每个团队中的业绩都有二八法则，即 80% 的业绩由 20% 的骨干创造。这 20% 的骨干员工中的佼佼者就是“兵王”，是管理者着重培养的目标。这部分员工会获得更多的奖励，在阿里他们可以拿掉整个激励盘子的 30%~50%。比如，今天要奖励 10 个人，奖金总额是 10 万元，“兵王”可以拿走 3 万 ~5 万元。管理者一定要帮助“兵王”朝着更高的方向发展，不断提高他们在团队中的影响力，将他们树立成榜样。

值得注意的是，管理者不能为了打造“兵王”而拼凑业绩，进行违规操作，这是不明智之举。团队需要的“兵王”，是业绩健康、具备标杆示范效应的“兵王”，是经校验真实的“兵王”，只有这样他们才有带动作用。

第三步：后备军计划

在阿里，如果管理者没有培养出可以替代自己的人，那他就没有升职的可能。因此，管理者需要打造后备军，做人才储备，落实后备军计划。在计划实施的过程中，管理者可以根据以下方法论来开展（如图 5–21–2 所示）。

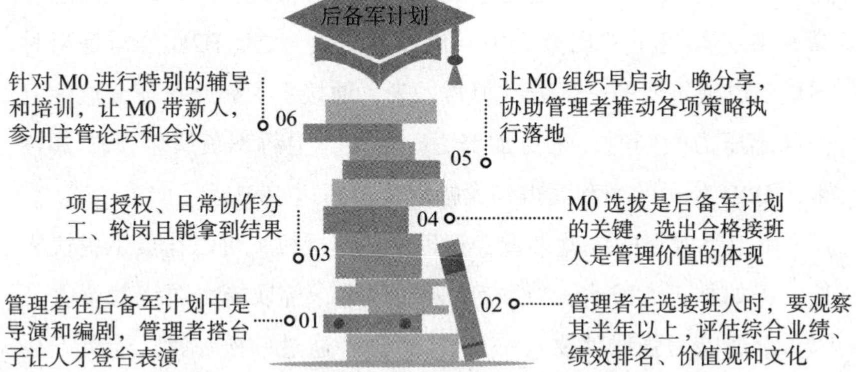

图 5-21-2　阿里的后备军计划

其一，管理者要在后备军计划中扮演导演和编剧，管理者搭台子让人才登台表演。

例如，阿里从 2010 年开始发起了“赛马会”的活动，员工可以通过自组团队、发起项目来进行创新。员工发起的项目可以涉及各个领域，如产品、技术、服务等。这样的活动，极大地提升了员工的组织能力与管理能力，这便是管理者为人才搭建的实践与锻炼的台子。管理者搭台子的方法有很多，如模拟实践场景等方式。

其二，管理者在后备军中选择接班人时，需要对其进行长期观察，观察时间半年以上。观察评估员工的综合业绩与绩效排名，还有他的价值观和文化。

其三，管理者要授权给重点员工，让他在日常工作中，在责任与压力下，提升自己的能力，优化自己的工作方法。

例如，当时马云对卫哲的培养方式就是授权。2006 年年底，马云让卫哲空降到隶属于阿里巴巴集团的 B2B 公司，任职总裁。在这一年，支付宝和淘宝还处于成长阶段，亏损是常态，阿里巴巴全靠 B2B 公司这个“现金奶牛”供养着。换言之，B2B 公司是当时阿里巴巴最重要的一部分。卫哲一来，便接手了如此重任，这让卫哲深感压力的同时，也更加努力。最终，卫哲不负所望，在 2017 年让 B2B 公司的净利润得到大幅增长，高达 409%。

由卫哲取得的成就来看，管理者适当授权，可以让员工更快成长。正如林正大所言：“授权就像放风筝，部属能力弱线就要收一收，部属能力强线就要放一放。”管理者通过一松一紧，让员工在能力与心态的层面获得成长。

其四，管理者要进行 M0 人才选拔。选拔的指标包括绩效考核、能力考核、价值观考核等。

其五，管理者可以让 M0 组织早启动、晚分享，协助管理者推动各项策略执行落地。我在成为 M0 后，都会与其他团队中的 M0 轮流负责早会、周会等会议，协助管理者开展管理工作。在这个过程中，我学到了许多管理方法与技巧，这段经历使我收益良多，对管理岗位有了更深刻的认识。

其六，管理者需要针对 M0 进行特别的辅导和培训，让 M0 带新人、参加主管论坛和会议。

在阿里，我在成为 M0 后，就按照上级管理者的意见加入了区域举行的针对 M0 的培训，进行了聘用、解雇和“拿结果”的学习。随后管理者还让我还参加了管理者论坛，与其他管理者进行交谈，收获了不少经验。在日常工作中，上级管理者还将带新人的任务交给了我，让我在教的过程中学习。

阿里的师徒制在培养管理人才层面发挥着巨大作用，每一个

M1.5 都会由一个 M2 去带，每一个 M0 都会由一个 M1 去带，一对一的辅导能够有效提升人才成长的速度。

以上便是阿里的后备军计划，让管理者在培养接班人时有了制度的支撑。

第四步：绩效管理

绩效管理、绩效考评、绩效面谈和对“271”的分类，是管理者做好梯队建设的重要抓手。其中最重要的就是绩效管理。

在上文中，我们提及阿里将员工分为三类：能力超群、业绩突出的“2”，能力与业绩都合格的“7”，以及绩效能力未达到标准的“1”。对待这三类员工阿里有不同的方法。

“2”类员工：给予物质与精神激励，将他们树立成榜样标杆

“2”类员工，是人才梯队中的高潜能人才，管理者需要给予高度重视，让他们拿掉整个激励盘子的 30%~50%。随后，管理者要把他们树立成榜样标杆，让其他团队成员沿着榜样的成长路径实现快速成长。

“2”类员工往往是内驱力、目标感极强的人。他们不缺目标，他们缺的是职业发展路径，他们需要的是快速成为管理者，这是管理者能够为 20% 的员工做的极其务实的事情。

“7”类员工：培养结果思维与目标意识

“7”类员工与“2”类员工最大的区别是缺少清晰的目标设定。管理者需要通过师徒制，给予他们技能辅导，帮助他们设置目标，

从而培养他们的结果思维和目标意识。

在技能的辅导层面，如今很多企业都在对员工进行大量的培训，可大多数员工缺的不是简单的培训，而是辅导，是管理者手把手地口传心授。

阿里在这方面做得非常好，并总结了培养员工的16字方针：“我做你看，我说你听，你做我看，你说我听。”管理者在辅导员工时首先不要说，而是应该俯下身来实实在在地做，帮助员工拿到结果。然后，在做的过程中详细地进行“我说你听”，把积累的经验传授给员工。管理者在教完之后要进行“你做我看”，通过这一步检验员工是否学会。最后是“你说我听”，管理者在这一步要看员工的方式方法用得对不对，有没有抓住窍门。

在这样的过场中，管理者不断对员工进行辅导，帮助员工达成阶段性目标，培养目标思维与结果意识。

“1”类员工：不要甜言蜜语，给予一定的改变机会

对于“1”类员工，管理者不要甜言蜜语，而要给予他们改变的机会，如果他们无法改变就必须离开。优胜劣汰，是管理者在对待“1”类员工时最有效的方式。正所谓“快刀斩乱麻”，管理者要及时将这部分员工剔除，避免造成更大的损失。

就算“1”有极强的业务能力与超高的绩效水平，管理者也不能给他们发奖金、加工资，因为他们不认同企业的价值观。这10%的员工代表着团队的最末等水平，如果公司给予他们较高的待遇就会给其他员工一个错误的信号，会降低员工对团队的信任。除此之外，管理者就算欣赏这类员工，也不能将公司有限的资源全部放在

他们身上，否则就会“祸起萧墙”。

对于“1”类员工，阿里采用两个考核周期，员工连续两次处在公司最末位的 10% 就会被直接开除。其中，年度考核两年进行一次，季度考核每两个季度进行一次。将考核周期拉长，是因为员工的行为具有不确定性，可能会随着时间、环境、市场等因素的变化而改变，拉长周期可以得到更为准确的、公正的考核结果。这也是在变相地给予“1”类员工改变的机会。

所以，对于“1”类员工的处理，挑战最大的还是管理者，这时管理者一定不能做“老好人”。对待“1”类员工的管理最核心的是：一是心要慈，刀要快；二是“不教而杀谓之虐”。

“四步阶梯法”是阿里建设人才梯队的有效方法，其他管理者可以根据自身的实际情况，合理借鉴。作为管理者我们不但要会做一只捕食的鹰，还要做一只会喂食的鹰，更要去做一只可以带领小鹰翱翔于天地的鹰。

管理力修炼 ‖ 管理者要能够超越伯乐

“千里马常有，而伯乐不常有”，伯乐的缺失让多少人才被埋没，让一腔青云志败给了现实。管理者需要成为伯乐，去发掘那些有真才实学的人才，为他们提供展翅高飞的平台。

阿里“九阳真经”的第九条是“超越伯乐”，这是人才梯队建设中的重要部分。一个优秀的管理者通过成就别人来成就自己，一个好的管理者应该是一个好的教练，愿意培养出比自己更优秀的管理者。管理者要做到“超越伯乐，成就他人”，可以从以下三个维度入手。

图 5–21–3 “超越伯乐”的三个维度

找对人

“找对人”就是知人善用，用人所长。即任用对的人，并让他充分发挥长处。阿里在知人善用方面做得十分出色。

例如，阿里对侯毅的善用。当时，作为软件工程师的侯毅是京东的高管，曾向高层提出实现新零售的方案，但都被驳回。即便侯毅有着丰厚的经验、过人的胆识、优秀的执行能力，其也没能在京东遇见一个伯乐，最终离开了京东。

侯毅一离开京东，便遇到了阿里巴巴集团董事会主席——张勇，两人在零售领域的想法不谋而合，这顿时让侯毅生出“高山流水遇知音”之感。当阿里抛出橄榄枝时，侯毅踏进了阿里，在新零售领域大放光彩。后来，侯毅还创办了盒马生鲜，成为新零售发展历史上浓墨重彩的一笔。

阿里不仅重视侯毅，还让他在自己擅长的领域发展。如今，侯毅已成为阿里良将，为阿里带来更多价值。

管理者应该如同张勇一般知人善用，发现并了解员工的优势，用他的优势去弥补他的劣势，让其充分发挥自己的价值。在平时，管理者也需要欣赏员工，待人谦和，善于从他们身上学习，不以权压人。

养好人

养好人就是在用人的过程中养人，在养人的过程中用人，“以事养人，以事成人”。在阿里，管理者会有意识地给员工更大的责任与压力，通过让他“拿结果”来培养他，让他能够快速发展。例如，阿里云的开发团队负责人王坚便是阿里“养好人”的典型案例。

当时，作为浙江大学心理学教授的王坚受马云邀请加入阿里研发云计算技术，初期业务一点儿起色都见不到，许多人都在质疑王坚，这让王坚面临巨大压力。此时，马云站出来说：“我每年都给博士 10 亿元，连续投 10 年，请大家相信博士，给他一点时间！”

王坚深谙自身责任重大，又得到了马云大力支持，他通过多年来的不断努力，终于研发成功，给阿里云带来了万亿元的回报。王坚也在“拿结果”的过程中成长了起来，从心理学教授成长为阿里巴巴集团首席技术官。

管理者也应如马云一般愿意把责任交付给对的人，让他在承担责任的过程中快速成长，通过“拿结果”的方式养好人。

养成人

养成人就是管理者需要学会培养接班人，鼓励员工青出于蓝而胜于蓝。

马云退休让贤，张勇接任马云在阿里巴巴集团的职位。其实马云一直致力于培养接班人，对接班人的培养十分重视。

马云曾在公开信中写道："我需要找到比我更胜任的人。我们希望公司能够存活 102 年，这样成立于 1999 年的公司就能跨过三个世纪，我不可能自己完成这个目标。"

由此可见，马云不仅将培养接班人作为自己的首要任务，还在意识上高度重视，鼓励接班人超越自己，超越伯乐。作为管理者，也应该以马云为榜样，培养接班人，鼓励他们青出于蓝而胜于蓝，这是管理者重点要去修炼的管理能力。

第6章 团队沟通

沟通能让团队成员协同发挥最大的价值。在团队合作、管理过程中，能否有效沟通、掌握有效的沟通技巧是团队凝聚竞争力，强化执行力，提升业绩的关键。阿里在团队沟通上有三大绝招：向上沟通要有胆量、平级沟通要有肺腑、向下沟通要有心肝。

第 22 招
向上沟通：要有胆量

管理思考 ‖ 管理者要具备三个视角：山脚、山腰、山顶

作为阿里老兵，我见证过许多人的成长，也见证过许多人的离开。我发现许多管理者因为“本位主义”“急功近利”“圈子利益”的阻碍而黯然离场。

“本位主义”是管理者只站在自己的角度去思考问题，做出决策。例如，主管只会站在主管的角度去看问题，区域经理就只会站在区域经理的角度去思考问题，他们往往不会向上思考，这样会导致“屁股决定脑袋”，管理者的眼界有局限，进而无法看清事情的完整面貌。

当我还是团队主管时，我经常会向上思考：“我的上级在思考什么？他为什么制订这样的目标计划？”这能让我更高效地管理团队。向上思考，是管理者避免陷入“本位主义”的泥沼的有效途径。

除了“本位主义”，“急功近利”是阻碍管理者的又一座“大山”，尤其是在短期目标与长期目标出现冲突时，管理者更容易出现急功近利的情况，要眼前不要未来，从而“捡了芝麻，丢了西瓜”，作为管理者我们应该明白，业绩增长的背后是团队成员的成长。而成长往往不是一蹴而就的，它是一个长线操作的过程。

如果管理者要做到短期利益与长远发展的平衡，就要提高对团队成员的容错率，允许团队成员通过犯错，实现成长，从而达到“放长线，钓大鱼”的境界。

不仅是阿里，许多企业都会出现此种情况：当员工晋升到管理者时，容易出现根本不懂得培养人的问题，更有甚者还会剥夺员工的成长。我曾见过一个新晋管理者，在不到两个月的时间里，几乎让团队的全部成员成了他的助手。当团队伙伴遇到业务上的困难时，他恨不得事事亲为，根本不给员工犯错和成长的机会。

曾有人说：“这个世界上最浪费时间的事，就是跟年轻人讲道理，因为只有犯错才能让人真正成长起来。”事实上，管理者自己都是通过不断犯错成长起来的。因此，管理者要允许员工犯错，给予他们成长的机会。值得注意的一点是，我们不能让员工犯承担不了的错误，只能让他犯能够驾驭和把控的错，如果这个错我们承担不了，那犯错的员工有可能就“折”了。

除了“本位主义”与“急功近利”之外，“圈子利益”也是阻碍管理者有效管理团队的一大“拦路虎”。

我经常会听见一些管理者抱怨团队山头林立，各自为战，形成了自己的利益圈子，各个利益圈子斗得死去活来。尤其是当大团队的部分利益、战略和小团队的一些发展产生利益冲突时，有些管理者只顾忌自己的“一亩三分地”，以自己的利益为主，不考虑其他团队的得失，而这会给整个组织带来负面影响。

出现这三大阻碍，是因为管理者眼界有局限，无法系统思考。要解决这一问题，管理者就需要从山脚、山腰、山顶的视角（如图 6–22–1 所示）对团队进行管理，培养自己向上思考的能力，打开眼界。

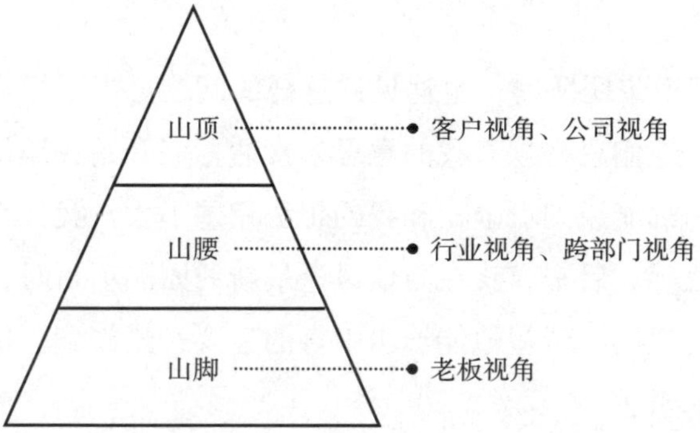

图 6–22–1 管理者的三个视角

“山脚”的视角就是老板的视角，“山腰”的视角是行业的视角和跨部门的视角，“山顶”的视角是客户的视角和公司的视角。作为管理者只有具备这样三个视角，才能“见木又见林”，既能总揽大局，又能掌握细节，用更加开阔的眼界，向上思考的思维去进行沟通，实现组织、团队的高效管理。

现状分析 ‖ 管理者在“向上沟通”中存在的三大现状

“管理就是沟通、沟通、再沟通”，在企业中，沟通至关重要，而“向上沟通”是确保正确传达决策的重要环节。目前，管理者“向上沟通”的情况不容乐观，需要管理者明确现状，自我诊断，随后再对症下药。

猜一猜

在向上沟通中，有许多管理者通过各种蛛丝马迹、胡思乱想和丰富的内心戏来猜测上级到底要什么，这就是没有弄清管理的重点。

我在阿里带团队时，也遇见过这样的问题。当下级管理者来与我沟通时，他们总是顺着我的意思来接话，刚开始我还认为此人很优秀，句句都能说到点上，和我的想法相差不大，我甚至还产生了惺惺相惜之感。后来，我在与他讨论最新的团队项目时，提出了一个不成熟的想法，希望他能给出中肯的建议，没想到，他只是一味地称赞我的想法。

直到这时，我才意识每次与他沟通时，他一直在通过蛛丝马迹猜测我的想法，并顺着我的意思接话。

不只是阿里存在此种现象，其他企业也存在，这为目标的达成以及企业的发展埋下了一些隐患。

等一等

“一等二靠三落空，一想二干三成功”，有想法有行动才有成功。世人常感叹“千里马常有，而伯乐不常有”，可又有许多“千里马”只在原地等待伯乐的赏识，不愿意主动出击向伯乐展现自己的才华，最终还要感叹自己的才华被埋没。

什么也不做，等着哪天遇到一个完美上级驾着七彩祥云过来赏识自己，这是许多管理者在“向上沟通”的过程中存在的问题，只等待上级来找他，不主动去找上级，最终错失许多机遇，给自己的团队带来负面影响。因此，管理者做任何事都不应该空想等待，而是要将行动落到实处。

拍一拍

从古至今，从官场到职场，溜须拍马的风气屡禁不止，总有人试图另辟蹊径、别出心裁，通过顺着上级说话、拍马屁来取悦上级。

我曾经见过一个基层管理者为了升职，经常给他的上级送礼，平时也是处处溜须拍马，说尽好话。有一次，为了完成某一个项目，我与他开展合作，一起与上级管理者进行了沟通。

在沟通中，每当我提出与上级管理者相反的意见时，他就开始溜须拍马地说道：“我觉得老大（上级管理者）的方法没有问题啊，资源不够就应该节省资源。”最终这个项目因为资源缺失的问题而被叫停。

顺着上级说话，拍马屁，一直是企业“向上沟通”中存在的现象，而这会对团队目标的完成有一定的负面影响。

要想避免上述三种情况，管理者就必须先明确“上级”的角色定位。

“上级”的三大角色定位

“自古风云多变幻，不以成败论英雄”的言论已然不再符合当今的职场，“成王败寇”逐渐成为职场的主流观点，各个企业开始“以结果论英雄”，阿里也不例外。围绕团队如何拿结果的沟通，已经成了阿里铁军的特色。

在团队管理层面，阿里认为高情商不是察言观色，也不是熟识人情世故，而是简单、开放、坦诚，尤其是在“向上沟通”方面。管理者在“向上沟通”的过程中，要想以结果、业绩为导向，就需要明确上级管理者在其中扮演的角色，贯彻坦诚的原则，将沟通落到实处。

资源

作为管理者，我们要及时向上沟通，以便让上级管理者清楚地了解团队工作的具体事项，从而让团队获得足够的资源，最大化地支撑我们的业绩，支撑我们的团队达成目标。

有许多企业一直苦于解决资源合理配置的问题，有的项目资源过剩，有的项目则是资源不够，从而导致一些项目以失败告终。

因此，在向上沟通时，管理者要将上级视为资源的分配者，要敢于说真话，让管理者明确你的团队在开展项目、活动时所需的资源，从而提升项目与活动取得成功的概率。

教练

歌德曾说：“我们全都要从前辈和同辈那里学习到一些东西。

就连最大的天才，如果单凭他所特有的内在自我去对付一切，他也决不会有多大成就。”能够成为管理者的人必定有其过人之处，作为普通管理者，应该学会谦卑，向上级管理者学习他们的优点。

管理者在向上沟通时，也应如此，将上级管理者当作自己的老师、教练。在工作中、管理上遇到一些问题时，你都可以去向上级管理者寻求帮助，及时解决问题，避免问题如同滚雪球一般越滚越大。随后，及时进行反馈，让上级管理者从老师、教练的角度，为我们提供一些指导和支持。这种有效的向上沟通的方式，能够提升整个管理流程的运行效率，有助于提升整个团队的工作效率。

管理者要坚信每个团队都是一个整体，要秉持着“三人行，必有我师”的观念，在沟通中不断学习，提升自己，为团队的胜利贡献自己的一份力量。

伙伴

“上级”的最后一个角色定位是伙伴。正所谓“高处不胜寒”，管理者也是孤独的。在团队中，作为管理者要具备共情的能力，这样才能在走入员工内心的同时，让员工走入管理者的内心。管理者的“向上沟通”也需如此。上级管理者比我们更孤独，更希望能与下层的伙伴实现共情，然后一起奋斗、成长。

在向上沟通时，管理者自己要做到简单、开放、坦诚，走入彼此的内心。当大家互相了解的时候，团队更容易形成合力，创造出更多的价值。

作为“中供铁军”的一员，我对“一群有情有义的人，共同做一件有价值、有意义的事”体会很深。这句话虽然简单，但是它带给我们的信息量还是挺大的，让当时的我明白“伙伴”的深刻内涵。“有情”是大到愿景使命，小到兄弟之间的感情；“有义”是我们的道义、规则、底线。一个“有情有义”的团队必定有着彼此信任的底层基础。信任，是“向上沟通”的必要因素。

除此之外，“有情有义”还是彼此心灵的一种连接，这里包括团队成员、上下级、个人之间的小情，比如对友情的需要，对得到管理者回应的需要，以及在这个企业里能得到满足的需要。

阿里为了纪念员工入职的年限，制作了戒指，而戴戒指的仪式感就是为了回应员工在阿里的努力与付出。就是团队之间的“小情义”，让阿里上下一心。

在“向上沟通”时，管理者也要将上级管理者当作有情有义的伙伴，这样才能彼此信任，彼此依赖，愿意说出自己的真心话，并为未来的胜利而奋斗。

方法论 ‖ “三点共识—初心”法

“行是知之始，知是行之成”，管理者在对“向上沟通”的现状、“上级”的定位有了明确的认知后，需要开展行动，将“向上沟通”落到实处。阿里的“三点共识—初心”法（如图 6–22–2 所示），对其他管理者在落实沟通的过程中有较高的参考价值。

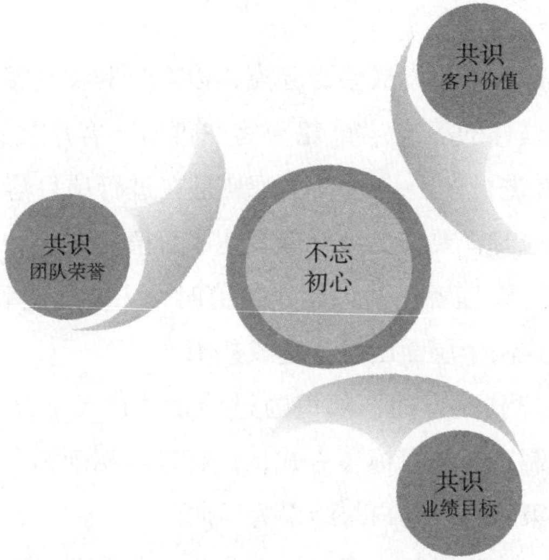

图 6–22–2　“三点共识—初心”法

三点共识

管理者要做好向上沟通，就必须先形成三点共识，即共识客户价值、共识业绩目标、共识团队荣誉（如图 6–22–3 所示）。

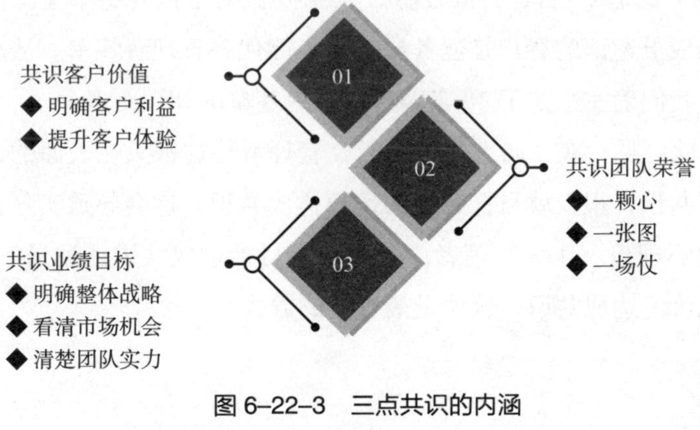

图 6–22–3　三点共识的内涵

共识客户价值

在阿里，客户价值以战略为起点，以客户利益与客户体验为终点，并形成了这样的等式："战略 = 客户价值 = 客户利益 × 客户体验"。管理者在进行向上沟通时，尤其是在进行项目落地或者解决产品问题的沟通时，要与上级管理者达成价值共识。

由此可见，管理者在共识客户价值时，主要从明确客户利益、提升客户体验这两个层面出发，达成共识。

在明确客户利益方面，阿里通过传达"让天下没有难做的生意"的使命，制定业绩目标等方式，让管理者明确客户的价值，让管理者在制定策略时以客户与结果为导向。

在提升客户体验层面，管理者需要与上层管理者进行沟通，回答"我们可以为客户提供怎样的体验与服务"的问题。所有的业绩背后都是客户价值，客户价值是贯穿一切的核心。

如果不共识价值，"向上沟通"会导致目标的达成含有较大的水分。例如，在我与上级管理者进行沟通后，上级管理者给我的团队分配了邀请 30 名客户的任务，其主要目的是提升签单量。可有些团队成员邀请的客户是业务员，并不能代替管理者签单。从表面上看，我们确实邀请了 30 名客户，最终签单的却没有多少。

由此可见，在"向上沟通"时，管理者往往都只在表面的目标上达成共识，很少就目标背后的价值达成共识，这会导致实际达成的目标不理想。作为管理者，我们只就目标达成共识还远远不够，还要就价值达成共识，这才是最有效的方式。

共识业绩目标

“向上沟通”的第二个共识便是共识业绩目标。在这个沟通过程中，管理者可以让上级与自己在明确整体战略、看清市场机会、清楚团队实力这三个层面达成共识，从而为实现业绩目标设计更好的方案。

管理者如果不进行“向上沟通”，就可能会出现传达业绩目标不清晰的情况，从而无法让战略落到实地。出现这种情况，是因为管理者没有办法将一些战略意图的东西传递给下一层员工，或者是管理者只站在自己的角度去思考问题，没有考虑到员工具体的实施环节。

在阿里，每年、每季度、每月、每个项目都会制定公司总体的业绩目标，随后公司将业绩目标分配给各个部门，各部门再次将业绩目标细分给团队，最后再由团队主管分配给个人，这样层层分配，可以确保业绩目标最终得以达成。在层层分配的过程中，上级管理者会和下级管理者进行深入沟通，确保清晰地传达目标。

除此之外，阿里还专门设置了目标分解、目标宣讲的环节，由上级管理者先传达业绩目标，然后再由下级管理者进行复述。在这样的“向上沟通”的环节中，上级管理者可以通过全局视角，观察到下级管理者工作的不妥之处，从而给予提醒，帮助下级管理者突破业绩瓶颈，让下级管理者以更加广阔的视角去管理。

共识团队荣誉

在向上沟通时，管理者还要共识团队荣誉，管理者需要从“一颗心”“一张图”“一场仗”的维度出发。有时你会发现，自己团队的目标达成了，整个区域的目标却没有达成。向上沟通的最终目标是达成共同目标，不能让团队只将眼光放在自己的任务目标之上，而要将眼界拓宽到区域目标、组织目标等层面，这就是共识团队荣誉。

在“一颗心”的维度上，管理者要在“向上沟通”的过程中，明确战略方向，明确战役中的人员分布、调整战略，与上级管理者在达成目标层面形成“一颗心”。

在“一张图”的维度上，阿里设置了半年一次的员工大会、季度管理团队会议等，让上下级共同参与业务方向的讨论，设置所有人都认同的目标，让管理者的“向上沟通”有“一张图”。在这一维度上，管理者需要与上级管理者就以下问题达成共识：

> 今天我们的团队做什么？为什么要这样做？
>
> 明天的方向是什么？在向明天的方向前进的过程中，会出现哪些变化与更迭？

在“一场仗”的维度上，管理者要明白自己与上级都是管理者，只是分工角色不同，因此应该勇于提出自己的建议与想法，去帮助上层管理者将战略与策略落实。

通过上述三个维度的“向上沟通”，管理者可以突破自己的局限，共识团队荣誉，将团队、组织上下凝聚成一个整体，形成合力来打这一场仗。

以上内容就是“向上沟通”的三个共识，其围绕的中心都是一个初心。

一初心

“不忘初心，方得始终”，在阿里，初心就是最纯粹的力量，成功就是时刻不忘初心下的极致。初心如此重要，许多企业在进行复盘时，却会出现这样的问题：忽略了在复盘时复盘初心，无法明确地回答“生产这款产品的目的是什么，目标客户是谁”的问题。

因此，不论是短期的目标，还是市场开拓的具体情况，管理者都应该始终服务于终极目的，时刻回到原点思考，在战略布局、开拓市场的过程中，管理者时刻不要忘记最初的目标，这也是向上沟通的重要一点。

除此之外，在向上沟通时，管理者要说真话，做实事，秉持对事不对人的原则。作为管理者，你与你的上级管理者都可能存在视野受限的情况，也可能会因为远离市场、远离团队而看不到事件的全貌，从而无法进行准确判断，从而增加决策失误的概率。因此，说真话，是让你与上级管理者了解客观现实的重要途径。

在向上沟通时，管理者说真话要有胆量，这是为整个团队、组织的结果负责的表现，对于这一点，我深有体会。

当时我是一个天津团队的主管，恰逢阿里的业务从销售驱动向运营驱动转型。为了成功实现转型，阿里开展了一个名为“成功营”的系列活动，我的团队承办了天津的第一场“成功营”项目，我担任该项目的总控。

当时由区域经理布置任务，但我没有进行有效的向上沟通，这导致我对这个项目活动的理解出现偏差。在我的认知里，这无非就是一场业绩的催化剂，如同沙龙一般。在这样的认知下，我将该项目活动按照会议营销的方式与模式来推进，然后向下布置团队任务与个人任务。

当时，阿里并没有为天津区域提供市场费用，所有市场活动的开销都是由客户支付的，这为我的团队开展天津“成功营”带来不少阻碍，因为三天的会议，酒店住宿安排、讲师费用等都需要资金支持。

这个项目活动需要有 20 名客户参与，才能让收支平衡，但由于我没有进行有效的向上沟通，没有明确活动的目的，也没有沟通活动的各个层面，最终导致本次活动亏损严重。

在活动结束后，当时天津区的区域经理，以身作则，自查、自纠、自省，认为本次活动失败的责任在他身上，于是自罚 1 000 元。作为活动总控的我，也跟着区域经理自罚 1 000 元。这一个小项目活动最终以亏损 4 000 元告终。

通过对这一活动进行复盘，我发现根本原因在于我没有与上级管理者（区域经理）进行沟通，从而导致许多问题都没有明确的答案，如为什么要做这场活动，我们的初心究竟是什么，我们是开展一场会议营销，还是其他的模式等问题。

显而易见，本次活动不是会议营销，而是需要采用一种用服务、运营驱动市场的模式去开展。换言之，本次活动就是以客户服务为主，要让客户感知到服务的价值，从而驱动市场。

没有初心的向上沟通还会产生连环效应，管理者无法向团队成员准确地传达这场活动的价值和意义，无法感知这场活动将会带来怎样的荣誉。在这样多重因素的影响下，最终酿成了失败的苦果。

在进行天津“成功营”项目活动的复盘时，我们明确了该项目的初心是“开放、分享、责任与共赢”，并围绕这一初心明确了众多问题，例如我们做成功营的核心价值是什么，目标是什么，我们团队能够收获怎样的荣誉等。

在明确了上述问题之后，我们在天津成功开办了“成功营”的第二场、第三场、第二十场，一步一步地打造天津的商圈。这第一场活动就是典型的缺乏向上沟通的案例，想必对各位管理者有一定的借鉴价值。

不忘初心，方得始终，无论何时何地，管理者在向上沟通时，都需要围绕初心，不断达成共识，让团队的胜利之花常开不败。

管理力修炼 ‖ 揪头发，培养管理者向上思考的能力

“行动是必需品，思辨是奢侈品”，管理者在“向上沟通”的行动中，会进行向上思考，这是管理者在“向上沟通”中可以修炼的管理力。

在阿里，“揪头发”是培养向上思考最直接的方法，能够开拓管理者的眼界，培养管理者向上思考、全面思考和系统思考的能力，杜绝“屁股决定脑袋”和“小团队”的情况，让管理者能够从更大范围和更长时间来考虑组织中出现的一些问题。

作为管理者要培养向上思考的能力，就要“揪自己的头发”，提升自己的眼界、格局。在阿里，管理者“揪头发”主要有三个层面，即“揪眼皮”、“揪胸膛”和“揪屁股”。

“揪眼皮”就是开阔眼界，明确自我，提升自我，培养系统思考、全局思考的能力。在阿里，管理者“揪眼皮”的方法有：做行业历史与发展趋势的分析，做竞争对手的数据整理与竞争分析，做

产品及业务的详细规划与发展分析。

以上所有的分析并不是做一张简单的数据表，而是由三位以上的管理者做同一个主题分析，然后在同一时间集中汇报，并由专业评委评出名次，记录到管理者评级体系中。在这样的过程中，管理者最大的收获就是在给别人说清楚的同时，更能让自己想明白。

作为管理者要能够不断地开阔眼界，“揪”起我们的眼界，看到行业的历史与发展的趋势，看到产业的未来的场景，在平时，管理者还可以多参加相关的论坛活动，不断开阔自己的视野。这也是马云一直强调的未来观。

“揪胸膛”就是拓展胸怀，管理者要受得了委屈，修炼自己强大的内心。阿里有句话“管理者的胸怀是被委屈撑大的”。管理者往往都是孤独的，要学会自己舔伤口，舔完自己的伤口还要去舔别人的伤口。

生活中充满了各种不确定性和挫折，如果一点自我调节能力都没有，那么可能会被生活、工作压得喘不过气。尤其是管理者，除了调节自我，还要调节团队，要训练自己强大的内心。这就需要管理者找到自己内心的力量，通过坦诚的交流与外界的引导，发现在成长过程中支撑自己的最重要的力量源泉和最有成就感的体验，然后记录下来，通过不断回顾让自己保持这种自我接纳的心态。

“揪屁股”就是管理者要让自己超越伯乐，成就他人。一个优秀的管理者，是通过成就别人来成就自己的，一个好的管理者必须是一个好的教练，愿意培养出比自己更优秀的管理者。

第 23 招
平级沟通：要有肺腑

故事启迪 ‖ 阿里的“利他思维”

“一个人的梦想是梦想，一群人的梦想是一个时代”，梦想是构建阿里成功的底层基石之一。一提到阿里，大部分人的第一反应就是：这是一家使命、愿景驱动的公司，却很少有人在第一时间想到阿里成功的另一基石——利他思维。

马云曾经是一位英语老师，教师有着“天底下最光辉的职业”的美誉，同时也承担着“传道授业解惑”的重担。当美誉与责任交织，其带来的必定是“春蚕到死丝方尽，蜡炬成灰泪始干”的奉献，这造就了马云的奉献精神与利他思维，进而为阿里这个企业留下了“利他”的烙印。在马云的影响下，阿里培养人才的“利他”观念与老师育人的观念如出一辙。

在育人层面，只有老师是发自内心地希望学生超越自己，只有老师是发自真心地希望在10年、20年之后，自己的学生能够出人头地。老师是在用自己的生命去改写学生的命运，而不是与社会上所谓的“师傅”一样，教一手，留一手，害怕“教会徒弟，饿死师傅”的情况出现。

阿里的管理者在培养人才时，也会像老师一样，用生命去教授学生，而不是简简单单地去辅导和培养，在培养团队成员各项能力的同时，赋予团队成员共同的梦想与使命。随后，管理者再用一次又一次的成功让团队成员实现自身的价值，找到自己存在的意义。

正如《战争论》中的一句名言：“在茫茫的黑夜中，要发出生命的微光，带着队伍走向胜利。”阿里的每一个人都在为团队贡献力量，发出微光，都在积极地、心甘情愿地为组织、团队做出贡献，这便是利他思维最好的体现。

这些都是马云为阿里带来的成功的“基因”，它们深深地影响了阿里的每一个伙伴、每一个管理者，甚至影响了阿里的商业模式，形成了“利他”的商业模式。

在如今的商业模式中，“竞争”模式往往是博弈，是你输我赢，你死我活；共赢的模式是大家有着共同的目标，通过合作实现共赢。而阿里“利他”的商业模式，则是全力以赴地去成就伙伴，让客户赢，让伙伴赢，让我们自己赢。

淘宝、天猫、菜鸟网络、阿里云等平台都秉持着“利他”的商业模式。例如，海尔在淘宝上卖 100 亿元与卖 10 亿元，给淘宝的佣金、提成都是相同的。淘宝这样的做法，就是在给海尔让利，让海尔可以赚取更多的利润。

利他思维不仅对阿里人才培养、商业模式等影响深远，对管理者的影响同样深刻。在阿里，团队与团队之间的关系不是配合与协作，而是贡献与奉献。

作为管理者我在与其他团队合作时，想到的不是自己的目标，而是团队伙伴的 KPI、业绩。在合作的过程中，我们也是想着如何帮助伙伴实现自己的目标，完成自己的绩效，做到“成人达己”。这也是打造“阿里铁军”的重要一环。

平级沟通的底层逻辑就是“利他”。当每一个人都甘愿奉献，愿意成人之美时，我们就会发现沟通方面的问题都将迎刃而解。

现状分析 ‖ “平级沟通”的五大现状

古人常言：“听君一席话，胜读十年书。”可见沟通异常重要。如今，管理者在“平级沟通”的过程中出现了不主动、推责任、重自己、重利益、没结果的问题，这些问题让沟通的效果大打折扣。

不主动

积极沟通是为了将问题及时解决，避免问题被隐藏，防止问题像雪球一样，越“滚”越大，最终带来无法挽回的损失。

我曾经听见其他团队的成员偷偷地抱怨说他们团队的管理者不

信任他，一直安排他做相同的工作，并且他一旦出现差错，便会被骂得狗血淋头。而该管理者对该成员的评价是：“好高骛远，工作不在状态，难担大任。”

于是我问他们：“你们既然已经发现了问题，就没有去找对方沟通交流一下，改变现状吗？”答案是否定。最终，这两人先后离职。

不主动、不及时沟通是当今企业“平级沟通”的现状之一，不主动沟通，会使小问题变成大问题，当大家想要去解决时，为时已晚。

团队成员不好意思开口，不会主动找管理者沟通，管理者就需要先迈出这一步，及时找对方沟通，解决当下的问题，“山”不来找你，你就需要去找“山”。

推责任

“甩锅”是当下“平级沟通”过程中存在的一个最普遍的现象。在阿里，我也遇见过这样的问题，有些人在有功劳的时候便站出来，大胆争揽，当需要承担责任时，他却站在后面默不出声，甚至还会加上一句：“都是因为某某没有早点儿把数据报告交给我，让我拖慢了整个进度！”这样只在别人身上找原因的人，几乎每个企业都有。

习惯性推卸责任的人，会让团队形成猜忌之风，不利于建立团队信任，更会阻碍团队的长远发展。作为管理者，要在沟通的过程中让团队中的每一个人都学会担当。

重自己

过分看重自己从而忽视他人也是“平级沟通”的不正之风。有许多管理者认为自己都是对的，不愿意接受他人正确的意见，也不愿意接受自己的错误。这是过分看重自己、忽视他人的表现。

我曾经见过一个管理者，他的团队成员、合作团队的伙伴都向他提出建议，可他依旧一意孤行，最终导致项目失败，给团队造成了巨大损失。最后，该管理者被劝离职。

过分看重自己、忽视他人是管理者在“平级沟通”中出现的普遍问题，这不仅会给团队带来负面影响，还可能会为企业带来重大损失。如今，早已不是“一言堂”的时代，管理者应该学会谦逊。

重利益

我的一个朋友小张，是一个比较随和，不愿争执的人，他与团队中的每一个人都相处得十分融洽。有段时间他曾经向我“吐苦水”，说团队的小李似乎对他有意见，小李不仅经常在其他人面前指桑骂槐，还用比较恶劣的手段抢了他好几个客户。在了解情况后，我才知道小李的业绩一直排名第二，无法胜过排名第一的小张，故出此下策。

小李是重利益的一员，唯恐别人的业绩比自己的好，因此才动了歪心思。这种现象几乎存在于各个大大小小的企业之中。这样的管理者会让企业的“小圈子”之风盛行，不利于企业内部进行良性竞争。

没结果

沟通没有结果，无法达成共识，也是各个企业在平级沟通时面临的问题之一。为何沟通没有结果？因为在沟通时管理者没有说到点子上，无法让对方认同。

作为管理者，有时候你可能会发现在沟通中出现“公说公有理，婆说婆有理”的情况，双方争执不下，都不愿意退步，认为自己的意见才是正确的，无法做到求同存异，最终导致沟通无疾而终。

管理者要想避免陷入上述 5 种现状中，就必须明确“平级”的角色定位，然后再进行平级沟通。

“平级”的角色定位

“胜则举杯相庆，败则拼死相救”虽然是华为企业文化的核心，但也是“阿里铁军”的核心特质之一。在阿里，我们是并肩作战的战友，是可以信任的同伴，这样我们才能在合作中共同迎接一次又一次的胜利。

人的层面：并肩作战的伙伴

阿里对“平级”的角色定位，是兄弟，是战友。管理者与管理者之间，平级和平级之间是并肩作战的伙伴，是关键时刻可以交付后背的兄弟，而不是竞争关系，更不是敌人。

“双 11”是阿里每个团队一年中最大的战役，这是体现阿里“平级”角色定位的重要环节。2012 年是阿里“双 11”战役压力最大的一年。当年“双 11”战役从 5 月就已经打响了，每个事业部在后面几个月都在为“双 11”奋战。每个部门都做了好几套预案手册，只等着“双 11”零点的到来。

2012 年“双 11”零点到来时，系统报错，立刻下单报错，购物车支付报错，支付系统报错，购物车的东西丢失……当时整个技术部门全员上岗，立刻开启了事先准备好的降级预案，经过紧急排查，到一点时，系统各项指标才慢慢恢复。当时，整个技术部门的人瘫坐在椅子上，身上的衣服全被打湿了。

在这场战役中，每一个人都是平等的，都是独一无二的，这便是真正的“平级”。在战役中每个人都遇事不慌，实现了流畅的合作，这些便是预先沟通的结果，它让每一个人了解自己负责的事项，确保万无一失。

在阿里，同样的战役还有很多，在每一场战役中，每一个阿里人都在并肩作战，都在奋勇向前，直至“杀出”一条胜利之路。

事的层面

平级沟通的另一角色定位体现在事的层面，即合力共赢。当大家共同面对一个项目时，“平级”会形成合力，汇聚优势，最终合力共赢。

阿里妈妈这一项目的完成过程就体现了阿里的合力共赢。阿里妈妈这一项目起初只是一个广告系统，如今已经成长为国内领先的大数据营销平台，拥有阿里巴巴集团的核心商业数据。

阿里妈妈的启动资金只有 200 万元，而且当时的阿里还没有如今强大的技术支持，更没有优质的研发队伍。即便是多种不利因素层层叠加，这一项目还是取得了成功，这是怎样办到的呢?

当时，该项目的负责人让具备相关资格的人员踊跃报名，组建了一支初始队伍，随后让团队中的每个人都参与决策。各个成员出谋划策，尽量减少资金的使用，还有部分管理者愿意免费帮助该项目。

当遇见困难时，团队中的每个人都踊跃说出自己的看法与意见，然后进行商讨，找出最佳的解决方法，最终让阿里妈妈这个大项目以最少的资金完成。这便是合力共赢的最佳表现。

“一燕不成春，一树不成林”，不论是人还是事，阿里对“平级”的角色定位都在强调团队与沟通的力量。沟通是将一粒粒散沙凝聚成一个团队的关键，这也是平级沟通的魅力所在。

方法论 ‖ “三点共创利他”法

“有效的沟通取决于沟通者对话题的掌握，而非措辞的甜美”，管理者作为平级沟通的主导者，首先需要明白平级沟通的目的是达成团队的目标，是解决团队中出现的各种问题，是创造更加美好的发展前景。

随后，管理者以此为基点进行平级沟通。为了实现平级沟通，阿里创造了“三点共创利他”法（如图 6–23–1 所示），帮助团队中的每个人培养利他思维，将沟通的效果发挥至最大。

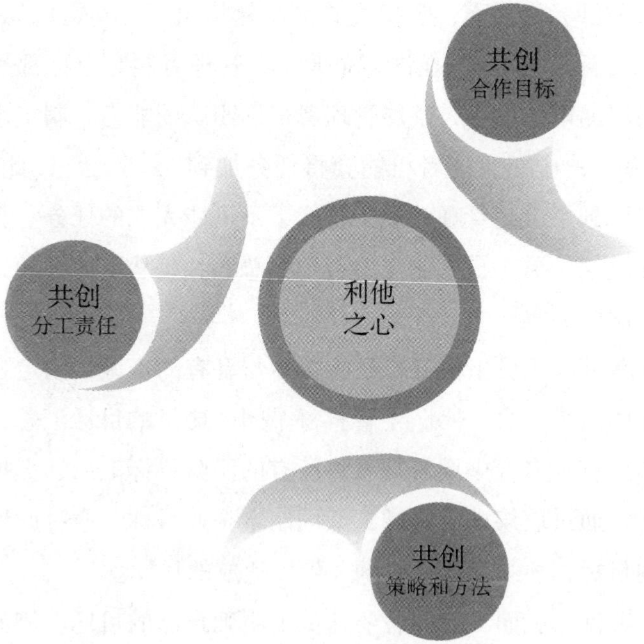

图 6 23-1 “三点共创利他”法

共创合作目标

个人和团队之所以无法取得成果，原因在于目标不清晰，达成目标的决心不坚定。工作是由团队共同完成的，只有团队伙伴齐心协力才能取得结果，因此，就团队合作而言，达成目标共识是关键。管理者需要通过沟通让每一个伙伴都清楚团队是以什么成果为目标的。

共创合作目标主要分为三步，即制定目标—宣讲目标—分解目标。

在制定目标的层面，阿里高管俞朝翎指出："团队目标必须是每个员工目标的总和。"在许多企业中，管理者制定目标都是由下而上，层层递增。例如，基层管理者根据团队的能力，制定季度目标为 50 万元；中级管理者可能会将任务加到 55 万元。以此类推，团队的目标到了最高管理者手中就成了不可能完成的任务。真正有效的目标应该是员工自己制定的目标的总和，是从下而上的，而不是管理者层层加压。

管理者可以让员工根据自己的能力与享有的资源，制定自己的目标并在团队中分享，团队主管将每个团队成员的目标汇总，随后上报给中层管理者，中层管理者将所有的团队目标汇总，上报给上层管理者，通过层层向上传递，共同制定企业目标。通过此种方法制定出的目标，才是员工认可的、可以达成的目标。

在宣讲目标层面，管理者要让员工明确自己的目标。例如，管理者可以在每个晚会、周会上询问员工的目标达成进度，每开一次会议，就要让员工加深对目标的印象，让员工在工作中的每个时刻谨记自己的目标。

在分解目标层面，管理者要将目标划分到每一天，让其量化，这在前文中已经详细描述，在此不再赘述。

目标是一切行动的原动力。达成目标共识，可以让团队中的每个人对目标产生较大的期望，并且愿意为实现这一共同目标拼尽全力。在阿里我们叫："极度渴望成功，愿付非凡代价。"

作为管理者，我们要让团队成员在共创合作目标的过程中，具有超强的目标感，要让团队的目标成为每个成员的驱动力，这是作为一个管理者必须修炼的课题。

共创合作目标是实现沟通的必要方法。在这之后，团队中的每个成员才会清楚团队的目标是怎样的，这让团队成员有了清晰的努力方向，不会出现“两眼一抹黑”，或者盲目工作的情况。

共创策略和方法

共创策略和方法，明确优势，就是发挥团队成员的优势，用优势去做事，从而共创有效的策略。在共创过程中，成员集思广益，参与决策，突破资源壁垒，彼此交换信息，从而确保决策的科学性、正确性。

在阿里，我的团队在开展新项目时，都会开展相关会议，我会让团队的成员参与制定策略与方法的讨论。我会先让伙伴将自己的看法与建议都写在纸上，随后上台发言分享，再由其他伙伴讨论，给出改进意见。最终，我会将伙伴的具备可行性的意见收集整理，形成最终的策略与方法。通过全员沟通生成的策略，可以让伙伴更明白自己的工作任务，在日后的工作中能够更好地配合其他伙伴，达成团队目标。

在平级沟通中，共同参与生成策略是核心，也是培养成员责任感的重要环节。责任感产生的源泉是共创，是让每个成员都深入参与进来，从而用成员的责任感形成达成目标的合力，驱动目标的实现。

如果成员都不参与共创，不关注策略是否可行，是否正确，只是埋头苦干，他们就会被动地执行各个环节的任务。在此种情况之下，败北是必然结果。

共创分工责任

作为管理者，我们在项目的沟通中，一定是要明确任务，这样才能让团队成员各自担当，协同配合。

清晰分工，明确责任，是为了让每一个团队成员明确自己在一个项目中扮演的角色，需要完成的任务，掌握好发力点，避免行动与任务目标出现偏差。除此之外，共创分工责任还能提升策略与方法实现的效率，专人专事更容易落实策略。

共创分工责任就是将行动步骤明确地列举出来，任务明确指派到人，并将相关的分工责任进行书面化的表达，分发给员工（如表 6–23–1 所示）。

表 6–23–1　项目责任分工模板

<table>
<tr><td colspan="6">× × × 项目责任分工计划表</td></tr>
<tr><td>项目名称</td><td colspan="5"></td></tr>
<tr><td>项目开始时间</td><td></td><td>项目
结束时间</td><td></td><td>项目
主要负责人</td><td></td></tr>
<tr><td>项目的具体分工</td><td colspan="5"></td></tr>
<tr><td>岗位</td><td>参与人员
姓名</td><td colspan="4">职责</td></tr>
<tr><td>项目经理</td><td></td><td colspan="4">安排项目分工，保证按期完成任务，对项目的各个阶段进行验收，对项目参与人员的工作进行考核，管理项目开发过程中的各种文档，直接对公司领导层负责</td></tr>
<tr><td>需求分析师</td><td></td><td colspan="4">跟客户交流，准确获取客户需要，项目组内所有与客户需求相关的事情必须得到客户的认可</td></tr>
</table>

（续表）

××× 项目责任分工计划表		
数据库设计师		对项目中与数据库相关的所有重要的事做最终决定，根据业务需求和系统性能分析、建模，设计数据库，完成数据库操作，确保数据库操作的正确性、安全性
系统分析员		根据客户的需求，编写可以解决问题的软件
……		

管理者在进行“平级沟通”时，可以根据上述模板将伙伴的责任明确下来。除此之外，管理者还可以让员工根据分配的任务制定更加细致的任务分工，具体到每个人每天需要做什么，在团队合作过程中这是非常重要的事情。事实上，一项决策如果没有列举出具体的行动步骤，没有明确的指派工作，那么你会发现团队很难将决策落地。

共创分工责任还会使复盘更加容易，哪方面出现问题，就去找问题相关的负责人，这样更容易找到问题的根源所在。

作为管理者，共创责任分工，不仅可以提升沟通的效率，还能对整个项目进行宏观上的把控，协调各个成员，让整个运转链条“活”起来，让各个员工“在其职，谋其政”，在提升自己的工作效率的同时，方便他人的工作，这便是“利他”思维的体现。

平级之间，要有利他之心

“用生命影响生命”，“借假修真，成人达己”，是阿里始终坚持的原则，对每个阿里人影响深远。要做到如此，管理者需要明白平级之间不是合作、配合、协同，而应该是奉献与贡献；平级之间要有利他心，要让员工彼此合作和共赢，从而形成一张图，凝成一颗心，打赢一场仗。管理者需要记住一件事，团队之间的所有合作都是在共同锻炼团队自身。

而且，团队之间既在合作，也在默默地进行 PK。我在滨海带团队时，各个团队之间经常 PK，赢的队伍能够获得更多的筹码。在 PK 的过程中，虽然我们都是奔着赢的目标去的，但是我们更注重成长，让团队成员在 PK 中互相学习。

作为管理者不能吃相难看，为了在 PK 中获胜而不择手段。PK 应该是和谐的竞争，在 PK 的同时，管理者还需要帮助伙伴团队完善整块业务。在此种情况下，PK 是共同完成目标的过程，是深度沟通的过程。

作为管理者平级沟通要有利他之心，对团队的发展、企业的常青发挥积极的、正面的作用。

管理力修炼 ‖ 照镜子，修炼换位思考的能力

对管理者而言，“有肺腑”的平级沟通修炼的究竟是怎样的管理力呢?

平级沟通就是为了让管理者修炼自己换位思考的能力。在阿里，我们修炼这项能力的方法论就是“照镜子”，将环境、伙伴当作镜子，对自己有一个较为客观的认知，从而找出自己的不足，并以伙伴为榜样，不断地去提升自己。“照镜子”的方法论主要包含三个维度（如图 6–23–2 所示），是管理者修炼换位思考的能力的重要途径。

图 6-23-2 “照镜子”的三大维度

聆听

作为管理者，在同级沟通中要培养换位思考的能力，就需要懂得聆听，放下自己“好为人师”的冲动，做一个安静的聆听者，发自内心地聆听同级的心声。

聆听能激发对方的谈话欲，让对方感受到你对他的尊重，从而激发更深层次的沟通。你可以从对方说话的内容、声调、神态，了解他的需要、态度、期望和性格，发挥沟通的效用，帮助他解决当下的问题，共同完成任务。

管理者在聆听同级的话语时，不要轻易打断对方或者打岔，尽量把你的话语减到最少，与对方保持良好的目光接触，向对方传达“我正在听你讲话”的信息，这是尊重对方的表现。

管理者要谦虚，要懂得尊重别人，用欣赏的眼光看别人，这样可以鼓励对方说出自己心中真实的想法，这对企业的发展十分重要。正如马云所言：“管理者要体现自己的价值，你要让你的团队感受到你的强大支持。绝大部分人对现状都是不满意的，当你真正要改革的时候，提出意见的一定是他们，而且身体力行地支持改革的也一定是他们。”

在聆听的时候，管理者要认真去听，在对整个事件了解全面后，再去判断。在进行判断的时候，管理者不要将自己的偏见带入其中，否则会影响判断的准确性。

一名优秀的管理者一定是一位优秀的聆听者。聆听是一门艺术，聆听更是一次心灵的交流与碰撞，可以实现同级之间的有效沟通。

同理心

"照镜子"需要有同理心，这样才能站在对方的角度去思考问题。

同理心并不是"同情心"，同理心是"将心比心"。同理心能够使管理者站在员工的角度去思考问题，这并不是要管理者盲目地认为员工是正确的，而是管理者应该去理解员工的想法，做到求同存异，达成共识，互相理解。

管理者也不能将自己的想法与准则强加到员工的身上，而是要通过沟通发现员工的问题，提出自己的建议，从而对员工形成一种正面的、积极的影响。

具备同理心的沟通，就是换位思考，用真心换真心。要知道，世界上没有任何道路通往真诚，因为真诚本身就是一条道路。

共情

管理者除了要学会聆听，运用同理心去进行平级沟通外，还需要学会将共情与沟通结合，使沟通的效果最大化。

共情就是要有情感的共鸣和情绪的同理。我们各自的人生经历、价值观、体会的道理虽然各有不同，但我们能够通过沟通，在情感与情绪上达成共识，互相理解，从而让我们的组织成为一个“情场”。

在职场中，人们往往更愿意公私分明，工作就是工作，与私人情感无关。在工作中付出后拿到回报，然后获得评价，一笔一笔清楚分明。大多数管理者都在关注“公”的部分，却忽略了“私”的部分，很少关注员工在情感上的归宿，这样会造成整个团队缺乏工作的热情，如果管理者只是把团队想成一个职场，只关注自己的目标，把团队成员作为资源，那么这样造成的结果是：当危机来临时，团队成员会第一个离开。但管理者如果把团队做成“情场”，就会用真情感去关注团队成员的成长，牵挂团队成员的喜怒哀乐，在危机来临时，团队成员才会与我们同舟共济、患难与共。

所以，管理者要在工作中营造一种“情场”的氛围，让团队成员不仅能在一起工作，还能共同生活，享有相同的精神领域。在这样的氛围下，团队成员的心灵是放松的，他们进而可以更清醒地认知周围的伙伴，更加热爱生活、同事和工作。

要实现共情，管理者需要时刻问自己：“团队中这几个年轻人跟着我，把自己最好的青春交给了我，我给了他们什么？”时间就是生命，一个团队成员跟着你工作两三年，他们付出了青春，作为管理者，如果我们不能用心地帮助他们成长，就是我们的失责。只有这样，才能让团队成员心甘情愿地与你一起奋斗，让他们在沟通时更愿意敞露心扉。

由此可见，在沟通中实现共情关键就两个词：起心动念，将心注入。起什么心，动什么念，得什么果。如果管理者把团队成员当成工具，你得到的就只能是“大难临头各自飞”的结果。团队的情感是从点滴开始的，管理者要真诚地帮助团队成员，用心与团队成员沟通，每一次谈话和辅导都是内心走入内心的过程。

管理者要与员工共情，还需要不断地去关怀员工。关怀团队成员不是大事，这与家里兄弟姐妹之间的关怀一样，都是由一点一滴的小事组成的。事不在大小，关键要做到对方心里。最好的团队成员关怀就是当团队成员出去工作了一天，回来之后管理者准备一杯热茶、一碗热粥，这才是对团队成员的关怀，这些东西才是深入内心的。

管理者培养自己换位思考的能力，就是要让团队成员上下一心，在台上能够为了一个观点争吵，在台下也能开心玩乐。

第 24 招
向下沟通：要有心肝

故事启迪 ‖ 德鲁克管理思想有感

想必大多数管理者都听说过彼得·德鲁克，他是管理界最受人尊敬的思想大师之一，他的著作如《旁观者》《卓有成效的管理者》影响了众多企业管理者，就连 CEO 必读 12 篇、MBA 等商业管理教程的编写都受到了彼得·德鲁克思想的影响。

我也十分喜欢阅读德鲁克先生的文章、图书。前段时间，我发现一个名为约瑟夫·马洽列洛的人是德鲁克先生的学生，他在经过学习之后，写了这样一段话：“我会永生难忘德鲁克给我的这些教育：对人的尊严和发展的关切；对任务和成果的重视；对人际关系中正直品行的毫不妥协。”

这句话是对德鲁克先生的理念最精炼的总结，道出了德鲁克管理思想中的精髓。德鲁克先生也曾提到过，管理就是让工作有成效，管理就是让员工有成就。马洽列洛的总结便是围绕“工作成效与员工成就”来描述的。

在管理团队时，管理者要想使“向下沟通”有成效，就需要掌握底层思维，“如何成就员工？”便是底层思维的重要一环。

德鲁克先生曾说：“管理就是，让工作有成效，员工有成就！起心动念，以人为本。”作为管理者，我十分认同这一理论。管理者在管理团队时，要想进行“向下沟通”，就需要将“成就员工”的底层思维当作管理的根本思维，这样一来，管理者就会在管理的过程中始终贯彻“以人为本”的原则，将“成就员工”放在关键位置。如此，管理者才会具备“向下沟通”的底层逻辑。

前段时间，我在设计管理基本动作课程时，对“成就员工”的底层逻辑有了更加深刻的认识，“成就员工”的思维方式也给了我很大的触动。

例如，在设计有关“早会”的课程时，我的初步想法是用“早会”这一管理工具来管理员工，提升绩效成绩。但在“成就员工”的底层逻辑的影响下，我发现自己的思维被局限在“管控、驾驭、管理员工”的层面。

在发现这一局限之后，我开始思考：员工为什么要开早会？员工今天为什么要写日报？为什么我的思维还停留在将“日报”“早会”当作单纯的管理工具和管理手段的层面？我为什么不能从另一个视角去思考？“早会”“日报”对员工的成长有何种价值？我应该如何成就员工？

我逐步认识到“早会”“日报”不仅是管理者的管理工具，更是记录员工成长的载体。管理者可以通过员工的日报，及时发现员工存在的问题，并给出相关的建议，从而帮助员工在解决问题的过程中不断成长。员工一年写好 365 份日报，将会收获最本质的成长。

不论是“日报”，还是“早会”，几乎所有的管理工具和管理行动的出发点都是让员工有成就。这会让管理者“向下沟通”这一管理动作，变成一种有感情的沟通，从而让管理者更容易走进员工的内心，了解员工的想法，将沟通效果最大化。

现状分析 ‖ 企业向下沟通的三大现状

正所谓“高处不胜寒”，管理者所处的位置越高，就越孤独，也越容易闭目塞听。这样的情况会导致向下沟通出现断层，让管理者无法了解到底层员工的真实情况。以下便是企业里向下沟通的三大现状，需要管理者加以改变。

抱怨不断

在企业之中，每个人每天都承载着来自客户的、同事的、上级的、家庭的压力，负能量会逐渐堆积，慢慢散发到企业的各个角落。如果管理者不能及时疏导，不向下沟通，整个企业就可能会成为一个负能量的“垃圾场”。

在负能量的操控下，越来越多的员工开始抱怨工作、抱怨生活，导致工作效率降低，每天加班又会让更多的负面情绪产生，如此形成一个恶性循环。这便是管理者缺乏向下沟通的普遍状态。

在阿里，有许多刚进入阿里的新员工，可能会因为工作压力而不断抱怨。虽然这是他们宣泄情绪的方式，但这也会为团队带来负面影响。特别是客服人员，他们每天都面临着许多客户的抱怨与不满，累积着负能量。如果不及时疏导，他们就会成为团队中负能量的传播者。

阿里的管理者会与员工交流，通过沟通使他们获得更好的工作心态，创造出更高的价值。如果每一个企业都能如同阿里一样，那么向下沟通的局面想必会有所好转。

愁眉苦脸

莉莉刚进团队，为人腼腆，不爱与人交流，即便是工作中遇到困难，也不愿意寻求团队其他人的帮助，整天愁眉苦脸。其他成员还以为莉莉对他们有意见，因此和莉莉来往不多。当时，莉莉的管理者也没有与她进行沟通，而是放任自流。最终，莉莉因为不熟悉业务，导致报表填错，给整个团队带来了较大的损失。

这就是管理者缺乏向下沟通的意识导致的，团队中出现的问题如果不能及时解决，就会越来越大，最终造成不可挽回的损失。这也是企业向下沟通的现状之一，长此以往，企业内部的问题不断积压，最终爆发，可能会给团队、企业带来致命一击。

关系紧张

误会、猜忌等是造成团队内部成员关系紧张的根源，也是团队开始瓦解的征兆。

我的团队也曾出现过此种现象。当时，团队中的 A 君与 B 君“冷战”，互相看不顺眼，在团队中营造了一种紧张的氛围。我在私底下观察过他们，并分别找他们沟通，最终才发现，事情的起因是 A 君认为自己没有晋升为主管，是 B 君从中作梗，于是 A 君开始事事针对 B 君。

最终，我、A 君与 B 君三人坐下来，进行了一次开诚布公的沟通，双方在了解真实的情况后，互相理解，化解了矛盾。

在职场中，成员之间出现小摩擦，产生矛盾十分正常，管理者如果缺乏向下沟通的能力，可能会导致情况恶化，不利于团队的和谐。

一个卓越的管理者，必然是懂得向下沟通的人，只有这样，才能实现“万心归一”，带领整个团队走得更远。

方法论 ‖ “三点共享成人”法

戴尔·卡耐基曾说：“人际关系是人与人之间的沟通。”企业中的向下沟通便是人际关系的一种，管理者不能单单以业绩为中心，还要围绕结果、成长来与团队成员进行深度沟通，将向下沟通落到实处。我根据自己在阿里向下沟通的经验，提出做好向下沟通的“三点共享成人”法（如图 6–24–1 所示）。

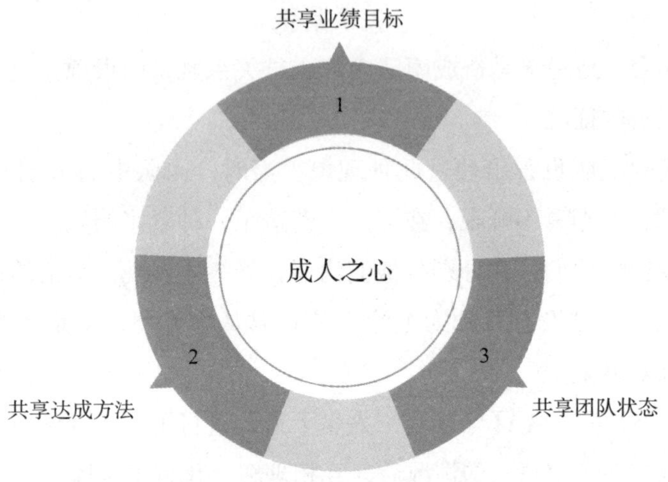

图 6-24-1 “三点共享成人”法

共享业绩目标

共享业绩目标是“三点共享成人”法中的第一分享点，管理者要想做到目标共享，就需要不厌其烦地向伙伴传达目标，直到所有伙伴都能够理解团队的共同目标。管理者在向下沟通时，可以从以下三个维度共享业绩目标。

共享收益

管理者要让团队伙伴明确在达成目标之后，自己可以获得的收益是什么。例如，在 2018 年，蚂蚁金服获得了 140 亿美元的融资，马云拿出了人民币 164 亿元的股权来奖励员工。马云的行动就是要告诉所有的阿里人，只要做出成绩就会有奖励。这便是让团队成员看见自己收益的一种方式。

作为管理者，我们可能不会如马云这般“财大气粗”，但也可以将团队中一定的收益共享给那些做出卓越贡献的员工，借此来激励他们，带动团队共同奋斗。

表明实力

有许多团队成员在开展项目的过程中会产生这样的疑问：凭什么是我们接受这个项目？我们为什么具备如此丰厚的资源？我们的实力究竟如何？我们能完成这个项目吗？

例如，阿里每年都会举办云栖大会，大会中会展示阿里如今拥有的技术、未来的前景、发展的道路等，这些都彰显了阿里强大的实力。这些举动可以让那些兢兢业业的底层员工服下一枚“定心丸”，让员工相信阿里一定能达成目标。

为了让员工能够心无旁骛地专心工作，管理者应向各个成员展现团队的实力，激发他们的信心，让他们充分发挥资源优势，创造更多价值。管理者还可以借鉴阿里的方法，开展动员大会来展现企业的实力，让员工拥有信心。

拼搏荣誉

管理者应该让团队的成员了解，在达成共同目标之后，他们能够获得的荣誉，从而激发他们的集体荣誉感，最终促成共同目标的实现。

例如，阿里设置的“百万荣耀”便是为了激励员工。团队在每一次喊口号时，都会加强员工对“百万荣耀”的渴望，会加强员工对“赢”的欲望。管理者可以设置荣耀奖项，颁发给有杰出贡献的员工，让他们在工作中时时不忘目标。

综上所述，管理者在进行向下沟通共享业绩目标时，需要将上述三个维度阐述清楚，让每个成员都能回答“为什么要这么做？凭什么是我们的团队去做？”的问题，管理者通过反复传达目标，实现目标的共享，为团队达成目标打下基础。

共享达成方法

管理者在团队中共享目标后，还要共享达成方法。团队要发展，就必须形成合力，管理者需要让团队中的每个个体都可以真实分享、真诚探讨，共同寻找达成目标的策略。让团队成员共同参与，共同发现，共同创造，共同行动。

管理者要让团队形成合力，可以围绕生成策略、匹配资源、协助辅导三个维度，进行向下沟通。

生成策略就是管理者帮助团队成员进行策略梳理，并进行相关行动的指导，让每个成员明白完成目标的大策略，并帮助员工明确自己在大策略的落地实践中担任的角色，以及必须达成的工作目标，从而让每个成员做到“在其位，谋其政”。

匹配资源就是管理者根据各个员工担任的角色、具体的工作任务，在与员工进行沟通后，为员工匹配合适的资源，让他们能够高效、高质地完成自己的工作任务，为共同目标的达成贡献一份力量。

协助辅导是管理者在一旁协助，帮助各个成员解决达成目标的过程中遇见的问题，顺利完成任务，达成目标，帮助整个团队拿结果。在这一过程中，管理者要在更多的时间中扮演教练的角色，不仅要帮助成员拿结果，还要传授他们一些方法与经验。

我在阿里带团队时，会利用早会与晚会的时间，分享工作经验，让团队成员互相学习。在这一过程中，我会发现员工隐藏的一些问题，并针对问题提出相应的建议，辅助员工在今后的工作中有更好的表现。其他管理者也可以利用团队成员在一起的时间，进行有针对性的辅导。

通过以上三个维度，管理者可以让每一个团队成员通过真实的分享、真诚的探讨与沟通，形成合力，共创策略，共享达成方法，共同达成团队目标。

共享团队状态

罗曼·罗兰曾说："最可怕的敌人，就是没有坚强的信念。"一个团队应该有统一而坚定的信念，有统一的"团风"，才能提高达成团队目标的可能性。建立团队信念可以共享团队状态，让每一个成员被亢奋的状态感染，进而激发状态，引爆状态。

职场虽然不相信眼泪，只关心结果、最终数据，但在拿结果的过程中，管理者也不能忽视团队的状态。管理者需要用一个饱满的状态去传递状态，让各个团队成员以更加积极的态度去开展工作，达成目标。

我曾经在天津带领团队打千万战役前，和团队成员一起去爬长城，在这一过程中，我将自己身上亢奋的状态传递给了团队成员，让每个成员都燃起斗志，用充满激情的心态迎接挑战，为了共同的目标不断奋斗，全力以赴。

有许多管理者在向下沟通时，只关注最终的结果和数据，认为是过程数据带来了结果，而忽视了亢奋的团队状态与出色的技能对结果的影响，进而无法找到成功的关键点，更无法去复制此次的成功。管理者需要不断地去传递状态、激发状态和燃爆状态，这是保证团队目标达成的根本。

管理者传递状态、激发状态、燃爆状态的方式有很多。例如，开展动员大会，开展一次体育竞赛活动等，这些都可以让员工燃起斗志，共享团队状态，让整个团队拧成一股绳，共同奋斗。

成人之心

成人之心主要包含三个维度，即以人为本，视人为人；以事驱人，以事育人，成事成人，借事修人；借假修真，成人达己。

管理者需要明白一个团队的目标结果、业绩增长、结果达成的背后，是人的成长，因此，管理者在沟通的过程中也要秉持着“以人为本”的原则，让团队成员通过成长，为团队创造更多的价值。

管理者要促成团队成员的成长，就需要做到以事驱人，以事育人，成事成人，借事修人。管理者要知道，员工的成长源于实践，员工只有自己在事中摸索，才会有所成就。事成人成，事不成，人往往也没戏。

除此之外，管理者还需要在向下沟通时做到借假修真，成人达己，因为在一个团队中，成就别人也是在成就自己。在此阶段，管理者要注重使用沟通技巧来推动成员的成长。我与我的团队成员在沟通时一直坚持用以下两个简单方法来取得最优的沟通效果。

其一是懂得去倾听。作为管理者，你可能会发现团队管理出现的问题中，有 95% 都是沟通问题。如果能够及时进行有效沟通，许多问题都将迎刃而解。可有些管理者好为人师，很难去倾听团队成员的声音。

我在带领团队时也会出现此种状况，下级的营销总监刚提出一个问题，我就会表达一大堆，最后两个人的沟通变成了“我说他听”的局面，不仅使沟通效果大打折扣，还让我无法走进团队成员的内心，无法了解团队成员的工作状态以及精神状态。

其二是具备同理心。管理者要站在员工的角度、用员工的思维模式去思考，走进员工的内心，提升沟通的效用。

接下来，我将以自己解决老员工问题的事件为例，来为管理者的“向下沟通”提供具体方法，我将其总结成“16字方针”：“动之以情，晓之以理，诱之以利，绳之以法。”

当时，我接手的大北辰团队中有一个女员工，她在公司已经工作了5年，上个季度的绩效考核为“1”。在阿里，绩效考核连续两次为“1”就要被开除。

在跟上一位管理者沟通过后，我了解了一下这位女员工的情况，我发现她的个人能力是没有问题的，她之所以绩效考核为“1”是因为她刚休完产假回来，所有的精力都在孩子身上。虽然我是一个男性，但我也知道孩子对于妈妈的重要性，所以我在跟她做深度沟通时并没有站在自己的角度去激励她，讲一些让她应该兼顾好工作和家庭之类的话，而是站在她的角度问了她几个问题：

当你50岁的时候，作为一个妈妈，你希望自己在孩子的心中是什么样的形象？

如果你想创业，那么今天你被开除了没关系，拿补偿走人；如果你不想创业，你还想在职场上工作，你想想，阿里这份工作对你的价值有多大？

如果你再出去找工作，能找到比阿里更好的工作吗？如果你无法找到比阿里更优秀的工作，那你现在应该怎么做？

这个女员工通过这些问题，明白了自己未来的规划。我只帮助她分析“应该如何面对今后的工作与考核”的问题，让她明白自己不缺技能，也不缺方法，而是缺好的心态。此次沟通，我完全站在她的视角出发，让她去关注自己未来的成长。

在这之后，她开始专注于工作，通过了考核，并用一年的时间成为本区域的预备管理者。这就是有效的向下沟通，贯彻了“16字方针”。

总而言之，管理者在进行向下沟通时，需要用情感沟通，用真心换真心，让团队成员同心协力，打赢一场仗。

管理力修炼 ‖ 闻味道，修炼自己的心力

“工作有成效，员工有成就”是向下沟通的底层逻辑，也是管理者带团队的终极目标。

阿里专门针对这一目标，创造了一个方法，即“闻味道”。“味道”是人与人之间的关系，每一个团队都有自己的气场与味道，管理者要不断地提高自身的敏感度和判断力，从而准确地感知团队的状态，把握和识别团队、组织的味道，防微杜渐。

阿里人认为“闻味道，一定要闻到事件的背后，闻到人的内心，闻到人的利益上去”。如此才能让团队上下一心，共同奋斗。管理者可以围绕以下两个维度来培养团队的“味道”，修炼自己的心力，带领团队赢得一次又一次的胜利。

第一个维度是自我超越。今天的我们是由三年前的自己决定的，三年后的我们则是由现在的自己决定的。但在管理团队的过程中，你可能会发现有许多团队成员不知道自己三年后想要成为怎样的人，也不明白自己每年的短期目标、三年甚至更久的长期目标，整个人都十分迷茫。

作为管理者，你应该帮助团队成员明确自己的方向、使命、愿景，长远发展的路径等，让他们不断地超越自己。那么管理者为何要帮助团队成员超越自我？

当团队成员能够不断地去理清并建立自己的个人愿景时，他们便会不断地去学习，去了解目前的真实状况，从而激发自己内心的创造性张力。所谓创造性张力就是指客观现实与愿景之间存在一定的差距，而这样的差距会形成一种创造力，把人们朝愿景的方向拉动。

换言之，员工在具有坚定的梦想与信念后，会不断地通过学习，为实现自己的梦想而努力。当他们没有梦想、愿景时，便会时刻紧盯着现实状况。当遇见困难时，他们的第一想法是抱怨，而不是以积极的心态去解决问题，从而产生一种向下的引力，这会给工作与生活带来较多的负面影响，这种引力被称为情绪性张力。

因此，作为管理者要想成就员工，就应该帮助他们摆脱向下的情绪性张力的负面影响，不断地激发他们对成长的渴求，激发出创造性张力，从而帮助他们明确自己的目标、方向、梦想，并让他们在积极向上、自信乐观的心态中成长。

第二个维度就是用价值观去塑造价值。管理者有义务和责任，用正确的价值理念帮助员工塑造价值观和人生观。

每一个企业都有自己独特的文化，例如阿里的核心价值观是“客户第一、团队合作、拥抱变化、诚信、激情、敬业”。不同的企业价值观与文化精神，会创造出具有不同特质的人，阿里人如同野蛮生长的夏花，盛开得极为炫目；华为人如同向上生长的青竹，有一份高傲，也有一股百折不挠的冲劲儿。

作为管理者，就是要在帮助员工明确自己的价值观，找出自己的目标与方向的过程中，向团队成员传递出团队、组织的价值观，并对他们的价值观与人生观产生正面积极的影响，这便是用价值观塑造价值的过程。

我觉得自己在阿里工作的 10 年中，最大的收获便是在阿里正确理念的影响下形成了积极的人生观与正面的价值观。

对管理者而言，管理的底层逻辑是团队工作有结果，员工有成就。管理者如果能始终将这一句话放在心上，将会大大提升向下沟通的效用，如同阿里一样形成自己的“阿里味儿”，打造一支团结的队伍。